Reihe Praxis Deutsch
Herausgegeben von Jürgen Baurmann
und Clemens Kammler

Ulrike Behrens

Mündliche Kompetenzen im Deutschunterricht
Sprechen und Zuhören als Bildungsaufgabe

Klett | Kallmeyer

Bibliografische Information der Deutschen Nationalbibliothek
Die Deutsche Nationalbibliothek verzeichnet diese Publikation in der Deutschen Nationalbibliografie; detaillierte bibliografische Daten sind im Internet über http://dnb.d-nb.de abrufbar.

Impressum

Ulrike Behrens
Mündliche Kompetenzen im Deutschunterricht
Sprechen und Zuhören als Bildungsaufgabe
In der Reihe *Praxis Deutsch*
Herausgegeben von Jürgen Baurmann und Clemens Kammler

1. Auflage 2022

Redaktion: Daniela Brunner, Korschenbroich
Druck: Medienhaus Plump, 53619 Rheinbreitbach
Printed in Germany

ISBN: 978-3-7727-1636-2

Reihe *Praxis Deutsch*
Herausgegeben von Jürgen Baurmann
und Clemens Kammler

Ulrike Behrens

Mündliche Kompetenzen im Deutschunterricht

Sprechen und Zuhören als Bildungsaufgabe

Klett | Kallmeyer

Einleitung

Verschiedenen Videostudien zufolge entfällt ein großer Teil, nämlich etwa drei Viertel der Unterrichtszeit in der Schule auf mündliche Kommunikation in Form von Vorträgen durch Lehrpersonen, öffentlichen Klassengesprächen und Gruppenarbeiten. Einen erheblichen Anteil dieser Zeit sollen Schülerinnen und Schüler anderen zuhören; deutlich weniger Gelegenheiten ergeben sich für eigenes produktives Sprachhandeln. Im Sprechen und im Zuhören sollen die Kinder und Jugendlichen laut Bildungsstandards für das Fach Deutsch ein Fähigkeitsniveau erreichen, das ihnen eine kompetente Teilhabe am schulischen, beruflichen und gesellschaftlichen Leben erlaubt. Die gymnasiale Oberstufe vermittelt nicht nur schriftliche, sondern auch mündliche Fähigkeiten, die im Studium benötigt werden. Die Standards im Detail finden sich im Kapitel 7.

Mündliche Kommunikation ist damit nicht nur ein wichtiger Weg der Wissensvermittlung, sondern auch Zielsetzung des Lernens. Entsprechend müssen (angehende) Lehrpersonen möglichst umfassend Bescheid wissen über den Gegenstandsbereich, seine Funktionen und Funktionsweisen und auch über Lernwege und wirkungsvolle Methoden der Vermittlung und des Übens. Dafür ist dieses Buch gedacht: Es bietet einen umfassenden und strukturierten Überblick über die zahlreichen Aspekte ausgebauter mündlicher Fähigkeiten. Aktuelle wissenschaftliche Erkenntnisse, wichtige Modelle und Begrifflichkeiten werden geordnet, in verständlicher Sprache vorgestellt und anhand von Beispielen, Abbildungen und Übersichten erläutert. Zu jedem Teilkapitel gibt es zudem Aufgaben und Übungen als Anregungen für den eigenen Unterricht und zur Illustration der theoretischen Inhalte. Viele dieser Ideen sind ohne spezielle Materialien umsetzbar. Das hat den Vorteil, dass sie regelmäßig wiederholt werden können. Es gibt aber auch vorbereitete Materialien (M) für Lehrkräfte, die im Downloadbereich (⬇) zum Herunterladen zu finden sind (Downloadcode siehe Ende dieses Buches).

Unter der Überschrift *Übrigens* finden sich interessante Zusatzinformationen, wichtige Begriffe oder zum Textinhalt passende Beispiele.

Mit Rücksicht auf die knappen Zeitbudgets von viel beschäftigten Lehrkräften und Studierenden ist dieses Buch dazu gemacht, zügig durchgelesen zu werden. Die reine Lesezeit beträgt etwa 7 bis 8 Stunden. Ziel ist ein kompakter und verständlicher Überblick und ein problemloser Einstieg in ein komplexes Themen- und Forschungsfeld. Dafür muss an vielen Stellen auf eine vertiefte Darstellung von wissenschaftlichen und methodischen Details verzichtet werden.

In wissenschaftlichen Texten ist es wichtig, dass jede Aussage auf ihren Ursprung zurückverfolgbar sein muss. Gibt es für eine Aussage gleich mehrere Quellen, so werden sie alle genannt (s. DGPs 2019, S. 107; Oertner u. a. 2014, S. 41; Breuer u. a. 2021, S. 70; Peters/Dörfler 2019, S. 314; Rossig/Prätsch 2005, S. 130). Verglichen damit werden in diesem Buch Literaturangaben sparsam eingesetzt; wo es sich um einen anerkannten Wissensstand handelt, der als *state of the art* allgemein verfügbar ist, wird gelegentlich ganz auf Einzelbelege verzichtet. Alle Informationen sind aber gewissenhaft recherchiert und sollten bei weiterer Beschäftigung auch in entsprechenden Fachartikeln und -büchern problemlos zu finden sein. Die vorhandenen Quellenangaben sind nach Möglichkeit so gewählt, dass sie bei Interesse leicht aufzufinden und gut zu lesen sind.

In einer möglichst kompakten Darstellung können viele Heterogenitätsdimensionen, die gerade auch für den mündlichen Sprachgebrauch eine wesentliche Rolle spielen, nicht systematisch berücksichtigt werden. Dennoch wird an passender Stelle die Bedeutung von Teilaspekten für Kinder und Jugendliche mit bestimmten Förderschwerpunkten, mit Deutsch als Zweitsprache, mit Zuwanderungsgeschichte oder soziokulturellen Besonderheiten jeweils beispielhaft hervorgehoben. Eine eingehende Beschäftigung muss aber eigenen Veröffentlichungen vorbehalten bleiben, die diese Dimensionen im Einzelnen in den Blick nehmen.

Ebenfalls ausgespart werden die vielen, vielen Möglichkeiten der Verknüpfung von mündlichen Lerninhalten mit schriftlichen Aufgabenstellungen, der Einbindung in umfangreichere Projekte und auch der fächerübergreifenden Arbeit an den Gesprächskompetenzen der Schülerinnen und Schüler. Das geschieht nicht nur aus Platzgründen, sondern auch, um den Lerngegenstand Sprechen und Zuhören im Deutschunterricht ganz bewusst und konsequent in den Mittelpunkt zu stellen. Damit ist die Hoffnung verbunden, dass die Aspekte mündlicher Kommunikation im Deutschunterricht den Leserinnen und Lesern deutlicher vor Augen treten und so ihre Potenziale besser als bislang gesehen und ausgeschöpft werden können.

Essen im Mai 2022
Ulrike Behrens

1 Vorstellungen (nicht nur) von Lehrkräften zur Mündlichkeit

In diesem Buch geht es um den Kompetenzbereich „Sprechen und Zuhören", wie er in den Bildungsstandards und Kernlehrplänen der Bundesländer für das Fach Deutsch ausgewiesen ist.

„Sprechen und Zuhören", das klingt zunächst nicht wie ein Schulfach. Es klingt nicht einmal nach etwas, was man in der Schule überhaupt lernen muss. Haben sich nicht Schule und (Deutsch-) Unterricht heutzutage sowieso schon immensen Herausforderungen zu stellen? Sind nicht mit zunehmender Digitalität, gesellschaftlicher Mehrsprachigkeit und inklusivem Unterricht noch zahlreiche schwierige Aufgaben hinzugekommen? Welchen Stellenwert kann und soll unter diesen Bedingungen tendenzieller Überfrachtung und Überforderung denn Sprechen und Zuhören eigentlich haben?

In diesem Kapitel sollen zuerst einige verbreitete Denkweisen und Überzeugungen benannt und auf den Prüfstand gestellt werden, um gleich zu Beginn die Bedeutung von Sprechen und Zuhören als eigenem Gegenstand des Deutschunterrichts herauszuheben. Dabei ist es nötig, sich die zumeist unbewussten Maßstäbe zu vergegenwärtigen, mit denen wir normalerweise auf Sprache schauen. Was denkt die Allgemeinheit, was denken insbesondere auch Lehrerinnen und Lehrer über Mündlichkeit im Deutschunterricht?

Was mit Überzeugungen gemeint ist, ist im folgenden Zitat von Reusser, Pauli und Elmer auf den Punkt gebracht. Demnach sind Überzeugungen von Lehrpersonen

> „affektiv aufgeladene, eine Bewertungskomponente beinhaltende Vorstellungen über das Wesen und die Natur von Lehr-Lernprozessen, Lerninhalten, die Identität und Rolle von Lernenden und Lehrenden (sich selbst) sowie den institutionellen und gesellschaftlichen Kontext von Bildung und Erziehung, welche für wahr oder wertvoll gehalten werden und ihrem berufsbezogenen Denken und Handeln Struktur, Halt, Sicherheit und Orientierung geben. Überzeugungen können dabei individueller oder kollektiver Natur, explizit oder eher implizit (intuitiv), fragmentarisch und sogar widersprüchlich sein oder sich zu personalisierten praktischen (subjektiven) Theorien bzw. zu mehr oder weniger kohärenten, theorieförmigen Handlungs- und Aussagesystemen verbinden."
>
> (Reusser u. a. 2011, S. 478)

Mit Überzeugungen sind also nicht nur solche Positionen gemeint, über die wir ausführlich nachgedacht haben und die wir klar formulieren können

(„Ich bin davon überzeugt, dass …“), sondern auch solche, die wir im Laufe unseres Lebens weitgehend ungeprüft aus den Denkgewohnheiten unseres persönlichen oder beruflichen Umfeldes übernommen haben oder die wir über scheinbar selbstverständliche praktische Handlungsvollzüge in unser System von Werthaltungen integriert haben. Ohne dieses komplexe Set an Überzeugungen wäre unser tägliches Handeln und insbesondere Spontaneität in unvorhersehbaren Situationen unmöglich: Unter der Oberfläche dessen, worüber wir bewusst nachdenken, bestimmt es über schnelles, intuitives Entscheiden. Andererseits gehört es zum professionellen Entwicklungsprozess in Studium und Beruf, sich die eigenen Überzeugungen immer wieder bewusst zu machen, sie zu hinterfragen, ggf. an veränderte Situationen anzupassen und notfalls auch über den Haufen zu werfen und ganz neu zu denken.

Überzeugungen, die dem Handeln als Lehrende Orientierung geben, haben also oft die Form von tief verankerten, stabilen und mit Emotionen verbundenen Intuitionen und subjektiven Theorien, die einander zudem durchaus widersprechen können.

Dass Überzeugungen zumindest teilweise unzugänglich sind, hat eine methodische Folge: Selbst wenn wir woll(t)en, könn(t)en wir darüber nicht so ohne Weiteres Auskunft geben. Deswegen werden solche unterrichtswirksamen Werthaltungen von Lehrpersonen mit ausführlichen Interviews erforscht. Ziel ist es dabei nicht, die Interviewten zu „ertappen“ oder zu „über-

ÜBRIGENS: DIE METAPHER VOM ELEFANTEN UND SEINEM REITER

Der New Yorker Sozialpsychologe Jonathan Haidt beschäftigt sich mit Fragen moralischer Urteilsbildung. Um zu erklären, wie wir unsere Entscheidungen treffen, vergleicht er sie mit einem Elefanten und seinem Reiter: Der Elefant ist unsere Intuition. In jeder einzelnen Entscheidungssituation haben wir eine sehr schnelle und sehr klare Meinung, genauer: ein Gefühl für das, was richtig ist. Der Reiter ist unser Verstand. Er kann rational Informationen sichten und gegeneinander abwägen. Er kann auch erklären, warum das, was der Elefant will, richtig ist.

Diese Kooperation funktioniert ganz wunderbar, solange sich Elefant und Reiter einig sind. Aber was, wenn nicht? Wer setzt sich wohl durch, wenn der Elefant sich schon nach rechts gewendet hat, obwohl der Reiter den linken für den richtigen Weg hält? Der Reiter mit seinen guten Gründen oder sechs Tonnen Elefant?

Unsere Überzeugungen erwerben wir durch Erlebnisse und Erfahrungen mit uns selber und der Welt, mit dem, was uns und allen selbstverständlich erscheint und worin wir uns sicher fühlen. Veränderungen sind möglich, aber nicht gegen den Willen des Elefanten. Haidt bringt das auf die knappe Formel: dem Reiter ein Ziel geben, den Elefanten motivieren und den Weg ebnen.

(Quelle: Haidt, Jonathan (2012): The righteous mind)

führen", sondern gerade solche Denkweisen offenzulegen, die unser aller alltägliches Handeln maßgeblich mit beeinflussen.

Die Forscherin Nadine Nell-Tuor arbeitet am „Zentrum Mündlichkeit" der PH Zug. In ihrem Projekt ging es um die Frage, was eigentlich Lehrkräfte über die Relevanz von mündlichen Sprachfähigkeiten und deren Förderung im Rahmen des (Deutsch-)Unterrichts denken. Dafür hat Nell-Tuor (2014) einige Lehrerinnen und Lehrer zu ihren Überzeugungen befragt. Sie hat dafür nicht nur einen Online-Fragebogen eingesetzt, der von fast 200 Lehrpersonen vollständig bearbeitet wurde (quantitativer Teil der Studie), sondern zusätzlich zehn Lehrkräfte in ihrem Unterricht besucht und beobachtet. Anschließend wurden diese zehn Lehrerinnen und Lehrer zu einzelnen Fragebogenergebnissen und auch zu ausgewählten videografierten Unterrichtssituationen tiefergehend befragt. In diesem qualitativen Teil der Studie interessierten die folgenden Fragen:

- Was verstehen Sie unter mündlichen Sprachfähigkeiten?
- Wie sieht gute Förderung im Bereich des mündlichen Sprachgebrauchs aus?
- Wie beurteilen Sie mündliche Sprachfähigkeiten im Unterricht?

Um genau solche Fragen geht es auch in diesem Buch. Dabei wird von Nell-Tuor bereits unterstellt, dass mündliches Sprachhandeln überhaupt Gegenstand des Unterrichts sein sollte. In der öffentlichen Wahrnehmung ist schon diese Annahme gar nicht selbstverständlich. Eine der verbreiteten Überzeugungen lässt sich mit dem folgenden Statement umschreiben:

- Wenn Kinder in die Schule kommen, können sie schon sprechen und zuhören.

Im Folgenden wird sich zeigen, dass diese Vorstellung nicht ganz falsch ist, aber für einen kompetenzorientierten Unterricht dennoch in die Irre führt.

Der Untersuchung von Nell-Tuor kann man weitere Überzeugungen zu mündlichen Sprachfähigkeiten abgewinnen, die sich ganz ähnlich auch in der Öffentlichkeit wiederfinden lassen:

- Die Förderung von schriftlichen Fähigkeiten ist wichtiger als die der mündlichen.
- Mündliches Erzählen (Argumentieren/Berichten/Beschreiben/Erklären) ist eine gute Vorbereitung für schriftliche Erzählungen (Argumentationen/Berichte/Beschreibungen/Erklärungen).
- Gutes Deutsch ist gutes Deutsch, egal, ob man spricht oder schreibt.
- Bei gezielter Förderung von Mündlichkeit geht es vor allem um das Sprechen.
- Mündliche Leistungen lassen sich kaum systematisch bewerten.

Diese verbreiteten Überzeugungen bzw. Annahmen sollen am Anfang dieses Buches nun zunächst genauer unter die Lupe genommen und mit einigen ersten Befunden aus der Forschung abgeglichen werden.

Vorstellung Nr. 1: Wenn Kinder in die Schule kommen, können sie schon sprechen und zuhören.

In einer schriftlichen Befragung von elf Lehrerinnen und Lehrern in der deutschsprachigen Schweiz stellt Brigit Eriksson (2006) unter anderem fest, dass die Befragten ihren eigenen Einfluss auf die Sprechfähigkeiten der Schülerinnen und Schüler als nicht besonders groß einschätzen. Sie halten individuelle Faktoren (z. B. das Selbstbewusstsein) und auch außerschulische, familiäre Einflüsse für deutlich wirksamer.

Diese Vorstellung hat sicherlich damit zu tun, dass mündliche Kommunikation sowohl in der Menschheitsgeschichte als auch in der individuellen Sprachbiografie weit vor der Fähigkeit zur Verständigung mit schriftlichen Texten auf den Plan tritt: Lange bevor wir als einzelne Menschen und auch als Menschheit gelernt haben, Schrift zu gebrauchen, findet direkte mündliche Kommunikation statt. Wenn Kinder mit etwa sechs Jahren eingeschult werden, sind sie durchaus schon in der Lage zu komplexen mündlichen Interaktionen: Sie können zumeist ausgedachte Geschichten erzählen, von eigenen Erlebnissen berichten, Meinungen darstellen und begründen, Dinge und Zustände beschreiben usw. Dementsprechend werden mündliche Fähigkeiten bei den Kindern und zumal bei Jugendlichen in den höheren Klassen als eine Art Bringschuld betrachtet: Sie sollen die Kompetenzen, über die sie bereits verfügen, in den Unterricht einbringen und als Medium ihres Lernens einsetzen. Aus dieser Perspektive ist es in der Tat nicht naheliegend, mündliche Fähigkeiten auch als notwendigen Gegenstand des Unterrichts anzusehen. Mit welcher Berechtigung ist also mündlicher Sprachgebrauch überhaupt als Unterrichtsgegenstand konzipiert?

Ein zentraler Grund, der bis in die Oberstufe hinein von Bedeutung ist, liegt in den Anforderungen, die die Kommunikation in der Schule und in anderen Institutionen im Unterschied zur Alltagskommunikation an die Kinder und Jugendlichen stellt. Um diese Anforderungen genauer zu beschreiben, hat der kanadische Psychologe Jim Cummins schon 1979 die Unterscheidung zwischen BICS und CALP vorgeschlagen (aktuell dargestellt in Cummins 2008). Letztere stehen für solche sprachlichen Kompetenzen, die eng mit schulischem Erfolg und akademischer Leistung in Verbindung stehen. In Deutschland hat auch das verwandte Konzept der *Bildungssprache* (vgl. etwa Gogolin 2006) Karriere gemacht. Mit CALP (oder Bildungssprache) kann man auch über Gegenstände verhandeln, die sich außerhalb eines gegebenen sozialen Kontextes befinden.

Dafür benötigt man beim Sprechen und Zuhören beispielsweise einen umfassenderen Wortschatz und muss auch abstrakte Zusammenhänge verstehen bzw. versprachlichen können. Typisch für Erwartungen an CALP ist auch das Hervorbringen längerer Äußerungen, bis hin zu (scheinbar) monologischen Vorträgen, Referaten oder Reden. Dafür muss man Sprechbeiträge umfassender planen bzw. das bereits Gehörte länger im Bewusstsein halten können (vgl. hierzu auch Kapitel 5.4 und 5.5).

Demgegenüber sind die grundlegenden Sprachfertigkeiten (BICS), die die alltägliche Kommunikation bestimmen, tief in eine zeitlich, räumlich und sozial bestimmte konkrete Situation eingebettet. Die Beteiligten können thematisch auf ihr Alltagswissen zurückgreifen, sie können auf Gegenstände oder Personen, die im gemeinsamen Raum für alle wahrnehmbar sind, mit Gesten oder Mimik verweisen. Haltungen und Meinungen sind – gerade im vertrauten sozialen Kontext – nicht unbedingt begründungspflichtig, sondern werden als bekannt und auch als akzeptiert vorausgesetzt.

Was Kinder und Jugendliche an mündlichen Sprachkompetenzen aus ihrem familiären und sonstigen außerschulischen Umfeld mitbringen, entspricht vermutlich eher BICS als CALP. Auch die Unterrichtskommunikation ist voll von solchen alltagssprachlichen Praktiken, insbesondere in den ersten zwei Schuljahren ist sie noch von der Nutzung von BICS geprägt. In der Schule müssen sich die Schülerinnen und Schüler aber zunehmend auch zu typisch unterrichtlichen Zwecken einer anderen, akademischeren, bildungssprachlichen Art der Sprachverwendung bedienen (können), und zwar als Sprechende und als Zuhörende, denn CALP oder Bildungssprache ist nicht gleichzusetzen mit Schriftsprache; sie kommt auch im Mündlichen vor. In Kapitel 4.4 wird die Abgrenzung zwischen medialer und konzeptioneller Mündlichkeit/Schriftlichkeit anhand des einflussreichen Modells von Peter Koch und Wulf Oesterreicher (1985) genauer in den Blick genommen.

B

Beispiel: CALP im Fachunterricht

Lehrer:
Jede Gruppe hat einen Filter gebaut und ihn erprobt. Einzelne Gruppen haben auch mehrere Filterdurchläufe in Folge durchgeführt.
Entscheidet euch für drei Filter, die aus eurer Sicht das Schlammwasser besonders wirksam reinigen. Notiert die Nummer dieser Filter und welche Materialien genutzt wurden und wie diese Filter aufgebaut sind. Anschließend tauschen wir uns dazu aus, wie ihr eure Filter optimieren könntet. (Leisen 2013, S. 101)

Zudem kommen in der Schule auch verstärkt Gesprächsgattungen vor, die im Alltag eine geringere Rolle spielen, insbesondere das Erklären, aber auch zunehmend komplexe Darstellungen und Argumentationen zu Sachfragen. Das gilt nicht nur für den Deutsch-, sondern insbesondere auch für den Fachunterricht (vgl. die zahlreichen Beispiele in Leisen 2013). Entsprechend zeigen sich gerade bei typisch schulischen Gesprächsbeiträgen wie Erklärungen und Argumentationen teils große Unterschiede in den Fähigkeiten (vgl. dazu Kapitel 5.2).

Außerdem sollen Schülerinnen und Schüler nach und nach ein Repertoire erwerben, mit dem sie nicht nur im engeren sozialen Kreis (Familie, Freundinnen und Freunde) erfolgreich kommunizieren können, sondern das auch in weiteren sozialen Kontexten funktioniert. Als Beispiel wird oft das Bewerbungsgespräch genannt: Hier kommt es darauf an, bei einer unvertrauten, hierarchisch höhergestellten Person einen möglichst guten Eindruck zu hinterlassen, obwohl man beispielsweise deren Vorlieben und Haltungen nicht kennen kann. Solche Herausforderungen kommen aber auch in vielen anderen Zusammenhängen bis ins Erwachsenenalter immer häufiger vor. Man muss zum Beispiel mit Behörden telefonieren, Kundinnen und Kunden gegenüber höflich bleiben, obwohl man sich ärgert, oder Teambesprechungen organisieren und leiten. All das erfordert die Fähigkeit, das eigene Gesprächsverhalten an den Anlass und vor allem an die Gesprächspartnerinnen und -partner anzupassen. Die Erweiterung der sprachlichen Repertoires, die Jugendliche flexibel nutzen können, ist deswegen eine wichtige Bildungsaufgabe.

Ebenso hat die Schule die Aufgabe, das Nachdenken über den eigenen alltäglichen Sprachgebrauch (und den von anderen) anzuleiten: Gerade das, was schon routiniert beherrscht wird, muss in den Blick genommen, interessiert untersucht, reflektiert und ggf. auch bewusst verändert werden können. Und schließlich sollten Schülerinnen und Schüler der Sekundarstufe II auch Verfahren zur Untersuchung auch von mündlicher Sprache kennen, ähnlich wie sie auch das System der Schriftsprache analysieren und naturwissenschaftliche Forschungsmethoden kennenlernen.

All das sind Aufgaben, die eine gezielte Thematisierung und Förderung erfordern. Das gilt insbesondere auch mit Blick auf die Überwindung von ungleichen Ausgangsbedingungen und ungerechter Verteilung von Chancen auf Bildung und Teilhabe. Damit soll nicht gesagt sein, dass allein Sprachbeherrschung die (zu) engen Zusammenhänge zwischen sozioökonomischem Hintergrund und Bildungserfolg auflösen kann. Sie für lehr- und lernbar zu halten ist aber eine zentrale Aufgabe für Lehrpersonen oder – wie Klaus Mollenhauer es ausdrückte: „[...] ohne diese Fiktion gäbe es auf Seiten des Erziehers gar keine ernsthafte Anstrengung, an der Hervorbringung der Bildsamkeit mitzuwirken." (Mollenhauer 1998, S. 102) Insofern ist mündlicher Sprachgebrauch zu Recht ein wichtiger Teil des Curriculums im Deutschunterricht in allen Schulstufen.

Vorstellung Nr. 2: Die Förderung von schriftlichen Fähigkeiten ist wichtiger als die der mündlichen.

Dass die Förderung von *sprachlichen* Fähigkeiten in der Schule eine erhebliche Bedeutung hat, kann sicher als unstrittig gelten. Allerdings stehen hier oft die schriftlichen Fähigkeiten von Schülerinnen und Schülern im Fokus. Das wird an den beiden folgenden Gesprächsausschnitten deutlich. Bei diesen Ausschnitten handelt es sich um Transkriptionen, also Verschriftlichungen von mündlichen Äußerungen, die in ihrem Wortlaut nahezu unverändert übernommen wurden. Formulierungen und Satzstellung, aber auch gelegentliche Abbrüche und Selbstkorrekturen sind charakteristisch für mündliche Sprache. Um einen realistischen Eindruck von der Äußerung zu bekommen, hilft es, sie laut zu lesen.

Lehrperson 1: „Also es ist schon eher eben so vor allem die Schriftlichkeit, wo ich versuche sie zu fördern. Weil ich einfach auch merke, das wird einfach gefragt in der Oberstufe. Es sagt mir niemand, du, da, die spricht nicht so gut hier. Das habe ich noch nie gehört. Es ist oft, dass man sagt, die Schriftlichkeit, die können keine Texte mehr schreiben." (Nell-Tuor 2014, S. 182)

Lehrperson 7: „Aber wir tun uns auch noch etwas schwer damit, weil wir eben auch noch alte Lehrer sind, und getrimmt worden sind auf die Schriftlichkeit und auf den Wert der Schriftlichkeit. Und wir werden in diesen Werten immer wieder bestärkt. Wir lesen in der Zeitung über den Gewerbeverband, der behauptet, die Leute können nicht mehr schreiben. […]"

(Nell-Tuor 2014, S. 187)

In beiden Äußerungen von Lehrpersonen sind bestimmte Vorstellungen zur Bedeutung und Wichtigkeit der Mündlichkeit im Kontext von Schule und von Deutschunterricht zu erkennen: Lehrperson 1 hält sie im Vergleich zu schriftlichen Fähigkeiten für weniger wichtig. Sie hat dabei vor allem die weitere Schullaufbahn ihrer Schülerinnen und Schüler im Blick: In der Oberstufe seien vor allem schriftliche Fähigkeiten gefragt. Dabei scheint sie vor allem die Stimme der Kolleginnen und Kollegen an den aufnehmenden Schulen wiederzugeben: *„[…] du, da, die spricht nicht so gut hier"* habe sie noch nie gehört, wohl aber: *„die können keine Texte mehr schreiben"*.

Die gleiche Kritik gibt auch Lehrperson 7 wieder, diesmal – mit Bezug auf die beruflichen Perspektiven der Schülerinnen und Schüler – aus Richtung des Gewerbeverbandes, der *„behauptet, die Leute können nicht mehr schreiben"*. Durchaus selbstkritisch markiert die Lehrperson die eigene Werthaltung als möglicherweise überkommen, sieht sich aber angesichts der veröffentlichten Meinung zu diesem Thema auch nicht in der Lage, von einer Priorisierung der Schriftlichkeit Abstand zu nehmen.

Ob es einen solchen Verlust an schriftsprachlichen Fähigkeiten überhaupt gibt, lässt sich durch empirische Studien gar nicht eindeutig belegen, vor allem deshalb, weil man für einen Vergleich zwischen „früher“ und „heute“ ja zunächst einmal vergleichbare Texte von „früher“ und „heute“ benötigt. Diesen langen Atem hatte der Germanistikprofessor Wolfgang Steinig: Er hat es (zusammen mit Dirk Betzel) geschafft, insgesamt knapp 1.000 Grundschulkindern aus *derselben* Region im Abstand von 40 Jahren und dann nochmals 10 Jahre später (in den Jahren 1972, 2002 und 2012) *dieselbe* Schreibaufgabe vorzulegen. Die Forscher schreiben:

> „Die Ergebnisse zeigen, dass sich generell keine Entwicklung zu defizitären Texten (‚Sprachverfall‘) beobachten lässt. Stattdessen ergibt sich ein differenziertes Bild schriftsprachlichen Wandels mit erfreulichen und weniger erfreulichen Tendenzen. Während beispielsweise für die Bereiche Wortschatz und Textgestaltung beachtliche Verbesserungen erzielt werden konnten, finden sich in den neueren Texten beinahe doppelt so viele Rechtschreibfehler.“ (Steinig/Betzel 2013, S. 353)

Man kann also eher von einer Verschiebung von (Schreib-)Fähigkeiten sprechen, die sich in diesen Ergebnissen zeigt. Neben zahlreichen anderen Einflussfaktoren spiegeln sie möglicherweise auch eine Verschiebung der inhaltlichen Schwerpunkte im Deutschunterricht wider, und zwar nicht nur zwischen Schriftlichkeit und Mündlichkeit. Auch innerhalb des Schreibunterrichts haben sich die Ziele vom normgerechten Schreiben (Orthografie, Zeichensetzung, Grammatik) hin zum Verfassen von Texten, die bestimmten kommunikativen Zwecken genügen können, erweitert. Beide Verschie-

ÜBRIGENS: UNTERRICHT UND GESELLSCHAFT

Im Rahmen eines umfassenden gesellschaftlichen Modernisierungsprozesses (Außerparlamentarische Opposition, 1968er, Kanzlerschaft Willy Brandts, Ostpolitik) wurde auch das Bildungswesen reformiert. Zum einen ging es darum, breiteren Schichten den Zugang zu höheren Schulen und Universitäten zu ermöglichen; zum anderen, Lehren und Lernen mit Blick auf begründbare und zeitgemäße Ziele neu zu gestalten. Typische Reformprojekte jener Zeit waren curriculare Lehrpläne, in denen Lernziele, Lerninhalte, Methoden und Lernzielkontrollen systematisiert wurden, die integrierte Gesamtschule und die Kollegstufe. Als Richtziele galten Mündigkeit, Emanzipation, Kritikfähigkeit und kommunikative Kompetenz. Damit wendete man sich ab von einer Erziehung, in der man hauptsächlich eine unkritische Tradierung ideologiebehafteter und „verstaubter“ Bildungsgüter sah.

(Volker Frederking)

bungen stehen in Verbindung mit der *Kommunikativen Wende* in der Deutschdidaktik zu Beginn der 1970er-Jahre.

Den gesellschaftlichen Hintergrund dieser Wende bildeten die kulturellen und politischen Umbrüche und Reformbewegungen seit den späten 1960er-Jahren. Wenn sich in einem Themenfeld nicht nur Positionen verändern oder Mehrheiten verschieben, sondern es einen breiten Wandel in den grundlegenden Auffassungen gibt, dann spricht man von einem Paradigmenwechsel (*Paradigma* = griech. für Vorbild, Muster, auch Weltanschauung). Der Paradigmenwechsel der *Kommunikativen Wende* (vgl. Polz 2009, S. 12 ff.) zeigte sich innerhalb weniger Jahre parallel in den verschiedensten Bereichen von Forschung und Unterricht (so etwa in der Sprachwissenschaft, in der Didaktik des Fremdsprachenunterrichts, aber auch in der Lese- und Schreibdidaktik mit ihrer neuen Orientierung an Texten des alltäglichen Lebens). Weil Meinungen, Positionen und Haltungen im demokratischen Prozess zentral in alltäglichen Diskussionen gebildet und ausgetauscht werden, kam der Fähigkeit, sich an solchen Diskursen zu beteiligen, eine entsprechend große Bedeutung zu.

> „Nunmehr rückte die Förderung der mündlichen Kommunikationsfähigkeit zu einem zentralen Lernziel auf: Mündliche Kommunikation wurde innerhalb weniger Jahre neben der schriftlichen Kommunikation, dem Umgang mit Texten und der Reflexion über Sprache ‚zur vierten Säule des Deutschunterrichts', so Mihm (1975, S. 84)."
>
> (Neuland/Peschel 2013, S. 51)

Obwohl also die kommunikative Wende der Mündlichkeit als Lerngegenstand zu einem Auftrieb verholfen hat, konkurriert sie nach wie vor mit der Schriftlichkeit um Aufmerksamkeit, Wertschätzung sowie ganz konkret um Unterrichts- und Lernzeit. In den beiden Interviewauszügen der Lehrpersonen 1 und 7 spiegelt sich diese schulisch und gesamtgesellschaftlich verbreitete Annahme wider: Geschriebene Sprache sei im Vergleich zur Mündlichkeit gesellschaftlich als wichtiger anzusehen, ihre Beherrschung anspruchsvoller und ihre Vermittlung aufwändiger und langwieriger. Es wird sich aber zeigen, dass eine ausgebaute Gesprächskompetenz ein äußerst vielfältiges Bildungsziel ist, und dass eine gezielte Förderung auch der Mündlichkeit eine ernstzunehmende didaktische Aufgabe ist.

Vorstellung Nr. 3: Mündliches Erzählen (Argumentieren, Berichten, Beschreiben oder Erklären) ist eine gute Vorbereitung für schriftliche Erzählungen (Argumentationen, Berichte, Beschreibungen oder Erklärungen).

Wenn Lehrerinnen und Lehrer abwägen müssen, worauf sie Unterrichtszeit verwenden, dann finden sich oft Begründungsmuster wie in der folgenden Äußerung:

Lehrperson 8: „Und ich denke, also für mich ist das Mündliche wie die Grundlage auch für das Schriftliche. Also wer nicht eine Geschichte erzählen kann, dem wird's wahrscheinlich auch nicht gelingen, eine Geschichte zu schreiben." (Nell-Tuor 2014, S. 182)

Hier wird, so scheint es, der Mündlichkeit durchaus ein höherer Stellenwert beigemessen, denn sie wird als Grundstein oder sogar als Voraussetzung für die Ausbildung schriftlicher Fähigkeiten betrachtet – hier konkret im Bereich des Erzählens: Damit wird aber dem mündlichen Erzählen eine „dienende Funktion für die Schriftlichkeit" (Neuland/Peschel 2013, S. 49) zugeschrieben – sie steht zwar nicht in Konkurrenz zum Schreibunterricht, stellt aber auch keinen grundständigen Lerngegenstand dar. Ganz ähnlich äußert sich auch Lehrperson 1:

Lehrperson 1: „Also ich denke, es hängt einfach auch zusammen, wenn ein Kind Sätze schreiben kann, das Verständnis hat, kann es dann auch sprechen, eher. Also ich fördere die Schriftlichkeit mehr. Das sicher. Und ich denke, das hängt eben zusammen." (Nell-Tuor 2014, S. 182)

Diese Lehrperson argumentiert umgekehrt: Sie fasst mündliche Sprachkompetenz als Nebenprodukt des Schreibens auf, das beiläufig miterworben wird. Damit begründet sie, dass der Fokus der Förderung in ihrem Unterricht auf der Schriftlichkeit liegt.

Das Erzählen hat Gerhard Augst (Augst u. a. 2007, S. 45) einmal als Lieblingstextsorte nicht nur der Kinder in der Schule, sondern auch der Schreibentwicklungsforschung bezeichnet. Tatsächlich gibt es eine große Anzahl von Studien zum schriftlichen sowie zum mündlichen Erzählerwerb und auch zum Vergleich zwischen beiden Modi des Erzählens. Die verbreitete Vorstellung allerdings, dass Mündlichkeit vor allem der Vorbereitung für Schriftliches dienen kann und soll, beschränkt sich nicht auf diese Textsorte. Ähnliche Übertragungsprozesse (Transfer) stellen sich nicht nur Lehrkräfte auch bei anderen Textsorten vor: Auch in Schulbüchern für alle Klassenstufen finden sich Aufgaben, in denen im mündlichen Modus das Schreiben beispielsweise eines Berichts, einer Beschreibung, einer Erklärung oder Erörterung vorbereitet werden soll, ohne dass auf die jeweils spezifischen sprachlichen Herausforderungen eines solchen Transfers eingegangen würde.

Die Forschungsergebnisse zur Entwicklung mündlicher und schriftlicher Erzählfähigkeiten scheinen diese Auffassung zunächst zu bestätigen: In verschiedenen Studien findet man ziemlich parallele Entwicklungslinien, die darauf hinweisen, dass das Erzählen im mündlichen Medium den Kompetenzerwerb beim schriftlichen Erzählen vorantreibt – und umgekehrt. In solchen Studien werden Kinder und Jugendliche gebeten, mal mündlich zu erzählen, mal schriftlich. Die Produkte werden dann miteinander verglichen, beispielsweise in ihrem Umfang, der Struktur, dem eingesetzten Wortschatz usw. Damit dieser Vergleich „fair" ist, sorgt man dafür, dass die Bedingungen jeweils möglichst ähnlich sind, d. h. man verwendet vergleichbare Erzählimpulse (sehr häufig: Bildergeschichten) und gestaltet auch die Erhebungssituationen möglichst ähnlich. Das erreicht man zum Beispiel dadurch,

> „dass die Erhebung der Erzählungen durch eine Art von Interviewsituation gerahmt wird, in der den Zuhörerinnen und Zuhörern besondere Zurückhaltung in der Interaktion auferlegt ist, oder den erzählenden Kindern die Aufgabe gestellt wird, ihre Erzählung für die Aufnahme und damit für abwesende Hörer verständlich zu erzählen. Dieses Vorgehen hat sicherlich forschungsmethodische Vorteile, was aber damit erhoben wird, sind wohl keine typischen Beispiele mündlichen Erzählens mehr".
>
> (Ohlhus 2016, S. 43)

Was Sören Ohlhus damit meint: Wenn man eine mündliche Situation aus Gründen der methodischen Einheitlichkeit so gestaltet, dann entspricht das Setting im Grunde einer Schreibaufgabe. Dort gibt es ja keine direkte Adressatenreaktion, und der gesprochene Text muss so gestaltet sein, dass er auch unabhängig von der aktuellen Situation verständlich ist. Es entfallen gerade die Merkmale, die typisch für mündliche Kommunikation sind (vgl. auch Kapitel 4):

- die Einbettung der Erzählung in einen Gesprächskontext, an dem alle gleichermaßen beteiligt sind (oder sein könnten),
- mimische und gestische Mittel zur Inszenierung des Erzählten,
- die gemeinsame Arbeit an der Struktur der Erzählung,
- verbale, para- und nonverbale Zeichen von Interesse, Verstehen oder Nichtverstehen, Überraschung etc.

Wenn man aber von mündlichen Erzählungen ausgeht, wie sie im Alltag stattfinden und typischerweise von all diesen Mitteln Gebrauch machen, dann liegt auf der Hand, dass der Wechsel des Mediums ins Schriftliche erhebliche Anforderungen an die Erzählenden stellt: All diese Mittel müssen durch verbalsprachliche nicht nur ersetzt werden, sondern das schriftliche Medium erfordert insgesamt andere Planungs- und Gestaltungsprozesse, weil der fertige Text – anders als die mündliche Erzählung – dafür gemacht ist, über den Moment hinaus zu existieren.

Das gleiche gilt im Übrigen auch umgekehrt: Wer eine aufgeschriebene Erzählung mündlich vorliest, verbleibt zunächst klar im Modus der Schriftlichkeit. Der Text ist ja so gestaltet, dass er als verbalsprachliches Produkt und als „monologischer" Vortrag funktioniert. Charakteristisch für das mündliche Erzählen von Geschichten, und ganz besonders für Alltagserzählungen, ist aber neben dem lebendigen Einsatz von Stimme, Mimik und Gestik, die man ja beim Vorlesen auch nutzen wird, die Einbettung der Erzählung selbst in die Interaktion zwischen Erzähler bzw. Erzählerin und Zuhörenden. In Kapitel 5.2 findet sich ein Beispiel für eine solche Alltagserzählung („Wasserrutsche“).

So zeigt Ohlhus zum Beispiel, dass die erwachsene Gesprächspartnerin bei einer mündlichen Erzählung der Zweitklässlerin Lea an mehreren Stellen verbale und auch nonverbale Hörersignale äußert *(„hm=hm“, „oh“, „aha“, Nicken)*, und zwar immer da, wo in der Erzählung ein neuer Abschnitt beginnt. Das könnte man interpretieren als Hilfestellung der Erwachsenen für das erzählende Kind durch verschiedene Formen der Bestätigung. Interessant ist aber, dass tatsächlich Lea selbst diese Reaktionen provoziert:

> „Lea selbst organisiert ihren Erzählprozess im Zuschnitt auf diese Interaktion. So geht etwa allen oben genannten Höreräußerungen die Herstellung eines Blickkontakts durch die Erzählerin voraus.“ (Ohlhus 2016, S. 51)

Diese Interaktivität der mündlichen Verständigung kann nicht – zumindest nicht ohne Weiteres – in einen schriftlichen Text überführt werden. Will man also eine mündliche Erzählung als Vorbereitung für ein Schreibvorhaben nutzen, so kann sich diese Vorbereitung allenfalls auf die Entwicklung der Idee für einen Plot, den Spannungsverlauf, eine Pointe beziehen. Die verbalsprachlichen und textstrukturellen Mittel hingegen lassen sich nicht unfallfrei in einen schriftlichen Text hinüberretten. Angesichts dieser charakteristischen Unterschiede zwischen schriftlicher und mündlicher Produktion ist von einem Transfer, wie ihn die interviewten Lehrpersonen annehmen, nicht auszugehen.

Schriftliche Erzählungen müssen im Medium und mit den Mitteln der Schriftlichkeit erarbeitet werden. Umgekehrt gilt für die schriftliche Vorbereitung beispielsweise einer Debatte, einer Entschuldigung oder einer Präsentation, dass mündliche Produktion wesentlich im Medium der Mündlichkeit gelernt und gelehrt werden muss. Die verbreitete Problematik, dass mündliche Beiträge sprachlich unpassend, nicht gut verständlich oder unangenehm „abgelesen“ wirken, ist unmittelbar auf die eben nur vermeintliche Übertragbarkeit von einem Medium ins andere zurückzuführen. Behandelt man Mündlichkeit und Schriftlichkeit bewusst als sprachliche Domänen mit jeweils eigenen Mitteln und Vorgehensweisen, so werden auch die jeweiligen Möglichkeiten und Grenzen deutlich, und ein Wechsel zwischen den Medien mit ihren spezifischen sprachlichen Repertoires kann zum Gegenstand bewusster Reflexion werden.

Vorstellung Nr. 4: Gutes Deutsch ist gutes Deutsch, egal, ob man spricht oder schreibt.

Eine weitere verbreitete Vorstellung bezieht sich auf Fragen der sprachlichen *Richtigkeit*:

Lehrperson 7: „Ich kann zum Beispiel sagen: Darf ich? [macht Zeigegeste, Anmerkung N. N.-T.] Sie verstehen, was ich meine, aber der Satz ist nicht vollständig." (Nell-Tuor 2014, S. 192)

Diese Interviewpartnerin weist auf ein wichtiges Merkmal des mündlichen Sprachgebrauchs hin: Wenn wir uns in einem gemeinsamen Wahrnehmungsraum befinden, dann können wir nicht nur einander sehen und hören, sondern auch die Dinge, die uns umgeben. Um nach einem Gegenstand zu fragen, ist es deswegen nicht nötig, diesen zu benennen. Blicke, Gesten und andere Körperbewegungen funktionieren nicht nur genauso gut, sondern sind häufig sogar präziser als eine rein verbale Benennung. Dadurch, dass Lehrperson 7 eine solche Zeigegeste ignoriert und sich ausschließlich auf den verbalen Anteil der Äußerung *(„Darf ich?")* bezieht, kann sie diese als unvollständigen Satz kennzeichnen. Ein in diesem Sinne vollständiger Satz müsste nach ihrer Vorstellung vermutlich (mindestens) zwei weitere Satzglieder enthalten: ein Vollverb im Infinitiv sowie ein Akkusativobjekt, etwa: *Darf ich das Buch haben/den Rotstift benutzen/Ihre Uhr sehen?* Die Zeigegeste ersetzt das Objekt; das Vollverb ergibt sich aus dem Kontext.

In ihrem Bemühen um eine in das Unterrichtsgespräch integrierte Förderung von zunehmend bildungssprachlichen Fähigkeiten orientieren sich viele Lehrpersonen bewusst oder unbewusst an schriftsprachlichen Normen; man könnte also das Statement auch zuspitzen als: „Gutes Deutsch ist geschriebenes Deutsch, egal, ob man spricht oder schreibt".

> „Die Aussagen weisen darauf hin, dass das Schriftliche stark im Fokus ist. Den Lehrpersonen scheint es leichter zu fallen, diesbezügliche Beispiele zu geben."
>
> (Nell-Tuor 2014, S. 164)

Eine „Schriftsprachfixiertheit" kennzeichnete lange Zeit auch die Sprachwissenschaft als wissenschaftliche Disziplin (Schneider u. a. 2018, S. 11). Der schwedische Linguist Linell prägte im Jahr 1982 in diesem Zusammenhang den Begriff *written language bias,* was übersetzt in etwa „schriftsprachbezogene Voreingenommenheit" bedeutet. Damit ist gemeint, dass Sprache im Allgemeinen und mündliche Sprache im Speziellen durch eine „Brille der Schriftlichkeit" betrachtet wird. Ein Beispiel dafür ist schon die Vorstellung, man könnte mündliche Äußerungen überhaupt als „Sätze" beschreiben und an syntaktischen Maßstäben für geschriebene Sprache messen. In einer solchen Sichtweise wirkt gesprochene Sprache schnell defizitär, wenn etwa von „unvollständigen Sätzen“ die Rede ist. Im Schulunterricht schlägt sich dies dann in der Maxime nieder, in „ganzen Sätzen“ zu sprechen. Damit allerdings wird man der Mündlichkeit mit ihren eigenen Gesetzmäßigkeiten und Dynamiken nicht gerecht, weil mündliche Äußerungen in der Regel in gemeinsame Handlungssituationen eingebettet sind. Sie stehen nicht isoliert für sich, sondern sind als Bestandteile einer solchen ganzheitlichen Situation zu verstehen. Deshalb können wir uns darauf verlassen, dass Aspekte dieser gemeinsamen Situation – z. B. Sichtbares, vorher Gesagtes, gemeinsames Wissen über bestimmte Gesprächsverläufe – bei der Interpretation der Äußerungen hinzugezogen werden.

Im folgenden Transkriptauszug etwa verwendet die Lehrerin eine Einwortäußerung (*„Nebelschwaden?“*, Z. 5), um eine Rückfrage an einen Schüler zu richten:

Nebelschwaden (Gy1-U5, 6. Klasse), Le: Lehrerin, To: Tobias, Ha: Hannah

Le: *oder so kleine Nebelschwaden.=*
=die sehn ja manchma auch so_n bisschen (--) wie so
GEISterschiffchen aus;_ne?
To: *<<zur L. gedreht> was IS_n das.>*
Le: *<<dreht sich zu To, schüttelt den Kopf>> Nebelschwaden?>*
To: *<<schulterzuckend> nö (nich so).>*
Le: *wer kann mal kurz erklären was Nebelschwaden sind?*

(Morek 2016, S. 105)

Die Rückfrage *„Nebelschwaden?“* greift den vorangegangenen Gesprächskontext auf: Die Lehrerin hat während der Besprechung eines Gedichts erklärt, warum Nebelschwaden als „Geisterschiffchen“ bezeichnet wurden. Auf diesen Gesprächsbeitrag bezieht sich Tobias mit seiner Nachfrage *„was IS_n das“* (Z. 4). Um zu vereindeutigen, nach welchem Begriff Tobias fragt (*Nebelschwaden* oder *Geisterschiffchen*), fragt die Lehrerin nach. Dass sie ihre Äußerung im direkten Anschluss an die von Tobias platziert, trägt zusammen mit ihrer Körpersprache (Körperdrehung zu Tobias, Kopfschütteln) und Prosodie (steigende Intonation, hier gekennzeichnet durch: *?*) dazu bei, dass ihre Nachfrage *(„Nebelschwaden?“)* verstanden wird. Aus dem Kontext und den zusätzlichen Ausdrucksressourcen können alle Anwesenden den Inhalt ihrer Nachfrage erschließen; sie ließe sich in etwa verbalisieren als: „Du meinst, du weißt nicht, was der Begriff ‚Nebelschwaden‘ bedeutet?“ An der Reaktion von Tobias (Z. 6) kann man erkennen, dass auch er die Äußerung genau so verstanden hat. In gleicher Weise sind alle weiteren Äußerungen im Transkript so, wie sie sind, absolut funktional (vor allem, weil es in diesem kurzen Ausschnitt darum geht, ein Verständnisproblem innerhalb eines Unterrichtsgesprächs möglichst zügig und effizient zu beheben, damit es mit dem eigentlichen Thema des Gesprächs weitergehen kann).

Wie mündliche Kommunikation funktioniert, was ihre typischen Strukturen sind und welche Anforderungen und Potenziale sie mit sich bringt, wissen wir heute sehr genau – dank einer regen Erforschung von gesprochener Sprache und mündlicher Kommunikation in den letzten 50 Jahren (vgl. Kapitel 2). Gerade für die Erforschung alltäglicher Gesprächspraxis spielt dabei die technische Weiterentwicklung eine wesentliche Rolle. 1927 schlägt Kurt Tucholsky unter seinem Pseudonym Peter Panter in der Vossischen Zeitung vor: „Man sollte mal heimlich mitstenographieren, was die Leute so reden." Dem begnadeten Beobachter Tucholsky war durchaus aufgefallen, dass die Alltagssprache ihren ganz eigenen Gesetzen folgt, und einige dieser Beobachtungen zu Grammatik, Syntax, Tempus, zu Partikeln, Phrasemen und Dialekt, zu Redundanzen und Gesprächspraktiken spießt er in seinem Text auf. Die Möglichkeit aber, die flüchtige mündliche Sprache genauer zu untersuchen, besteht zu seiner Zeit noch nicht: Man hätte „das so Erraffte dann am besten

ÜBRIGENS: TRANSKRIPTION

Einige Beispiele für Transkriptionszeichen nach GAT 2 sind die folgenden (vgl. Selting u. a. 2009, S. 391 ff.):

[ ]	Überlappungen, gleichzeitiges Sprechen
°h, °hh, °hhh	hörbares Ein- und Ausatmen (kürzere und längere Dauer)
=	schneller, unmittelbarer Anschluss
: :: :::	Dehnung von Vokalen und Konsonanten (z. B. so::, un:d)
ʔ	Glottalverschluss (z. B. bei Abbrüchen: ich hab schon gewuʔ, oder bei Verneinung ʔhm ʔhm)
hm, ja, ne=ein	ein- und mehrsilbige Zuhörsignale
((lacht)), ((steht auf))	Beschreibung von paraverbalen und außersprachlichen Handlungen
<<beleidigt>>	Interpretationen
? –	steigende bzw. gleichbleibende Intonation
; .	fallende bzw. stark fallende Intonation
↑ ↓	auffällige Tonhöhensprünge nach oben/unten
Großbuchstaben	AkZENT bzw. STAR!ker akZENT!
<<f>>, <<all>>	laut, schnell (entsprechend den Dynamikbezeichnungen in der Musik)
usw.	

Welche Signale man im Einzelnen verschriftet, hängt vom Forschungsinteresse ab; niemand wird freiwillig Signale transkribieren, die später gar nicht ausgewertet werden sollen, denn für ein Transkript braucht man sowieso 20- bis 60-mal so lange, wie der Mitschnitt dauert.

in ein Grammophon sprechen, es aufziehen und denen, die gesprochen haben, vorlaufen lassen" müssen – und es wäre doch nicht das Gleiche gewesen.

Erst die Möglichkeit von mobilen und unaufwändigen Tonaufzeichnungen erlaubt es, gesprochene Sprache dingfest zu machen; die zunächst noch auf Tonbändern aufgezeichneten Daten wurden als sogenannte Transkripte verschriftlicht. Dabei stellte sich heraus, dass die spezifischen Merkmale mündlicher Sprache zusätzliche Zeichen brauchten, weil sie mit dem normalen Schriftsystem nicht erfasst werden können. Als Konvention für das Transkribieren wurde u. a. das *Gesprächsanalytische Transkriptionssystem* (GAT) entwickelt und 2009 als GAT 2 aktualisiert (Selting u. a. 2009). Die Transkriptauszüge in diesem Buch sind nach GAT 2 erstellt worden.

Ein wichtiges Ergebnis gesprächsanalytischer Forschungen ist die Erkenntnis, dass mündliche und schriftliche Sprache tatsächlich unterschiedlichen Konventionen und Normen unterliegen. Spezifisch mündliche Formen, beispielsweise in Aussprache, Kasusgebrauch, Satzbau, Wortwahl sind gegenüber der Schriftlichkeit nicht als defizitär zu beurteilen. Ebenso sinnlos wäre es, einer Schreibung wie *Sie fuhren nach Hause* zu attestieren, dass sie die mündliche Sprache nicht korrekt abbilde (richtig wäre ja eher: *sifurnahause*). Stattdessen sind mündliche Äußerungen am Maßstab ihrer Funktionalität und Angemessenheit in ihrem situativen Verwendungszusammenhang zu beurteilen.

Vorstellung Nr. 5: Bei gezielter Förderung von Mündlichkeit geht es vor allem um das Sprechen.

Wenn Schülerinnen und Schüler an einem typischen Schultag je nach Studie etwa 50 bis 80 % ihrer Zeit damit verbringen, Lehrkräften oder Mitschülerinnen und Mitschülern zuzuhören (vgl. beispielsweise Imhof 2008), dann kann man davon ausgehen, dass das Verstehen von mündlichen Äußerungen eine zentrale Voraussetzung für den schulisch-akademischen Erfolg in allen Fächern ist. Aber welche Rolle spielt das Zuhören in den Vorstellungen von Lehrpersonen zur Mündlichkeit und ihrer gezielten Förderung? Ihr eigenes Verständnis von mündlicher Sprachkompetenz formuliert Lehrperson 5 wie folgt:

> *„Ich verstehe unter mündlicher Sprachfähigkeit und Sprachkompetenz die Fähigkeit, eigene Bedürfnisse, Fragen so zu formulieren, dass sie das Gegenüber verstehen kann. […] Und dann wäre noch bei der mündlichen Sprachkompetenz insbesondere auch die Fähigkeit, das, was andere sprechen, analog natürlich auch zu verarbeiten, zu verstehen und darauf adäquat zu reagieren. Das wäre natürlich der Idealfall."* (Nell-Tuor 2014, S. 161)

Die Lehrperson definiert Sprechen und Zuhören wie in einem Spiegel: Was gesprochen wird, muss auch gehört und verstanden werden. Am Verstehen sind für sie immer beide Seiten beteiligt, denn wer spricht, muss sich bemühen, von den anderen verstanden zu werden, und wer zuhört, muss das Gesprochene verarbeiten, verstehen und angemessen darauf reagieren.

So klar äußern sich nur wenige der Interviewten. Das ist auch nicht verwunderlich, denn wenn man eine bislang möglicherweise ganz implizite Überzeugung spontan in Worte fassen soll, dann muss man sich dieser eigenen Vorstellungen zunächst einmal vergewissern. Dass die Frage nach einer Begriffsdefinition einen solchen Prozess angestoßen hat, erkennt man am nächsten Ausschnitt:

Lehrperson: „Ich studiere jetzt gerade, ob ich das Hören auch / aber Hören ist für mich eigentlich nicht Mündlichkeit. Ja doch zwar, ist ja dann auch etwas Mündliches. Doch, das Hören würde ich auch noch zur Mündlichkeit nehmen / dass man zuhören muss [von Mundart ins Hochdeutsche übersetzt, Anmerkung N. N.-T.]." (Nell-Tuor 2014, S. 161)

Diese Lehrperson legt in diesem Zitat sprechend den eigenen Denkprozess offen. Dass ihr dabei verschiedene, auch widersprüchliche Argumente durch den Kopf gehen, erkennt man an mehreren Satzabbrüchen und Selbstkorrekturen: Während sie noch überlegt (*„studiert"*), ob für sie das auch zur Mündlichkeit zählt, fällt sie sich quasi selber ins Wort: *„aber Hören ist für mich eigentlich nicht Mündlichkeit"*, um sich dann erneut zu widersprechen: *„Ja doch zwar, ist ja dann auch etwas Mündliches"*, um schließlich zu einer Entscheidung zu kommen, die fast wie ein Zugeständnis formuliert ist: *„Doch, das Hören würde ich auch noch zur Mündlichkeit nehmen"*.

Dieses Beispiel zeigt, dass die Sprachrezeption, das Zuhören, beim Thema mündlicher Fähigkeiten nicht so selbstverständlich im Fokus ist wie das Sprechen.

Dafür kann es mehrere Gründe geben: Unser Blick richtet sich dahin, wo optisch und akustisch etwas los ist. Zuhören, so könnte man sagen, folgt nicht nur dieser Blickrichtung, sondern steuert sie auch, denn gute Zuhörerinnen und Zuhörer richten ihren Fokus auf die Sprechenden aus und machen damit sich selber und ihren erheblichen Beitrag zum Gesprächsganzen tendenziell unsichtbar. Hinzu kommt, dass wie bei einem Eisberg die Zuhöraktivitäten, die von außen sichtbar werden, nur einen sehr geringen Anteil des Ganzen ausmachen, während der wichtigste Teil des Prozesses innerlich abläuft. Damit können die darin liegenden Schwierigkeiten und Herausforderungen leicht unterschätzt werden. Sehr deutlich wird das in dem folgenden Ausschnitt:

Lehrperson 4: „[...] wenn du nur Frontalunterricht machst, ein Schüler antwortet, Lehrer fragt, Schüler antwortet, danach wird leise gearbeitet, da hast du überhaupt keine Mündlichkeit." (Nell-Tuor 2014, S. 172)

Dass in einem solchen fragend-entwickelnden Unterricht alle Beteiligten nicht nur als Sprechende („*Lehrer fragt, Schüler antwortet*“), sondern insbesondere auch als Zuhörende gefordert sind, scheint der Lehrperson bei dieser Zuspitzung zu entgehen.

Ein weiterer Grund dafür, dass das Zuhören gegenüber dem Sprechen leicht übersehen wird, mag ein historischer sein: In Form der klassischen Rhetorik, wie sie bereits in der Antike gelehrt wurde, hat die Ausbildung von Sprechfähigkeiten durchaus eine lange Tradition, die in Deutschland in Disziplinen wie Stimm- und Sprachheilkunde, aber auch Vortragskunst und Rhetorik mündet, allesamt Fachrichtungen mit einem Fokus auf der mündlichen *Produktion* und auf den Rednern und (seltener) Rednerinnen.

Zu Beginn des 20. Jahrhunderts sorgte vielleicht erstmals der US-amerikanische Psychotherapeut Carl Rogers für eine stärkere Wahrnehmung des Zuhörens im Gespräch, indem er das Aktive Zuhören gezielt als therapeutisches Mittel einsetzte. Im Mittelpunkt stand dabei die einfühlsame Wahrnehmung insbesondere der emotionalen Seite von Botschaften. Wenn auch jenseits von therapeutischen Zwecken das Zuhören – im Vergleich zum Sprechen – erst seit deutlich kürzerer Zeit wahrgenommen, reflektiert und erforscht wird, so gibt es doch inzwischen sehr umfangreiche empirische Belege für die Bedeutung des Zuhörens auch in Lehr-Lern-Zusammenhängen. Gezielte Förderung von Zuhörkompetenzen und -strategien ist deswegen ein wichtiges Element des Deutschunterrichts.

Der Umstand, dass das Feld der mündlichen Fähigkeiten nach wie vor noch lückenhaft bearbeitet ist, schlägt sich auch in der Überzeugung nieder, die im folgenden Abschnitt beleuchtet werden soll.

Vorstellung Nr. 6: Es gibt keine faire Beurteilung von mündlichen Leistungen.

Diese Vorstellung wird unter anderem in der Fragebogenauswertung von Nell-Tuor deutlich: Tabelle 1 (siehe S. 26) zeigt, dass fast 80 % der befragten Lehrpersonen es schwieriger finden, mündliche Fähigkeiten zu beurteilen als schriftliche. Und über drei Viertel von ihnen empfinden sie auch als subjektiver als bei schriftlichen Leistungen. Im Interview sagt Lehrperson 3:

> *„Das ist schon mehr mein Gefühl, also auch mein Sprachgefühl. Also da hab' ich nicht jetzt eine Tabelle, wo ich sage: Ja das und das hat sie gesagt, also ist es gut. Also das ist auch gar nicht möglich, das kann man irgendwie gar nicht umsetzen. Weil das geht so schnell im Mündlichen. Im Schriftlichen kann ich's machen. Aber sicher nicht im Mündlichen. Das ist vorbei, eine Minute später oder ein paar Sekunden später.“* (Nell-Tuor 2014, S. 190)

Auch in zahlreichen anderen Untersuchungen äußern sich Lehrerinnen und Lehrer unsicher und unzufrieden mit ihrer Bewertung von mündlichen

	trifft zu	trifft eher zu	trifft eher nicht zu	trifft nicht zu	Gesamtzahl
Die Beurteilung mündlicher Sprachfähigkeiten ist immer subjektiver als die schriftlicher Sprachfähigkeiten.	19,6 %	57,6 %	18,4 %	4,4 %	158
Die Beurteilung mündlicher Sprachfähigkeiten finde ich schwieriger als die schriftlicher Sprachfähigkeiten.	33,5 %	46,0 %	18,0 %	2,6 %	161

Tabelle 1: Wahrnehmung der Beurteilung mündlicher Sprachfähigkeiten (vgl. Nell-Tuor 2014, S. 119)

Leistungen. Sie fühlen sich auf ihre Aufgabe nicht gut vorbereitet und empfinden es als schwierig, zu fairen Bewertungen zu kommen.

Tatsächlich haben wir es bei mündlicher Kommunikation (im Unterschied zu schriftlichen Texten) mit einem Gegenstand zu tun, der nicht „stillhält“: Er ist interaktiv, multimodal und flüchtig („*Das ist vorbei, eine Minute später oder ein paar Sekunden später*“) und stellt uns so vor besondere Herausforderungen beim Bewerten.

Im Kapitel 6.3 wird dennoch mit dem Modell des SKIR-Diamanten ein Instrument vorgestellt, mit dem Lehrpersonen für spezifische (Prüfungs-)Situationen sinnvolle Beobachtungs- und Beurteilungskriterien auswählen und näher bestimmen können.

A

Aufgabenideen zur eigenen Reflexion

Was sind mündliche Sprachfähigkeiten? (Material: Papierbogen, mind. DIN A3)
Schreiben Sie in die Mitte eines großen Papierbogens „mündliche Sprachfähigkeiten“. Notieren Sie anschließend rund um diesen Begriff möglichst viele Fähigkeiten und Fertigkeiten, die für Sie dazuzählen. Versuchen Sie anschließend, Ihre Stichworte oder Umschreibungen zu ordnen, indem Sie beispielsweise Verbindungslinien ziehen, Begriffe zusammen einkreisen, Stichworte mit verschiedenen Farben markieren oder auch alles ausschneiden und stapeln.

Expertise (Material: Schreibzeug)
Stellen Sie sich vor, Sie sollen ein Experteninterview geben zu der Frage, wie man mündliche Fähigkeiten im Unterricht am besten fördert. Allerdings ist die Sendezeit wie üblich sehr begrenzt. Notieren Sie die drei Punkte, die Sie auf jeden Fall loswerden wollen.

Pro und Kontra (Material: Schreibzeug)
An einer fiktiven Schule sollen Zensuren für mündliche Leistungen abgeschafft werden. Machen Sie eine Liste von Argumenten für und gegen die Abschaffung. Was ist Ihre Haltung?

Tagebuch (Material: Schreibzeug)
Erinnern Sie sich an Ihre eigene Schulzeit: Welche Rolle spielten mündliche Sprachkompetenzen? Bei welchen konkreten Gelegenheiten konnten Sie Ihre mündlichen Fähigkeiten nutzen? Erinnern Sie sich an berufliche oder private Gespräche: Wann haben Sie einmal jemanden nicht richtig verstanden, obwohl es wichtig für Sie (oder für die andere Person) gewesen wäre? Was hätten Sie in der Situation tun können?
Und: Bei welcher Gelegenheit hatten Sie schon einmal das Gefühl, sich nicht richtig ausdrücken zu können? Woran lag das? Welche Gefühle werden wach, wenn Sie daran zurückdenken?

2 Aus der Forschung: Wissen für professionelles Handeln

Dieses Kapitel gibt einen Überblick über einen äußerst komplexen Gegenstandsbereich, und zwar einen Überblick, wie ihn Profis haben (müssen). Menschen, die nicht beruflich mit dem Lehren und Lernen mündlicher Sprachkompetenzen zu tun haben, genügt es zumeist, kommunikative Situationen unterschiedlicher Art intuitiv zu bewältigen. Gelegentlich müssen sie Missverständnisse klären oder schwierige Gespräche bewältigen und sich dafür bewusster als sonst mit den verschiedenen Sichtweisen ihrer Mitmenschen auseinandersetzen. Was sie in der Regel nicht benötigen, ist das Wissen über Forschungsergebnisse.

Anders ist das bei Lehrerinnen und Lehrern: Sie sind einerseits Gesprächsbeteiligte wie alle anderen auch. Andererseits ist es aber ihre Aufgabe, bei Kindern und Jugendlichen Gesprächsfähigkeit in unterschiedlichen Situationen des persönlichen und öffentlichen Lebens auszubilden. Wie in allen anderen Kompetenzfeldern (Lesefähigkeit, Trigonometrie, Harmonielehre ...) kann solcher Unterricht nur gelingen, wenn er sowohl im Bezug auf den Ge-

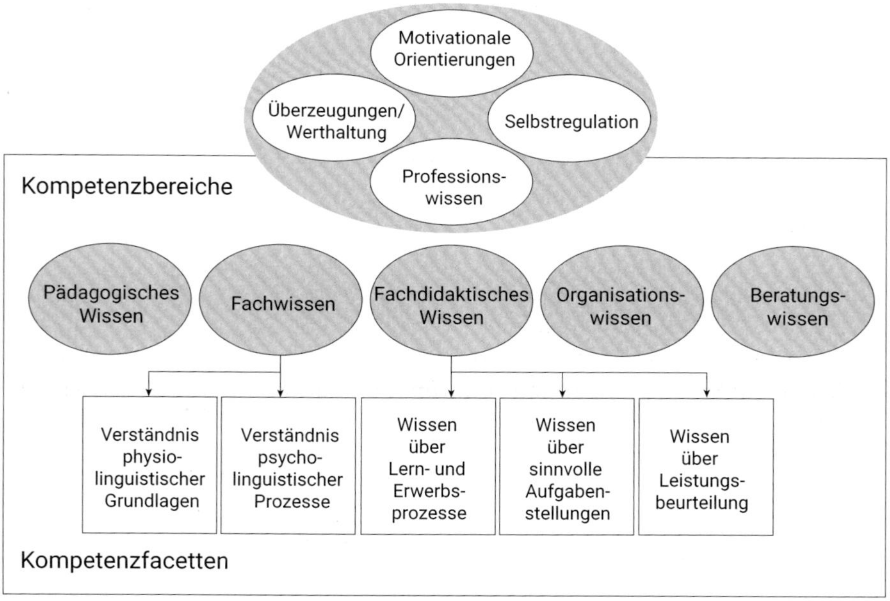

Abbildung 1: Modell professioneller Handlungskompetenz (nach Baumert/Kunter 2006, S. 482)

genstand als auch auf die Schülerinnen und Schüler angemessen geplant und gestaltet ist. Je besser Lehrerinnen und Lehrer Beobachtungen, Materialien, Prozesse in ein gedankliches Netzwerk einordnen können, desto leichter wird es ihnen fallen, angemessene didaktische Entscheidungen zu treffen.

In einem häufig zitierten Modell (s. Abbildung 1) haben Jürgen Baumert und Mareike Kunter dargestellt, was alles zusammenkommen muss, wenn man von Lehrerinnen-/Lehrerprofessionalität sprechen will. Baumert und Kunter wenden sich damit gegen die verbreitete Auffassung, dass vor allem die Persönlichkeit der Einzelnen darüber entscheidet, ob sie gute Lehrkräfte sind, dass es also – zugespitzt – so etwas wie „den geborenen Lehrer" gibt (hier bewusst als Prototyp formuliert). Dieser Auffassung setzen sie einen kompetenzorientierten Ansatz entgegen: Sie nehmen an, dass professionelles Handeln im Unterricht auf einem Mix aus Überzeugungen, motivationalen Orientierungen und Wissen in Verbindung mit Fähigkeiten der Selbstregulation beruht.

Zu den Bereichen, in denen man nach diesem Modell etwas wissen muss, werden (neben pädagogischen, organisatorischen und Beratungskompetenzen, die hier nicht im Mittelpunkt stehen) Fachwissen und fachdidaktisches Wissen gezählt. Anders als „Persönlichkeit" sind Kompetenzen und Wissen veränderbar, was eine wesentliche Voraussetzung nicht nur für die Lehramtsausbildung, sondern auch für dieses Buch ist. Die einzelnen Kompetenzfacetten sind deswegen in Abbildung 1 für den Bereich „Sprechen und Zuhören" konkretisiert.

Im vorigen Kapitel ging es vor allem um die *Überzeugungen und Werthaltungen*. Dabei hat sich gezeigt, dass die Auffassungen, die auch in der Öffentlichkeit verbreitet sind, sich aus Sicht der Forschung zum mündlichen Sprachhandeln nicht ohne Weiteres halten lassen. Das wird vor allem dann deutlich, wenn man versucht, Mündlichkeit nicht durch eine „Brille der Schriftlichkeit" zu sehen und zu beurteilen, sondern in ihren eigenen Charakteristika zu beschreiben und in ihrer eigenen Funktionsweise zu verstehen. Diese Merkmale und Eigenheiten des Mündlichen gehören zum *Fachwissen* über mündliche Kommunikation.

Zu diesem Wissen tragen zahlreiche wissenschaftliche Disziplinen bei (s. Kasten auf S. 30/31): Zu ihnen gehören nicht nur kommunikationswissenschaftliche, sondern auch medizinische Fachrichtungen, denn zunächst einmal sind Sprechen und Zuhören körpergebundene Fähigkeiten.

Die Darstellung beginnt deswegen mit einer Beschreibung der *physikalischen* und *physiologischen* Grundlagen: Es wird geklärt, wie wir sprachliche Laute wahrnehmen und verarbeiten und wie wir sie produzieren (Kapitel 3). Dabei kann es nicht um eine vollständige medizinische und neurologische Darstellung gehen. Ein grundlegendes Verständnis für die Linie zwischen physiologischen und psychologischen Prozessen ist aber wichtig für sinnvolle pädagogische und didaktische Entscheidungen. Hat beispielsweise ein Schüler oder eine Schülerin Probleme beim verstehenden Zuhören, so lassen sich mit diesem Wissen die Ursachen leichter eingrenzen:

- physikalische Gründe: Ist der Klassenraum ungünstig geschnitten, kann man vielleicht hinten schlechter hören als an der Seite?
- physische Gründe: Liegt ein Förderschwerpunkt im Bereich Hören oder ein noch gar nicht erkannter minimaler Hörverlust vor?
- psychische Gründe: Besteht die Schwierigkeit eher im Bereich der Konzentration und Aufmerksamkeitssteuerung?
- kognitive Gründe: Erschweren die komplexen Verarbeitungsprozesse, wenn Deutsch als Zweit- oder Fremdsprache erworben wird, das Verstehen?

ÜBRIGENS: WER FORSCHT ZUR MÜNDLICHKEIT?

Der Gegenstand *Mündlichkeit* wird von sehr unterschiedlichen Disziplinen erforscht. Jede von ihnen hat eigene Perspektiven, Interessen und auch wissenschaftliche Methoden. Entsprechend entstehen unterschiedliche Modellvorstellungen, Beschreibungen und Einsichten, teils auch abweichende Begrifflichkeiten und Auffassungen.

- **Medizin:** Untersucht die körperlichen Prozesse, die am Hören und Sprechen beteiligt sind, teils auf mikroskopisch kleiner Ebene und mithilfe von Röntgen, MRT und anderen bildgebenden Verfahren.
- **Neurologie:** Erforscht die Prozesse im zentralen Nervensystem, die man schon nicht mehr ohne Weiteres sehen kann. Es werden (z. B. mit EEG) Aktivierungen von Hirnarealen unter bestimmten Voraussetzungen gemessen und Schlüsse gezogen.
- **Sprecherziehung/Sprechwissenschaft:** Befasst sich mit der Analyse und Vermittlung des Sprechens, und zwar mit der Sprechbildung im engeren Sinn (Atmung, Stimme, Artikulation usw.), aber auch mit Sprechausdruck, Rhetorik und gestaltendem Sprechen (z. B. beim Vorlesen und Vortragen).
- **Logopädie, Phoniatrie und Pädaudiologie** sind medizinische Fachrichtungen, die sich mit der Untersuchung und Therapie von Stimm-, Sprech- und Sprachstörungen, aber auch mit dem Hören befassen.
- **Psycholinguistik** ist ein Teilgebiet der Sprachwissenschaft mit Schwerpunkt beim Spracherwerb in der Erst- aber auch der Zweitsprache. Sprachproduktion und -rezeption werden als psychische Prozesse beschrieben. Dafür werden häufig psychologisch-experimentelle Methoden angewandt (wenn man beispielsweise untersucht, welche Wörter Säuglinge schon verstehen). Im Kontrast zum ungestörten Sprachgebrauch werden Störungen identifiziert.
- **Kognitionswissenschaft** (engl.: science of the mind): Kognitionswissenschaftlerinnen und -wissenschaftler beschäftigen sich ganz allgemein mit bewussten oder bewusstseinsfähigen Denk- und Entscheidungsprozessen. Dabei kommt ein breites Spektrum kognitiver und auch emotional-motivationaler Dimensionen

Das gleiche gilt mit Bezug auf Stimme und Sprechen: Herausforderungen können für Schülerinnen und Schüler, aber auch für Lehrkräfte im Bereich der Atmung und Stimmgesundheit oder der verständlichen Artikulation liegen. Davon getrennt kann man beschreiben, wie es gelingt, passende Gesprächsbeiträge zu planen, im Gesprächsverlauf zu platzieren und sie inhaltlich und strukturell angemessen zu gestalten – auch mit Blick auf die anderen Beteiligten und die Gesamtsituation. Alle genannten Beispiele können sich selbstverständlich auch gegenseitig beeinflussen, selten liegt nur eine vollkommen isolierte Ursache vor – umso wichtiger ist ein begriffliches Handwerkszeug, mit dem sich Beobachtungen sortieren und zuordnen lassen.

Entsprechend widmet sich im Anschluss an die physiologischen Grundlagen das Kapitel 4 den fachwissenschaftlichen Erkenntnissen aus Psychologie und Linguistik. Modelle aus diesen Disziplinen beschreiben, welche charakteristi-

---

in den Blick (Wahrnehmung, Gedächtnis, Lernen, Sprache, aber auch Motivation und deren Aufrechterhaltung). Theoretische Modelle werden anhand von empirischen, häufig experimentell gewonnenen Daten überprüft.

- **Gesprochene-Sprache-Forschung** und **Gesprächsanalyse** sind Teilgebiete der Sprachwissenschaft (Linguistik): Sie untersuchen, wie Menschen Gespräche führen, wie sie gemeinsam kommunikative Ziele erreichen. Dafür werden möglichst authentische Gespräche aufgezeichnet und verschriftet (transkribiert). Anhand der Transkripte rekonstruiert man, was in einem Gespräch „passiert". Dabei werden die Beiträge der Einzelnen immer auch im Kontext des Gesamtgeschehens gesehen.
- **Pragmatik** befasst sich als linguistische Teildisziplin mit dem Handlungscharakter von Sprache. Sie beschreibt und untersucht in diesem Zusammenhang auch nicht-wörtliche Bedeutungen von mündlichen Äußerungen in ihren jeweiligen kommunikativen Zusammenhängen.
- Die **Textlinguistik** untersucht satzübergreifende sprachliche Strukturen. Während in der Alltagssprache der Begriff „Text" für Geschriebenes reserviert ist, wurde er in der Textlinguistik so erweitert, dass auch von mündlichen Texten die Rede sein kann.
- Die **Sprachdidaktik** beschäftigt sich mit dem Lernen und Lehren sprachlicher Fähigkeiten im Kontext von Deutschunterricht. Sie greift auf Ergebnisse und Erkenntnisse aus allen oben genannten Teildisziplinen zurück, wenn sie versucht, Mündlichkeit im Deutschunterricht zu beschreiben, didaktische Prozesse zu modellieren und sinnvolle Fördermaßnahmen zu entwickeln. Methodisch arbeitet sie vor allem im schulischen, aber auch im außerschulischen Feld.
- Die **Didaktik des Deutschen als Zweit- und Fremdsprache** (DaZ, DaF) befasst sich traditionell und schon lange mit dem Lehren und Lernen gerade des mündlichen Sprachgebrauchs. Die Arbeitsweisen ähneln denen der Sprachdidaktik; hinzu kommen sprachkontrastive Untersuchungen von Herkunftssprachen, die für eine sinnvolle Sprachvermittlung wertvoll sind.

schen Merkmale mündliche Kommunikation hat und wie mündliches Sprachhandeln funktioniert. Wiederum werden zunächst die (kognitiven) Leistungen beim Zuhören betrachtet, um danach die Funktionsweise von Gesprächen in den Blick zu nehmen. Dafür werden Gesprächs*praktiken* beschrieben, die dazu dienen, eine bestimmte kommunikative Aufgabe gemeinsam zu bearbeiten.

Praktiken können *lokal* organisiert sein. Sie sind dann in ein längeres Gespräch eingebettet und dienen innerhalb dieses Gesprächs einer bestimmten Zielsetzung (z. B. zwei Bekannte einander vorstellen, ein unverfängliches Thema beginnen, eine Verständnisfrage stellen). Es lassen sich aber auch globale Praktiken beschreiben, die sich auf die allgemeinere Zielsetzung einer längeren Sequenz beziehen (z. B. ein literarisches Gespräch führen, mit einem Nachbarn tratschen, von der Klassenfahrt berichten, ein Missverständnis aufklären). Solche globalen Praktiken mit ihren besonderen Funktionen können auch verschiedenen Gesprächsgattungen zugeordnet werden, wenn zum Beispiel vornehmlich erzählt, berichtet, erklärt oder argumentiert wird (vgl. Kapitel 5.3). Eine spezifische Form, die im Unterricht der Sekundarstufen und insbesondere in Vorbereitung auf Abschlussprüfungen eine wichtige Rolle spielt, ist der mündliche Vortrag (das Referat, die Präsentation etc.). Sie stellt Sprechende wie Zuhörende vor spezielle Anforderungen und wird in den Kapiteln 5.4 und 5.5 behandelt.

In Kapitel 6 finden sich Hinweise zu Möglichkeiten der Beurteilung mündlicher Leistungen. Dafür werden die verschiedenen Dimensionen von Gesprächskompetenzen anhand eines Diamant-Modells erläutert: Diese Fähigkeitsdimensionen betreffen die Strukturierung, die Beachtung von (Gesprächs- oder Gattungs-)Konventionen, die interaktionale Passung und treffende Bezeichnungen (Referenz). Das Bild des Diamanten soll verdeutlichen, dass man einerseits jede Facette des Diamanten separat berücksichtigen kann. Andererseits tritt aber keine der Facetten in der mündlichen Kommunikaiton isoliert auf. Immer scheinen alle anderen Facetten hindurch und lassen die Gesamtleistung in einer bestimmten Gesprächssituation in einem ganz individuellen Licht erscheinen.

Kapitel 7 schließlich fasst die Erkenntnisse in einer *fachdidaktischen* Perspektive zusammen: Es stellt sich ja die Frage, wie die Lernziele der länderübergreifenden Bildungsstandards (KMK 2004, 2005, 2012) im Unterricht konkret adressiert werden sollten. Dafür werden zunächst die wichtigsten Erwerbsmechanismen, wie sie die fachdidaktische Forschung der letzten Jahrzehnte aufgezeigt hat, kompakt zusammengefasst und anschließend wird eine „Sortierhilfe“ für Aufgabenstellungen gegeben, damit Lehrerinnen und Lehrer auch neue Aufgabenideen sinnvoll in ihrem Unterricht einbauen können. Das Kapitel schließt mit sieben Maximen für das erwerbsförderliche Handeln im Unterricht.

A

Aufgaben und Ideen für den Unterricht

Sprachforschung (Material: Schreibzeug, Aufnahmegerät)

Die Schülerinnen und Schüler können – auch im Rahmen von Facharbeiten oder Forschungswettbewerben – selbst kleine Untersuchungen rund um mündliche Kommunikation durchführen und sich dabei an den Methoden verschiedener Wissenschaftsdisziplinen orientieren. Beispiele sind:

- Umfragen auf dem Schulhof, in der Fußgängerzone, in der Familie (z. B.: Sollte Zuhören ein Unterrichtsfach sein? Welche Ideen gibt es zur Lärmvermeidung? Können Sie reden?)
- Experimente rund um akustische und inhaltliche Verständlichkeit (z. B.: Ab wann ist der Ton eines CD-Players wo im Klassenraum von wem nicht mehr zu hören? Verändert die Sitzordnung die mündliche Beteiligung im Unterricht?)
- Arbeit an Transkripten mündlicher Sprache (idealerweise werden Transkripte aus Mitschnitten aus dem eigenen Unterricht selbst erstellt).

3 Physiologische Grundlagen: Hören und Sprechen

Im Verlauf dieses Buches wird deutlich werden, dass es bei der Förderung von *Sprechen und Zuhören* im Deutschunterricht, also beim Erwerb mündlicher Kompetenzen, nicht in erster Linie um die physiologischen Prozesse geht, mit denen wir Sprache produzieren und wahrnehmen. Das machen wir auch sprachlich klar, wenn wir von *Hören* im Unterschied zum *Zuhören* reden. Ähnliches findet man übrigens auch in anderen Sprachen (beispielsweise auf Englisch: *to hear* vs. *to listen*; Italienisch: *sentire* vs. *ascoltare*; Polnisch: *słyszeć* vs. *wysłuchiwać*). Bezogen auf die Sprach*produktion* gibt es keine so klare begriffliche Trennlinie. Aber auch hier kann man einerseits genauer betrachten, wie unser Stimm- und Sprechapparat eigentlich funktioniert, bevor man sich der Frage zuwendet, was und wie wir in welchen Kontexten sprechen.

Obwohl es also im Kern nicht um physiologische Prozesse gehen wird, betrachten wir zunächst die Funktionsweise unseres Hör- und Sprechapparates. Um an einem Gespräch teilzunehmen, ist all dieses Wissen selbstverständlich nicht erforderlich, denn die beteiligten Organe sind Teil unserer genetischen Ausstattung und die Prozesse laufen überwiegend automatisch und unbewusst ab. Für Lehrpersonen ist es aber wertvoll, eine grundlegende Idee davon zu haben, wie Hören und wie Sprechen eigentlich funktionieren. Sie können so Auffälligkeiten beim Hören und Sprechen sachangemessener wahrnehmen und insbesondere mit Blick auf die Förderschwerpunkte „Hören", „Lernen" sowie ggf. „Emotional-soziale Entwicklung" einordnen und daraus Schlüsse für die eigene Praxis ziehen.

Das betrifft schon die Lehrperson selbst: Eine gesunde Stimme erleichtert Schülerinnen und Schülern das Lernen erheblich. Susanne Voigt-Zimmermann (2017) von der Martin-Luther-Universität Halle listet einige Forschungsbefunde zu den Auswirkungen von Heiserkeit auf, die ja häufig die Arbeit im Unterricht erschwert:

- Schülerinnen und Schüler reagieren ablehnend auf heisere Stimmen, und können sie schlechter verstehen,
- sie können sich schlechter an Inhalte erinnern,
- ihre Wahrnehmungs- und Verarbeitungsfähigkeit sowie die Verstehensleistung sinkt,
- je schwieriger die Aufgabenstellungen werden, desto stärker ist der negative Effekt auf die Leistungen,
- die Schülerinnen und Schüler verlieren die Aufmerksamkeit.

Auch im Sinne der eigenen beruflichen Zufriedenheit ist ein Verständnis für gesundes Sprechen von zentraler Bedeutung.

Die Physiologie von Stimme und Gehör in ein Lehrwerk über das Sprechen und Zuhören einzubeziehen, bedeutet zunächst, sich auf die Befunde derjenigen Wissenschaftsdisziplinen einzulassen, die hier thematisch bewandert sind. Die Informationen stammen aus entsprechenden Lehrbüchern. Die grundlegenden Strukturen und Vorgänge werden hier so ausführlich wie nötig und so verständlich wie möglich dargestellt.

3.1 Funktion des Hörens

Jeder Laut besteht zunächst einmal aus Schallwellen, also aus Druckschwankungen in der Luft: In regelmäßigen Abständen ist sie abwechselnd mehr oder weniger verdichtet. Dabei ist jedes Schallereignis, unabhängig davon, ob es sich um einen Sprachlaut oder ein anderes Geräusch handelt, charakterisiert durch eine ganz spezifische Kombination aus der Frequenz, der Lautstärke (genauer: dem Schalldruck), der Dauer und der Richtung, aus der die Schallwelle kommt (s. auch Abbildung 2):

- Die **Frequenz** eines Schallereignisses ist der Abstand zwischen den stärker und den schwächer verdichteten Abschnitten einer Welle. Sie wird nach dem Physiker Heinrich Hertz (1857–1894) in der Einheit Hertz (abgekürzt: Hz) gemessen. Ein Hertz entspricht einer Schwingung pro Sekunde. Je größer die Frequenz einer Schallwelle ist, desto höher klingt ein einzelner Ton.

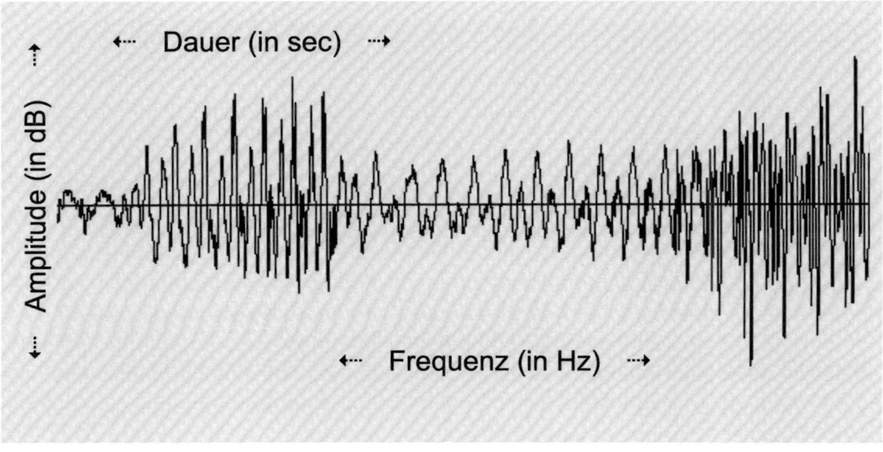

Abbildung 2: Frequenz, Amplitude und Dauer von Schallereignissen

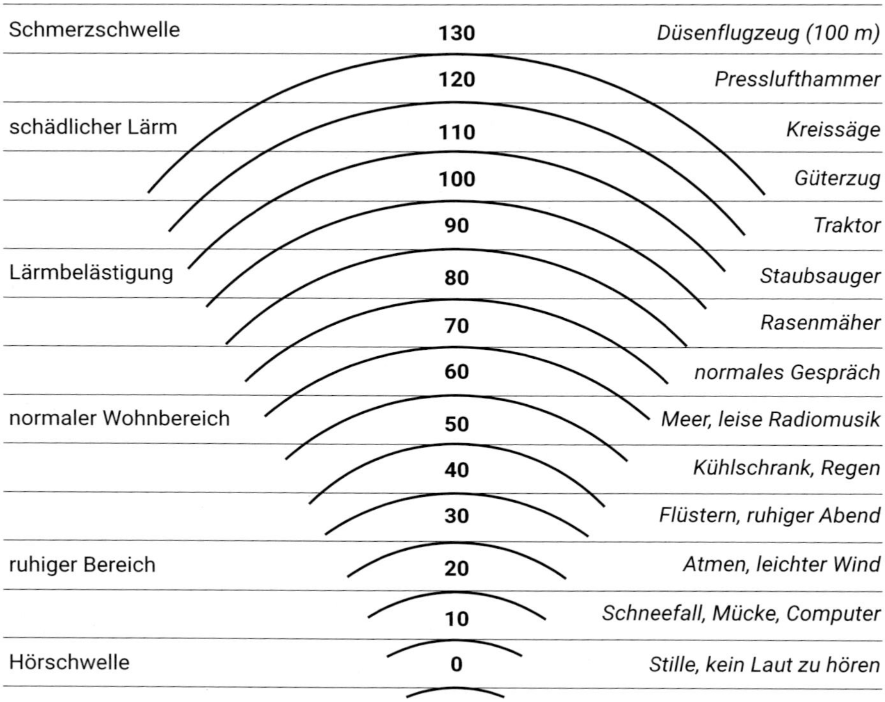

Abbildung 3: Lärmometer: Was ist wie laut?

- Der **Schalldruck** wird in Dezibel (dB) gemessen. Er kann beschrieben werden als der Abstand zwischen dem höchsten und dem tiefsten Punkt einer Welle (Amplitude): Je größer dieser Abstand ist, desto größer ist der Schalldruck. Der messbare Bereich liegt zwischen der Hörschwelle von 0 dB und etwa 160 dB (Geräusch eines Düsenflugzeugs in 30 m Entfernung). Die vom Menschen empfundene Lautstärke hängt interessanterweise nicht direkt mit dem Schalldruck zusammen: Man kann sagen, dass der Schalldruck eine physikalische Größe ist (gemessen in dB), die Laut-

ÜBRIGENS: VERSCHIEDENE EICHMAßE

Ein gesundes menschliches Gehör kann Frequenzen zwischen 20 bis 20.000 Hz wahrnehmen. Allerdings wird bei Hörtests die untere Schwelle oft als Nullpunkt definiert. Sollte ein Hals-Nasen-Ohren-Arzt uns also nach der Untersuchung einen Hörbereich unter 20 Hz bescheinigen, so sind wir deswegen noch keine Superhelden: Es handelt sich um eine relative Größe.

heit eines Schallereignisses hingegen (auch) eine Frage der Wahrnehmung (gemessen in Phon).

- Jeder Klang, ob hoch oder tief, laut oder leise, kann kurz oder lang anhalten; dieses Kennzeichen wird als die **Dauer** bezeichnet.
- Und schließlich kommt jedes Schallereignis aus einer **Richtung**, nämlich von dort, wo es produziert wurde und von wo sich die Schallwellen ausbreiten.

All das trifft auf jedes beliebige Geräusch zu; allerdings sind wir Menschen nicht dafür ausgestattet, jedes beliebige Geräusch auch wahrzunehmen. Wie bei allen anderen Lebewesen ist unser Hörsystem auf die Klänge spezialisiert, die für uns von besonderer Bedeutung sind, und das sind sprachliche Laute (dazu mehr in Kapitel 3.3). Das menschliche Gehör nimmt eine Frequenz von 20 bis 20.000 Hz wahr. In welchem Lautstärke-Bereich verschiedene Geräusche in unserer Umgebung liegen, zeigt Abbildung 3. Töne, die tiefer oder höher klingen, sind für Menschen nicht hörbar. Das machen sich beispielsweise Geräte zunutze, die durch Schall Maulwürfe oder Stechmücken vertreiben sollen: Sie produzieren Töne oberhalb des menschlichen Hörfrequenzbereichs (sog. Ultraschall), sodass sie zwar für die Tiere lästig, für den Menschen aber nicht störend wirken.

Demgegenüber sind wir, was den Schalldruck betrifft, durchaus in der Lage, sehr leise Geräusche zu hören: Wer „gute Ohren“ hat, nimmt auch Geräusche wahr, die nur wenige dB haben. Ab etwa 120 dB ist allerdings im wahrsten Sinne des Wortes die Schmerzgrenze erreicht (s. Abbildung 3); Geräusche, die mit noch mehr Druck auf unser Gehör treffen, können es auch dauerhaft schädigen.

Es gibt also Geräusche und Klänge in der Welt, die wir nicht wahrnehmen, obwohl sie da sind. Andererseits gibt es aber auch solche, die wir zwar wahrnehmen können, es aber in der Regel nicht tun. Das hat mit der Hörbahn zu tun, also dem Weg, den ein Schallereignis zurücklegt, um in unser Hirn zu gelangen:

Da ist zunächst das Ohr selbst (s. Abbildung 4): Wenn Schallwellen auf unser Ohr treffen, dann versetzen sie

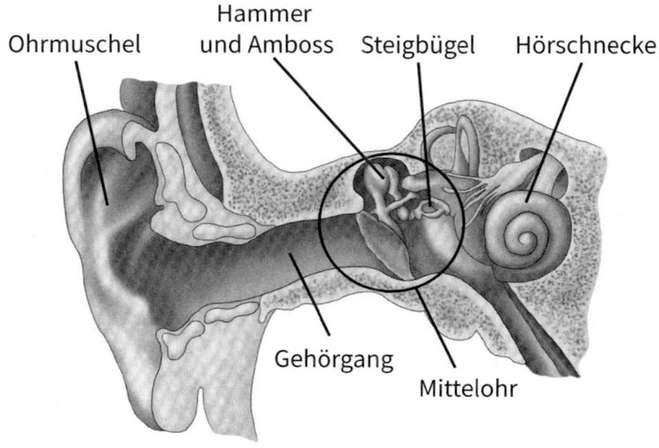

Abbildung 4: Außen- und Mittelohr

das Trommelfell in Schwingungen: Bei hohen Frequenzen in schnelle, bei niedrigen in langsame, bei großer Lautstärke in starke und bei geringer Lautstärke in schwache. Dabei hat das Trommelfell selbst keine allzu großen Möglichkeiten. Entscheidend ist, was da passiert, wo auch der Arzt nicht hinschauen kann: im Mittelohr. Dort werden die Schwingungen durch eine Kette von Knöchelchen verstärkt: Der *Hammer* gibt sie an den *Amboss* weiter und dieser ist mit dem *Steigbügel* verbunden, der wiederum beweglich an einer Membran befestigt ist, dem *ovalen Fenster*. Diese Übertragungskette zusammen mit dem Größenunterschied zwischen Trommelfell und ovalem Fenster führt dazu, dass der Schall, der auf das Trommelfell auftrifft, bis zu 20- bis 30-mal verstärkt am ovalen Fenster ankommt. Falls aber der Schalldruck zu stark ist, dann können sich die Gehörknöchelchen im Mittelohr auch versteifen und so die Übertragung allzu heftiger Schwingungen abdämpfen, um die empfindlichen Strukturen des Mittelohrs zu schützen.

Bis hierher ist jedes Geräusch nichts weiter als ein physikalisches Ereignis, das im Mittelohr quasi zur Weiterverarbeitung vorbereitet wird. Das ovale Fenster gibt nun die Schwingung weiter ans Innenohr. Erst hier findet die Übertragung auf Nervenbahnen statt: In einem gewundenen Gang im Knochen, der wegen seiner Form *Cochlea* (lat. für Schnecke; Betonung auf der ersten Silbe) genannt wird, befinden sich ca. 3.000 innere und ca. 12.000 äußere Sinneszellen (Haarzellen), von denen jede einzelne an ihrer Basis mit dem Hörnerv verbunden ist (s. Abbildung 5). Die Haarzellen können die Wellenbewegung in der Flüssigkeit des Innenohrs in neurale Signale übersetzen, also in solche, die das Nervensystem des Gehirns „verstehen" kann. Je nach Frequenz des eingehenden Tons befindet sich der „Berg" der Welle an einer anderen Stelle in der Cochlea. Man kann sich das vorstellen wie Wind, der über ein Getreidefeld streicht: Die Ähren machen die Bewegungen der Luft sichtbar. Diese passive Bewegung der Haarzellen an bestimmten Stellen kann als Information über die Tonhöhe weiterverarbeitet werden, so als würde der Ackerboden durch die Bewegung der Halme ebenfalls erfahren, „woher der Wind weht". Zudem können die Haarzellen sich aber auch aktiv zusammenziehen und dadurch Schwingungen mit niedri-

Abbildung 5: Haarzellen

ger Amplitude (also zu leise Töne) nochmals verstärken. So können die Frequenzen des einkommenden Geräusches noch differenzierter wahrgenommen werden:

Wenn diese Haarzellen geschädigt sind, z. B. durch Lärmbelastung oder andere Einflüsse, dann leidet das Gehör: Wir können dann bestimmte Frequenzen nicht mehr wahrnehmen – je nachdem, welche Haarzellen betroffen sind, kann das auf tiefe oder hohe Frequenzen zutreffen.

In der Cochlea ist damit die mechanische Information der Schallwelle in ein neurales Signal umgewandelt worden, das über den Hörnerv zu verschiedenen Bereichen des Gehirns übertragen wird. Dadurch, dass die akustischen Signale von beiden Ohren zu den verschiedenen Bereichen in beiden Hirnhälften gelangen, können sie zu einem informativen und komplexen Gesamtbild verarbeitet werden.

- Ein Teil des Nervenstrangs führt zum ältesten Areal des Stammhirns. Hier wird allgemeine *Aufmerksamkeit* für akustische Reize generiert und auch Richtung und Entfernung von Schallereignissen abgeschätzt. So gewinnen wir grundlegende Orientierung in unserer akustischen Umwelt.
- Ein weiterer Teil des Hörnervs führt zum Mittelhirn, wo eine *Analyse* der „Klanglandschaft“ stattfindet, also der Mix der zahlreichen Klänge in unserer Umgebung zu einem akustischen Gesamteindruck zusammengesetzt wird. Manche blinden Menschen haben diese Fähigkeit unseres Gehirns durch Übung optimiert: Mit der Klicksonar-Methode erzeugen sie kurze, scharfe Geräusche (z. B. durch Schnalzen mit der Zunge) und verschaffen

ÜBRIGENS: GEHÖRSCHÄDEN

Lärmschwerhörigkeit: Wer über lange Zeit starkem Lärm ausgesetzt ist, kann Hörschäden davontragen. Die Haarzellen in der Cochlea werden durch die Belastung geschädigt oder zerstört.

Knalltrauma: Auch durch plötzlichen, hohen Schalldruck (Explosion, Schuss, Airbag) kann das Innenohr geschädigt werden. Die Folge ist ein vorübergehender oder dauerhafter Hörverlust.

Oberton-Schwerhörigkeit: Betroffen sind nur die Haarzellen, die für die hohen Frequenzen zuständig sind. Man hört z. B. andere Menschen normal laut, aber undeutlich, weil einige Konsonanten (vor allem Zischlaute) im hohen Frequenzbereich klingen.

Altersschwerhörigkeit: Durch Alterungsprozesse lässt die Flexibilität der Sinneszellen im Innenohr nach. Betroffen sein können auch der Hörnerv und die Verarbeitungsprozesse im Gehirn.

Minimaler Hörverlust: Geringe Einschränkungen kommen auch bei Kindern vor. Sie werden im Hörtest oft nicht entdeckt, können sich aber unter ungünstigen akustischen Bedingungen (z. B. im Klassenzimmer) addieren und zu Behinderungen beim Verstehen und Spracherwerb führen.

Tinnitus: Für solche Phantomgeräusche gibt es keine messbare Ursache. Die Wahrnehmung geht auf fehlgesteuerte Nervenaktivität im Gehirn zurück und nicht auf eine Schädigung des Gehörs.

B

Geräusch der Grille – Geräusch des Geldes

Eines Tages verließ ein Indianer die Reservation und besuchte einen weißen Mann, mit dem er befreundet war.
In einer Stadt zu sein, mit all dem Lärm, den Autos und den vielen Menschen um sich – all dies war ganz neuartig und auch ein wenig verwirrend für den Indianer.
Die beiden Männer gingen die Straße entlang, als plötzlich der Indianer seinem Freund auf die Schulter tippte und ruhig sagte: „Bleib einmal stehen. Hörst du auch, was ich höre?"
Der weiße Freund des roten Mannes horchte, lächelte und sagte dann: „Alles, was ich höre, ist das Hupen der Autos und das Rattern der Omnibusse. Und dann freilich auch die Stimmen und die Schritte der vielen Menschen. Was hörst du denn?"
„Ich höre ganz in der Nähe eine Grille zirpen", antwortete der Indianer.
Wieder horchte der weiße Mann. Er schüttelte den Kopf.
„Du musst dich täuschen", meinte er dann, „hier gibt es keine Grillen. Und selbst wenn es hier irgendwo eine Grille gäbe, würde man doch ihr Zirpen bei dem Lärm, den die Autos machen, nicht hören."
Der Indianer ging ein paar Schritte. Vor einer Hauswand blieb er stehen. Wilder Wein rankte an der Mauer. Er schob die Blätter auseinander, und da - sehr zum Erstaunen des weißen Mannes - saß tatsächlich eine Grille, die laut zirpte.
Nun, da der weiße Mann die Grille sehen konnte, fiel auch ihm das Geräusch auf, das sie von sich gab. Als sie weitergegangen waren, sagte der Weiße nach einer Weile zu seinem Freund, dem Indianer: „Natürlich hast du die Grille hören können. Dein Gehör ist eben besser geschult als meines. Indianer können besser hören als Weiße."
Der Indianer lächelte, schüttelte den Kopf und erwiderte: „Da täuschst du dich, mein Freund. Das Gehör eines Indianers ist nicht besser und nicht schlechter als das eines weißen Mannes. Pass auf, ich will es dir beweisen!"
Er griff in die Tasche, holte ein 50-Cent-Stück hervor und warf es auf das Pflaster. Es klimperte auf dem Asphalt und die Leute, die mehrere Meter von dem weißen und dem roten Mann entfernt gingen, wurden auf das Geräusch aufmerksam und sahen sich um. Endlich hob einer das Geldstück auf, steckte es ein und ging seines Weges.
„Siehst du", sagte der Indianer zu seinem Freund, „das Geräusch, das das 50-Cent-Stück gemacht hat, war nicht lauter als das der Grille, und doch hörten es viele der weißen Männer und drehten sich danach um, während das Geräusch der Grille niemand hörte außer mir. Der Grund dafür liegt nicht darin, dass das Gehör der Indianer besser ist. Der Grund liegt darin, dass wir alle stets das gut hören, worauf wir zu achten gewohnt sind."

(Frederik Hetmann: Geräusch der Grille – Geräusch des Geldes. In: Gelberg, Hans-Joachim (Hg.): Geh und spiel mit dem Riesen. Jahrbuch der Kinderliteratur. Weinheim: Beltz & Gelberg 1971)

sich anhand der zurückgeworfenen Echos eine Vorstellung von der Umgebung, die mit dem Sehen vergleichbar ist.
- Im Zwischenhirn findet eine *Bewertung* der Höreindrücke statt: Permanent werden Höreindrücke abgespeichert (z. B. das Ticken der Küchenuhr, das Rauschen von Blättern, die Geräusche, die der Router macht) und ihre Bedeutung eingeschätzt (z. B.: „Das ist nur die Küchenuhr/der Baum/der Router, darum muss ich mich nicht weiter kümmern."). Das Zwischenhirn gilt aber auch als „Tor zum Bewusstsein", denn hier kann ein einkommender Höreindruck auch als neu, unbekannt oder unerwartet und damit als bedeutsam oder gar bedrohlich eingeordnet werden. Tatsächlich wird hier Wichtiges verstärkt und Unwichtiges gedämpft. So sind wir zum Beispiel in der Lage, auch in einer lauten Umgebung leise Geräusche „herauszuhören": Auch wenn viele Menschen gleichzeitig sprechen, kann man die Person, mit der man gerade spricht, besonders gut hören („Cocktailparty-Effekt"). Einen ähnlichen Effekt beschreibt die Kurzgeschichte „Geräusch der Grille – Geräusch des Geldes" von Frederik Hetmann auf Seite 40.
- Das bewusste oder doch zumindest bewusstseins*fähige* Hören schließlich findet in einem Teil der Großhirnrinde statt, der auditiver/auditorischer Cortex, Hörzentrum oder auch Hörrinde genannt wird (wobei *cortex* einfach nur das lateinische Wort für Rinde ist). Er ist in mehreren Schichten angeordnet: Die primäre Hörrinde ist vor allem für die Lautunterscheidung und – wiederum – für die Richtungsbestimmung (Lokalisation) zuständig. Die sekundäre und tertiäre Hörrinde verknüpfen die Höreindrücke mit anderen Sinneseindrücken (also dem, was wir im Moment des Schallereignisses sehen, riechen, empfinden usw.), mit Gedächtnisinhalten (also zurückliegenden Erfahrungen und Verknüpfungen), und insbesondere auch mit den Funktionen der Sprachverarbeitung.

Auf dem Weg der aufsteigenden *(afferenten)* Hörbahn von der Cochlea in die verschiedenen Hirnareale liegen mehrere Verbindungen, Schalt- und Umschaltstellen mit so klingenden Namen wie „mittlerer Kniehöcker" *(corpus geniculatum mediale)*, „untere Hügelchen" *(colliculus inferior)* oder „seitliche Schleifenbahn" *(lemnicus lateralis)*. Sie sind zum einen für die Weiterleitung von akustischen Reizen ins Hörzentrum des Gehirns zuständig. Zum anderen wechselt die akustische Information an mehreren Abschnitten der Hörbahn die Seiten (s. die schematische Darstellung in Abbildung 6, S. 42). Es werden also nicht die Informationen aus dem rechten Ohr nur in der rechten Hirnhälfte verarbeitet und umgekehrt. Schließlich ist der Informationsfluss auch keine Einbahnstraße: Ein Teil der Nervenbahn, die absteigende *(efferente)* Hörbahn, führt vom Hörzentrum zurück zum Stammhirn. Die Informationen beeinflussen die Arbeitsweise des Mittelohres, indem zum Beispiel zu

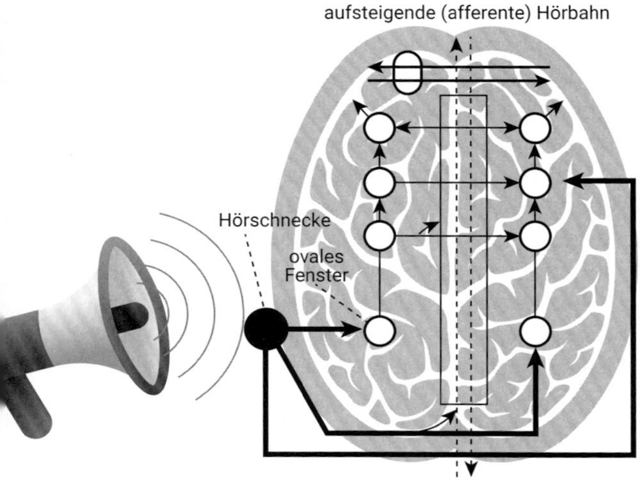

Abbildung 6: Hörbahn
(Grafik nach Wendler u. a. 2015, S. 360)

laute Geräusche gedämpft werden. Durch diese vielfach verzweigte Struktur wird das, was wir hören, und auch alles, was wir emotional und kognitiv damit verbinden, jeweils als komplexe Erfahrung auf verschiedenen Ebenen abgespeichert.

Diese Übersicht über die Funktionsweise des Gehörs zeigt, dass Schwierigkeiten beim Hören ganz unterschiedliche Ursachen haben können, denen man auch auf unterschiedlichen Wegen zu begegnen hätte. Grob unterscheiden kann man Ursachen aufseiten der Person und solchen, die in der (baulichen) Umgebung begründet sind.

Vor dem Hintergrund der genannten Grundlagen lassen sich auch die folgenden konkreten Fragen beantworten:

Ist das Gehör in Ordnung? Da bei beginnender Schwerhörigkeit leise und erst im weiteren Verlauf lautere Impulse betroffen sind, können minimale Einschränkungen auch bereits vorliegen, wenn ein Hörtest, beispielsweise bei der Einschulungsuntersuchung, noch gar nicht „anschlägt". Der Audiologe Frans Coninx, Leiter des Instituts für Audiopädagogik in Solingen, weist seit vielen Jahren auf die Schwierigkeit von minimalen Hörverlusten bei Kindern hin: Schon bei einem beidseitigen Verlust von 30 dB werden Zischlaute oder stimmlose Plosive nicht mehr wahrgenommen (*Flugzeug* wird zu *luzeu*). Je weiter die Geräuschquelle entfernt ist, umso problematischer kann das werden. Minimale Hörverluste können von Pädaudiologinnen/Pädaudiologen mit speziellen kindgerechten Testverfahren wie dem AAST (Adaptiver Auditiver Sprachtest) entdeckt werden (vgl. Coninx 2006).

Macht der Raum das Hören schwer? Auf ihrem Weg nach Kummerland müssen Jim Knopf und sein Freund Lukas, der Lokomotivführer das Tal der Dämmerung durchqueren (s. den Auszug auf Seite 43). Das geht um ein Haar schief, denn in der engen Schlucht mit den senkrechten Wänden wird jedes einzelne Geräusch als unendliches Echo hin- und hergeworfen. Durch diese Potenzierung wird der Lärm so stark, dass das Tal am Ende zusammenstürzt.

Die Architektur typischer Klassenzimmer sieht ganz ähnlich aus: senkrechte, glatte Wände und hohe Decken, mit ähnlichen Effekten: Sogar leise Geräusche wirken laut und scheinen „von überallher" zu kommen. Neben dem Schallschutz, der störende Geräusche von draußen (Straßenlärm, Krach auf dem Flur) fernhalten soll, sind deswegen auch Maßnahmen zur Verbesserung der Raumakustik nötig. Dabei geht es in erster Linie darum, die Nachhallzeiten zu verkürzen, indem im Raum schallschluckende (absorbierende) Materialien eingebaut werden. Der Ingenieur Carsten Ruhe stellt auf seiner Homepage Informationen zur Verbesserung der Raumakustik zusammen – von Hinweisen zu Sanierungsmaßnahmen bis hin zur leicht umsetzbaren „Bastelanleitung" (Ruhe 2021).

Auf die Bedeutung von Lärm und Lärmreduktion für das Lernen haben bereits 2002 Ludowika Huber, Joachim Kahlert und Maria Klatte mit dem Sammelband „Die akustisch gestaltete Schule" hingewiesen. Bis heute wird das Thema in seiner Wichtigkeit wenn nicht unterschätzt, so doch nicht angemessen berücksichtigt, wenn es beispielsweise um Sanierungsmaßnahmen oder Neubauten geht.

Wird so gesprochen, dass man gut zuhören kann? Im Unterricht ist das Wichtige sehr oft das, *was* jemand sagt: die Lehrkraft, ein Mitschüler oder eine Mitschülerin. Die Art und Weise, *wie* jemand spricht, kann das Hören leicht oder schwieriger machen. Dabei geht es nicht darum, eine laute Umgebung mit noch lauterer Stimme zu übertönen. Welche Aspekte den Klang einer Stimme ausmachen und was die „Stellschrauben" für verständliches Sprechen sind, darum geht es im folgenden Kapitel.

B

Jim Knopf und Lukas, der Lokomotivführer, Dreizehntes Kapitel

Das „Tal der Dämmerung" war eine düstere Schlucht, ungefähr so breit wie eine Straße. Der Boden bestand aus rotem Gestein und war glatt wie Asphalt. Bis hier herunter drang nie ein Sonnenstrahl. Links und rechts stiegen senkrechte Felsentürme bis in Himmelshöhen hinauf. Und weit hinten, ganz am anderen Ende der Schlucht, stand groß die rote Abendsonne und übergoss die zerklüfteten Wände mit ihrem Purpurlicht.
Vor dem Eingang zu der Schlucht hielt Lukas die Lokomotive an, und er und Jim gingen erst einmal ein Stück zu Fuß hinein, um zu sehen, was es mit den unheimlichen Stimmen auf sich hätte.
Aber es war nichts zu hören. Eine feierliche und geheimnisvolle Stille herrschte ringsum. Jims Herz klopfte, und er fasste nach Lukas' Hand. So standen sie eine Weile schweigend. Endlich meinte Jim: „Es is' doch ganz still!"

Lukas nickte und wollte eben etwas erwidern, da ertönte plötzlich Jims Stimme ganz deutlich rechts in dem Felsen: „Es is' doch ganz still!" Und dann von links oben ebenso: „Es is' doch ganz still!"
Und dann ging es in einer Art Gemurmel immer abwechselnd links und rechts das ganze Tal hinunter: „Es is' doch ganz still! – Es is' doch ganz still! – Es is' doch ganz still!" „Was is' das?", fragte Jim erschrocken und umklammerte Lukas' Hand fester. „Was is' das? – Was is' das? – Was is' das?", raunte es die Felswände entlang. „Keine Angst!", antwortete Lukas beruhigend. „Das ist nur ein Echo." „Nur ein Echo – nur ein Echo – nur ein Echo", scholl es durch die Schlucht.
Die beiden Freunde gingen zu ihrer Emma zurück und wollten eben einsteigen, als Jim plötzlich flüsterte: „Pst, Lukas! Hör doch mal!"
Lukas lauschte. Und nun vernahmen sie, wie das Echo vom anderen Ende der Schlucht wieder zurückkam. Erst war es noch ganz leise, dann schwoll es immer mehr an: „Es is' doch ganz still! – Es is' doch ganz still! – Es is' doch ganz still!"
Aber seltsam, jetzt war es nicht mehr allein die Stimme von Jim, sondern es klang, als ob hundert Jims durcheinander redeten. Das hörte sich natürlich schon um ein Beträchtliches lauter an. Nun kehrte das Echo wieder um und wanderte aufs Neue das Tal hinunter. „Na, so was!", raunte Lukas. „Das Echo kommt zurück und hat sich inzwischen vermehrt, wie es scheint." [...]
Um verstehen zu können, was die beiden Freunde nun gleich erleben sollten, muss man wissen, was es mit diesem „Tal der Dämmerung" für eine Bewandtnis hatte.
Die Felsenwände standen nämlich so, dass der Schall immer im Zickzack hin und her geworfen wurde und nicht aus dem engen Tal hinauskonnte. Wenn das Echo von einem Ende der Schlucht zum anderen gelangt war, konnte es nicht ins Freie entwischen, sondern es musste umkehren. Es kam zu seinem Ausgangspunkt zurück, und hier musste es wieder umkehren, und so ging es immerfort hin und her von einem Ende zum anderen. Jedes Echo erzeugte natürlich ein neues Echo, und das neue Echo wieder ein neues. Und so wurden es immer mehr und mehr Stimmen. Und je mehr Stimmen es wurden, desto lauter dröhnte es natürlich.

(Michael Ende: Jim Knopf und Lukas, der Lokomotivführer. Stuttgart: Thienemann. 1960/2016, S. 97–103)

A

Aufgaben und Ideen für den Unterricht

Sound-Jagd (kein Material nötig)
Diese Übung fokussiert auf die Aufmerksamkeit für einzelne sprachliche Laute (phonologische Bewusstheit). Eine Geschichte wird vorgelesen. Immer dann, wenn ein bestimmter, vorher festgelegter Laut vorkommt, sollen die Zuhörenden die Hand heben. Das Vorlesen wird gestoppt und das Wort notiert. Anschließend untersuchen die Lernenden gemeinsam die Wörter.

Im DaZ-Unterricht können hier Phoneme im Fokus stehen, die in den Erstsprachen der Schülerinnen und Schüler nicht vorkommen. Beispielsweise kennen viele Sprachen keine Umlaute und keine Unterscheidung zwischen langen und kurzen Vokalen, was die Wahrnehmung erschweren kann (z. B. den Unterschied zwischen Wall und Wal bzw. Wahl oder zwischen Güte – gute – Goethe).
Deutsche Erstsprachlerinnen und Erstsprachler hingegen neigen dazu, mit einem gesuchten Laut automatisch Buchstaben/-gruppen (Grapheme) zu verbinden (z. B. wird das / ʃ / in Schnee, Tasche, Busch erkannt in Staub oder Spiegel hingegen nicht). Sie gewinnen ein besseres Bewusstsein für Phonem-Graphem-Korrespondenzen und unterscheiden präziser zwischen Laut und Schrift.

Geräuschkulisse (Material: Schreibzeug, Abspielgerät)
Die Schülerinnen und Schüler schweigen eine Minute lang und notieren anschließend möglichst viele der Geräusche, die sie in der Zeit um sich herum wahrnehmen konnten.
Als Variante spielt die Lehrperson eine Audiodatei vor, in der verschiedene Geräusche zu hören sind. Einige Beispiele kann man hören, wenn man mit einem Mobilgerät die QR-Codes scannt:

QR1: im Café — QR2: an der Landstraße — QR3: vor dem Konzert — QR4: im Restaurant — QR5: nachts im Freien

Wieder geht es darum, einzelne Geräusche zu erkennen und möglichst genau zu benennen (Ziel ist nicht, zu erraten, um welche Umgebung es sich handelt). Sollte die Klasse Gefallen an einer solchen Übung finden, können im nächsten Schritt Schülerinnen und Schüler selbst solche Soundscapes aufnehmen und mitbringen. (Idee: Almut Hoppe)

Was man so hört (Material: Schreibzeug)
Die Schülerinnen und Schüler schreiben auf, was sie an einem normalen Schultag alles hören. In Gruppen werden die Ergebnisse zusammengetragen und nach selbst gewählten Kategorien sortiert, z. B. nach verschiedenen Arten von sprachlichen und nichtsprachlichen Klängen, nach angenehmen und unangenehmen Geräuschen, nach laut und leise usw. Im Plenum werden anschließend die Ergebnisse ausgetauscht. Eine Anschlussfrage kann sein, welche Geräusche man lieber nicht oder gerne häufiger hören würde.

3.2 Funktion der Stimme

Auch in diesem Kapitel soll es zunächst um die Frage gehen, wie unsere Stimme *physiologisch* funktioniert, was also beim Sprechen körperlich passiert. Überlegen Sie kurz: Wo würden Sie spontan hinzeigen, wenn Sie eine Geste zu dem Wort „Stimme" machen sollten? Wo stellen Sie sich den Sitz Ihrer Stimme vor? Die Frage ist nicht trivial, denn an der Sprachproduktion sind viele Körperteile beteiligt, und nur aus ihrem Zusammenspiel entsteht eine gesunde Stimme.

Um Sprachlaute zu produzieren, wird eine Körperfunktion einfach mitgenutzt, die gattungsgeschichtlich sehr viel älter ist, nämlich die Atmung. Sie ist primär für den Gasaustausch in unserem Organismus verantwortlich: Die Zufuhr von Sauerstoff und der Abtransport von Kohlendioxid findet in der Lunge statt – sie ist also unser Atmungsorgan, allerdings kann die Lunge selbst nicht aktiv atmen. Das Füllen und Leeren geschieht durch die Bewegung des Brustkorbs, in den die Lungenflügel eingebettet sind. Wird der Brustkorb geweitet, so wird die Lunge auseinandergezogen und füllt sich mit Luft. Senkt sich zusätzlich das Zwerchfell, das zwischen Brust- und Bauchraum gespannt ist, kann noch mehr Luft in die Lunge gelangen. Lassen die Muskeln wieder los, so zieht sich das elastische Lungengewebe zusammen und die Luft entweicht durch die Luftröhre.

Je nachdem, welche Muskeln in einem bestimmten Moment an der Atmung beteiligt sind, spricht man von *Bauch-* oder *Zwerchfell-Atmung* (das Zwerchfell wölbt sich nach unten, dadurch schiebt sich der Bauch nach vorne) und *Brust- oder Rippenatmung* (die Rippen weiten sich spürbar). Eine gesunde Atmung besteht in einer Kombination aus beiden Formen und wird auch Tiefatmung genannt. Demgegenüber sind bei der ungesunden Hochatmung vor allem die oberen Brustmuskeln, Schlüsselbein und Schultern beteiligt, die dabei sichtbar angehoben werden.

Zum Sprechen nutzen wir nun die Luft, die beim Ausatmen über die Luftröhre aus der Lunge entweicht: Ein menschlicher Stimmlaut entsteht, wenn diese Luft im Kehlkopf an den Stimmlippen vorbeifließt, die dadurch in Schwingung geraten. Das funktioniert übrigens prinzipiell auch beim Einatmen (wenn man sich zum Beispiel erschreckt, wird die Luft stimmhaft eingezogen; das gleiche Geräusch machen wir aber auch, um Erschrecken oder Erstaunen zu inszenieren).

In unserer Alltagssprache ist oft auch von Stimmbändern die Rede. Tatsächlich sind es aber keine frei schwingenden „Bänder" wie bei einer Gitarre, sondern mit Schleimhaut überzogenes Muskelgewebe. Die Bezeichnung „Lippen" ist deswegen deutlich treffender; nur die Ränder der Stimmlippen werden als Stimmbänder bezeichnet. Wenn die Stimmlippen sich in den Luftstrom spannen, der durch die Stimmritze fließt, dann vibrieren ihre Ränder und erzeugen einen Stimmlaut (vgl. Abbildung 7).

Von der Frequenz der Schwingung hängt es ab, wie hoch oder tief der Ton klingt. Im Schnitt haben kleinere Menschen auch den kleineren Kehlkopf und daher schon aus physiologischen Gründen die höhere Stimme. Das muss aber für die einzelne Person nicht stimmen: Auch große Personen können eine eher hohe Stimme haben, und manche Kinder beeindrucken schon durch ein vergleichsweise tiefes „Organ".

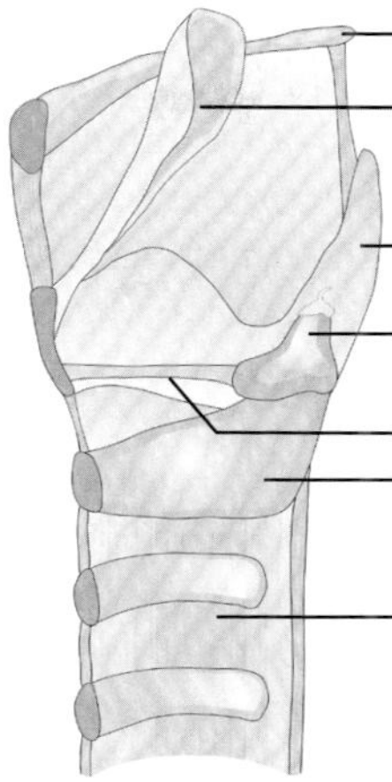

Abbildung 7: Kehlkopf von der Seite

Zusätzlich können wir aber beim Sprechen oder Singen die Tonhöhe verändern: Je straffer die Stimmlippen gespannt sind, desto höher der Ton, je lockerer und langsamer sie schwingen, desto tiefer der Ton. Das Öffnen und Schließen sowie das stärkere oder schwächere Spannen der Stimmlippen übernehmen *Stellknorpel,* die von der inneren Kehlkopfmuskulatur bewegt werden. Die äußere Kehlkopfmuskulatur hebt, senkt oder fixiert den gesamten Kehlkopf. Beispielsweise muss er beim Schlucken den Weg in die Speiseröhre freimachen und mit dem Kehldeckel die Luftröhre verschließen. Der Kehlkopf, bzw. genauer: der Schildknorpel, der ihn schützt, ist bei vielen erwachsenen Männern von außen deutlich zu sehen, was ihm den Namen „Adamsapfel" eingebracht hat; er ist aber auch bei allen anderen Menschen vorhanden.

Grundsätzlich funktioniert also die Tongebung im Kehlkopf wie bei einem Luftballon, dessen Öffnung (im menschlichen Kehlkopf die Stimmritze oder Glottis) man in die Länge zieht. Dass unsere Stimme aber niemals so furchtbar klingt wie dieser Luftballon, liegt an den umliegenden Räumen des sogenannten Vokaltraktes, die den Ton formen. Dazu gehören:

- **Kehlrachen, Mund- und Nasenrachen:** Hohlräume, in denen die Schwingungen der Luft zwischen den Stimmlippen verstärkt werden. Von der Form und Größe hängt es ab, wie eine Stimme klingt. Wenn Teile dieser Resonanzräume einmal nicht mitschwingen können, weil beispielsweise der Nasenrachen wegen eines Schnupfens geschwollen und verstopft ist, hören wir das an einer veränderten und auch weniger tragfähigen Stimme.
- **Mundhöhle:** Dieser Raum reicht vorn von den Lippen bis hinten zum weichen Gaumen (Gaumensegel) und Zungengrund. Was alles zu diesem Raum

dazugehört, kann man spüren, wenn man einen möglichst großen Schluck kühles Wasser in den Mund nimmt: Automatisch verschließen wir mit Gaumensegel und Zungengrund die Mundhöhle nach hinten, damit kein Wasser an die Glottis und damit womöglich in die Luftröhre gelangen kann. Am Gaumensegel spürt man oft auch ein leichtes Reißen, wenn man herzhaft gähnen muss. Auch die Form und die Weite der Mundhöhle ist für den Stimmklang mit verantwortlich.

Wir können also mit geöffnetem Mund Töne machen. Wie hoch oder tief, voll oder dünn, tragend oder leise diese Töne klingen, das hängt stark vom individuellen Bau der Stimmorgane ab, aber auch davon, wie wir sie nutzen. Das trifft ganz besonders auf die Atmung und die Nutzung der Resonanzräume zu: Bei entspanntem, tiefhängendem Kehlkopf können die Resonanzräume des Brustkorbs und des Vokaltraktes mitschwingen. Das gleiche gilt für alle Hohlräume im Schädel, wenn der Kiefer weit und die Kiefermuskulatur locker ist.

Diese Töne, die nur durch die aus dem Kehlkopf übertragenen Schwingungen entstehen, haben noch wenig mit den wohlgeformten Sprachlauten (a, e, o, ü usw.) zu tun, sondern eher mit den indifferenten Lauten, mit denen menschliche Babys ihren Spracherwerb beginnen. Dass sie dabei technisch in der Regel alles richtig machen, kann man schon daran erkennen, dass sie auch nach stundenlangem Schreien offenbar nicht heiser werden.

Am Spracherwerb lässt sich auch gut nachvollziehen, was noch alles dazukommen muss, damit wir mit unserem Stimmapparat Sprache produzieren können, denn die dafür notwendige Kontrolle und Koordination ihrer Artikulationsorgane, der Lippen und der Zunge erlernen die Kinder erst nach und nach. Unterschiedliche Sprachlaute werden dabei durch eine jeweils spezifische Kombination von Stellungen dieser Organe gebildet. Entsprechend werden die unterschiedlichen Artikulationsorte mit den lateinischen Begriffen für diese Organe bezeichnet (z. B. *labial, dental, glottal*).

ÜBRIGENS: ATMUNG

Wenn wir beim vollständigen Ausatmen die Stimme „dazuschalten" (beim Sprechen, beim Singen, beim Seufzen usw.) dann brauchen wir tatsächlich auch mehr Zeit als ohne Beteiligung der Stimme: Während man bei der Ruheatmung etwa 1,2-mal so lange aus- wie einatmet, ist das Verhältnis beim Sprechen 1:3 bis hin zu 1:8. Professionelle Sängerinnen und Sänger lernen, wie sie sehr schnell und entspannt einatmen und die Ausatmung so effektiv kontrollieren, dass sie in der Lage sind, bis zu 50-mal länger aus- als einzuatmen.

ÜBRIGENS: ARTIKULATIONSORTE

bilabial → mit den Lippen (z. B. /p/, /b/, /m/)
labiodental → mit Zähnen und Lippen (z. B. /f/, /v/ wie in Wind)
alveolar/post-alveolar → am oder hinter dem Zahndamm, also der harten Stelle hinter den oberen Schneidezähnen (z. B. /d/, /t/, /ʃ/ wie in schön)
palatal → am vorderen, harten Gaumen (/ç/ wie in ich)
velar → am Gaumensegel (z. B. /k/, /g/)
uvular → mit dem Gaumenzäpfchen (z. B. /ʀ/)
glottal → an der Glottis (z. B. /h/, aber auch /ʔ/, das ist der „Knacklaut" vor den Vokalen in „ʔUnʔart"

1. bilabial
2. labiodental
3. alveolar
4. postalveolar
5. palatal
6. velar
7. uvular
8. glottal

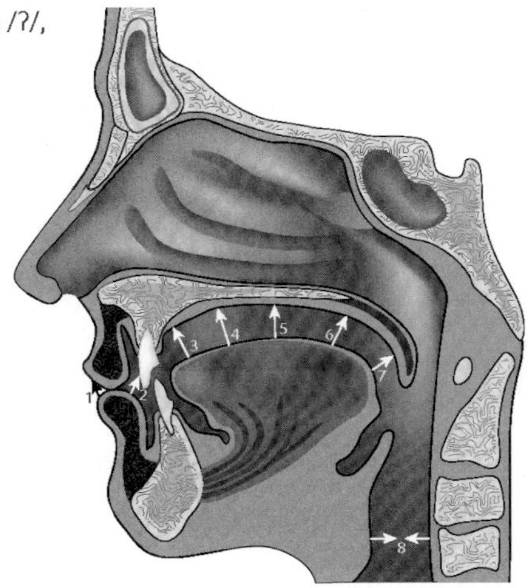

Abbildung 8: Artikulationsorte

Um das Wort *Plattfuß* zu sprechen, muss sich also zunächst die Lunge mit Luft füllen, indem sie durch weite Rippen und gesenktes Zwerchfell „beatmet" wird. Lassen die Muskeln wieder los, zieht sich die Lunge zusammen und die Luft kann entweichen. Das wird zunächst durch die Lippen verhindert, bevor sie sich plötzlich öffnen und so den Plosivlaut /p/ produzieren. Währenddessen hat sich die Zungenspitze schon am oberen Zahndamm in Position gebracht – die Luft strömt rechts und links davon aus und es erklingt der Laterallaut /l/. Legt sich die Zunge im Unterkiefer ab, so erklingt der Vokal /a/, bis die Zunge wieder an den Zahndamm zurückkehrt. Diesmal verschließt sie aber mit Spitze und Rändern den Mundraum und hält die Luft auf – wenn die Zungenspitze hinter den oberen Schneidezähnen diese „Blockade" löst, entsteht der stimmlose Plosivlaut /t/. Der Reibelaut (Frikativ) /f/ wird gebildet, indem die oberen Schneidezähne mit der Unterlippe einen engen Durchlass bilden. Dabei runden sich die Lippen bereits zum

Vokal /u:/, der erklingt, sobald Zähne und Lippen wieder geöffnet werden und die Luft ohne Hindernis entströmen kann. Das stimmlose /s/ schließlich wird ebenfalls mit der Zunge am Zahndamm gebildet, allerdings darf hier die Luft durch eine kleine Öffnung an der Zungenspitze entweichen – es erklingt wiederum ein Frikativ.

So können Phonetikerinnen und Phonetiker jeden einzelnen Sprachlaut mit seinen Artikulationsorganen und -orten beschreiben (s. auch Abbildung 8, S. 49). Aufgeschrieben werden die Laute mit dem Internationalen Phonetischen Alphabet (IPA). Dort finden sich auch solche Laute, die im Deutschen gar nicht vorkommen (beispielsweise die Nasale des Französischen oder die Schnalzlaute in der Bantusprache Xhosa).

Umgekehrt hat natürlich auch das Deutsche Laute, die in vielen anderen Sprachen unbekannt sind, wie den kleinen Knacks im Kehlkopf (Glottisschlag), mit dem wir Vokale im Anlaut „anstoßen". Dieser Glottissschlag wird mit ʔ gekennzeichnet. Er kommt im Deutschen nicht erst vor, seit auch Nachrichtensprecherinnen von *DemonstrantʔInnen* sprechen, sondern auch beim *ʔUmʔändern* oder *ʔEntgegenʔeilen* und ist einer der Gründe, weswegen das Deutsche von vielen als „hart" empfunden wird.

Damit sind die physiologischen Grundlagen des Sprechens und des Zuhörens in ihren groben Zügen dargestellt. Fachleute aus Medizin und Phonetik mögen die Ungenauigkeiten und Vereinfachungen verzeihen – wer sich eingehender mit den Strukturen und Funktionalitäten des Hörens und Sprechens befassen möchte, findet detaillierte Darstellungen in Lehrbüchern zur Phoniatrie bzw. Pädaudiologie.

Wichtig ist an dieser Stelle ein grundlegendes Verständnis für das, was bei der Stimmgebung und Artikulation passiert. Für Lehrerinnen und Lehrer bedeutet das letztlich, über ihr wichtigstes Organ Bescheid zu wissen, denn: Lehrkräfte sind Berufssprecherinnen und -sprecher, häufig, ohne sich das selbst bewusst zu machen. Auch im Lehramtsstudium wird der Stimmgesundheit kaum einmal Aufmerksamkeit zuteil. Deswegen sind die Lehrkräfte im Vergleich zu anderen Sprechberufen und insbesondere im Vergleich zur Gesamtbevölkerung besonders häufig von Stimmproblemen betroffen: Etwa ein Drittel aller Lehrpersonen leidet mindestens einmal, viele mehrmals oder dauerhaft unter Stimmproblemen wie Heiserkeit, Ermüden der Stimme und geringer Belastbarkeit, Räusper- oder Schluckzwang, Hustenreiz, Schleim oder „Kloß im Hals", Druckgefühl, Brennen. Wer gelernt hat, die Stimme auch in stressigen Situationen richtig zu benutzen, kann solchen Problemen vorbeugen.

Susanne Voigt-Zimmermann (2011) konnte aber außerdem zeigen, dass sich eine gestörte Lehrerstimme negativ auf die Konzentrations- und Verstehensleistungen von Schülerinnen und Schülern auswirkt. Eine angeschla-

ÜBRIGENS: STIMMTRAINING

Stimmfakten für Lehrerinnen und Lehrer sowie Tipps für die Stimmgesundheit liefert die Kommunikationswerkstatt plus der Universität München (siehe QR-Codes). Das umfassende Selbstlernangebot Körper • Stimme • Haltung – Wirkungsstrategien für Lehrkräfte bietet die Martin-Luther-Universität Halle-Wittenberg unter: https://koerperstimmehaltung.zlb.uni-halle.de/

QR6: Fünf Fakten

QR7: Vier Tipps

gene Stimme kann ihren normalen Umfang nicht nutzen, sie ist weniger kräftig, klar und beweglich. Das führt beispielsweise dazu, dass alle Bedeutungen, die wir normalerweise durch Lautstärke- und Tonhöhenunterschiede zum Ausdruck bringen (Betonungen, Haltungen, Emotionen) nur noch abgeschwächt oder gar nicht transportiert werden. Wir klingen dann gelangweilter, trauriger oder unmotivierter, als wir eigentlich sind – ein ungünstiges Signal im Unterricht.

Ähnliches gilt für die Artikulation: Eine undeutliche, „vernuschelte" Sprechweise erschwert den Zuhörenden nicht nur das Verstehen, sondern gibt auch kommunikativ die falschen Signale. Wer hingegen gut artikuliert, braucht auch weniger laut zu sprechen, um verstanden zu werden. Für eine gute Artikulation müssen, wie das *Plattfuß*-Beispiel gezeigt hat, Kiefermuskulatur, Zunge, Lippen usw. in schneller Folge immer wieder neue Stellungen zueinander einnehmen. Ein zu fest geschlossener Kiefer lässt dafür zu wenig Platz, eine „faule" Zunge erspart sich einige der längeren Wege und eine wenig variable Mundstellung formt die Laute so, dass sie ähnlicher klingen als sie müssten. Gute Artikulation braucht also gleichermaßen Offenheit, Beweglichkeit und auch Kraft.

Stimm- und Sprechtraining sind deswegen keine Sache eines einmaligen guten Vorsatzes. Wie beim Sport müssen Atmung, Stimmgebung und Artikulation trainiert und eingeübt werden, damit sie im Ernstfall möglichst automatisch gut zusammenwirken. Und wie beim Sport braucht das viel und regelmäßiges Üben. Entsprechende Angebote gibt es in Form von Einzel- und Gruppentrainings. Stimm- und Sprechübungen sind aber auch für Schülerinnen und Schüler interessant und nützlich und können gut in den Unterricht eingebunden werden, beispielsweise in Vorbereitung auf Präsentationen und Referate. Auch hier – wie bei vielen Fähigkeiten im Bereich der mündlichen Kommunikation – gilt, dass regelmäßige kurze Übungen wirksamer sind als eine separate Unterrichtseinheit.

A

Aufgaben und Ideen für den Unterricht

Bass oder besser? (Material: App zur Tonhöhenbestimmung)
Viele äußere und innere Ursachen können dazu führen, dass man höher oder tiefer spricht, als es der eigenen Physiologie entspricht. Um herauszufinden, welches die eigene natürliche Stimmlage ist, spricht man mit leicht gelangweilter, monotoner Stimme bedeutungslose Wortfolgen (z. B.: Monatsnamen, die Sekunden der Küchenuhr o. Ä.). Mithilfe einer entsprechenden App für Mobilgeräte (z. B. *Vocal Pitch Monitor, www.onlinemictest.com/*) kann man die ungefähre Tonhöhe ermitteln. Das ist der Normalbereich, in dem man möglichst viel sprechen sollte. Nach und nach entwickeln alle ein Gefühl dafür, wenn sie den gesunden Bereich verlassen (häufig geht die Stimme nach oben, wenn man aufgeregt oder verärgert ist oder versucht, sich in einer stressigen Situation stimmlich durchzusetzen).

Ohne Punkt und Komma (Material: kurzer Lesetext)
Zur Unterstützung einer gesunden Atmung kann man die folgende Übung durchführen: Ein beliebiger und vorher geübter Text wird in einem Atemzug vorgelesen. Es wird markiert, wie weit man gekommen ist, bevor „die Puste ausging". Die anderen Gruppenmitglieder beobachten und beschreiben – ggf. mit verteilten Rollen – die Atmung (z. B. die Bewegung von Schlüsselbein, Brustkorb und Bauch, das Geräusch beim anschließenden Einatmen), die Veränderung des Stimmklangs (z. B. rau, gepresst, angestrengt, dünn etc.) und der Stimmhöhe (höher oder tiefer?). In einer zweiten Runde wird derselbe Text mit sinnvollen Pausen gelesen und wieder beobachtet. (Idee: Lili Helene Esser)

Wattepusten (kein Material nötig)
Bei dieser Übung wird die Bauchatmung angeregt. Die Schülerinnen und Schüler stehen in einem weiten Kreis, idealerweise draußen. Sie müssen versuchen, einen imaginären Wattebausch vom Handteller wegzupusten, zuerst im Kreis herum, dann auch kreuz und quer. Die Watte darf nicht herunterfallen. Durch die Vorstellung, dass die Spannung bis zum Gegenüber reichen muss („Ansprechhaltung") schaltet sich zumeist die Tiefatmung unwillkürlich zu. Nach einiger Übung kann man auch bewusst darauf achten, was man im Bauch beim Pusten spürt und welche Muskeln an der Bewegung beteiligt sind. (Idee: Judith Kreuz)

Rhythm is it (kein Material nötig)
Atemimpulse, die man vor allem für eine gute Artikulation braucht, kann man im Rhythmuskreis üben: Eine Person macht einen Rhythmus vor (auf /f/ oder /s/ oder /sch/, später auch im Wechsel) die anderen machen ihn nach, z. B.:

Es ist kein Problem, wenn ein Rhythmus sich mehrmals wiederholt. Besonders viel Spaß macht es aber, wenn die Gruppe insgesamt im Takt bleibt. Man kann so bekannte Songs „rhythmisieren“ und daraus ein Ratespiel machen. Wer das Lied errät, darf das nächste vormachen. (Idee: Judith Kreuz)

Langer Atem (kein Material nötig)
Um die Atemstütze zu aktivieren, legt man die Hände auf Bauch und Rippen und atmet tief ein. Dabei schiebt man die Hände auseinander. Dann sucht man sich einen entfernten Punkt (einen Baum, ein Hausdach) und schickt ein möglichst langes /f/ dorthin. Bauch und Rippen sollen – gegen den Druck der Hände – nur langsam „einfallen“. Ein Mitschüler oder eine Mitschülerin stoppt die Zeit. Wer hat den längeren Atem? Je häufiger man übt, desto besser kann man den Atem kontrollieren. Schwieriger wird die Übung mit Vokalen (/ma:/ oder / mo:/), weil der Luftstrom ungebremst nur über das Zwerchfell gesteuert wird. (Idee: Judith Kreuz)

Artikulation (kein Material nötig)
Zur Verbesserung der Artikulation können die Schülerinnen und Schüler eine Variante des „Korkentricks“ erproben: Beim Sprechen wird der abgeknickte Zeigefinger zwischen die oberen und unteren Schneidezähne gelegt (s. Abbildung 9). An diesem Hindernis vorbei muss der Text möglichst gut verständlich gelesen werden. Mit dieser Übung öffnet und lockert sich das Kiefergelenk, die Artikulation wird bewusster und das Sprechen dadurch auch langsamer. Im Vorher-Nachher-Vergleich zeigt sich, dass die deutliche Artikulation auch ohne Hilfsmittel wesentlich leichter fällt.

Abbildung 9: „Korkentrick“-Variante

Wenn man (schon aus Hygienegründen) die eigenen Finger statt eines Weinkorkens benutzt, beißt man nicht allzu kräftig zu und verhindert damit, dass sich die Kiefermuskeln verkrampfen. Der Korkentrick kann auch genutzt werden, um die Leistung beim schnellen Sprechen von Zungenbrechern (s. M1) zu verbessern.
(Idee: Ulrike Behrens/Lili Helene Esser)

QR8: Vier Tipps

Zum Diktat, bitte (Material: Computer mit Diktierfunktion)
Die Schülerinnen und Schüler nutzen die Diktierfunktion eines Computers zum Verfassen von Texten. Diese funktionieren inzwischen sehr gut, allerdings müssen die Diktierenden auf gute Artikulation achten. Sie erhalten auf diese Weise ein direktes Feedback auf die Deutlichkeit ihrer Aussprache.

3.3 Der Hör-Sprach-Kreis

Obwohl in den vorausgehenden zwei Kapiteln das Hören und Sprechen wie zwei voneinander unabhängige, für sich genommen schon äußerst komplexe Systeme dargestellt wurden, stehen sie natürlich in ihrer Entwicklung und in ihrem Funktionieren in einem engen Zusammenhang. Das zeigt sich deutlich, wenn man von allen Klängen und Lauten, die wir prinzipiell wahrnehmen können, einmal nur die sprachlichen Laute betrachtet: Sie liegen typischerweise genau im mittleren Frequenzbereich zwischen 250 und 8.000 Hz und in einem Lautstärkebereich zwischen 20 und 70 dB, in dem unser Gehör besonders gut funktioniert. Oder andersherum gesagt: Unser Gehör ist optimiert für genau die Frequenz- und Schalldruck-Bereiche, die von menschlichen Stimmen produziert werden. Jeden sprachlichen Laut kann man relativ zu anderen Lauten nach seiner Tonhöhe und seiner Lautstärke einordnen: Die Laute /s/, /f/ oder /k/ haben höhere Frequenzen, sind also höher als /u/ oder /l/, klingen aber leiser. Das führt dazu, dass gerade diese Konsonanten schon bei einem geringen Hörverlust nicht mehr so gut wahrgenommen werden können. Sprecherinnen und Sprecher scheinen dann zu „nuscheln“ oder absichtlich unverständlich zu sprechen. Das erschwert nicht nur das Sprachverstehen, sondern kann auch sozial sehr verunsichernd wirken.

Wie bei der Henne und dem Ei gibt es bei diesem Zusammenspiel keine Wirkrichtung: Das Gesamtsystem aus Sprachwahrnehmung und -produktion hat sich im Laufe unserer Evolution als komplexer Funktionszusammenhang herausgebildet. Dabei sind die Funktionen der äußeren Organe (peripherer Teil) und der verschiedenen Hirnareale (zentraler Teil) ebenso eng miteinander verbunden wie das Sprechen (expressive Seite) und das Hören (impressive Seite) eines sogenannten Hör-Sprach-Kreises, wie Abbildung 10 zeigt. Friedrich u. a. betonen die

> „fast völlige Symmetrie zwischen der expressiven und der impressiven Seite, d. h. zwischen der Sprechtätigkeit einerseits und dem Prozess des Sprachverständnisses andererseits“.
>
> (Friedrich u. a. 2013, S. 25)

Im Gehirn entsteht ein Gedanke. Er hat zunächst noch keine sprachliche Form, die Versprachlichung geschieht im Zusammenspiel verschiedener Hirnareale, speziell dem Broca-Zentrum. Gesteuert von diesen zentralen Schaltstellen treten über zentrale motorische Bahnen die an der Stimmgebung beteiligten Organe des Sprechapparats in Aktion. Das sogenannte *Sprechdenken* bezeichnet die kognitiven Prozesse, die im Moment des Sprechens ablaufen: Wir denken, während wir die zum Gedanken passenden Sprachlaute produzieren. Dabei versetzen wir die Luft auf ganz bestimmte Weise in Schwingungen, nämlich so, dass die erzeugten Klänge als Träger von sprachlichen Bedeutungen fungieren. Diese Schallwellen werden von der Ohrmuschel aufgenommen und zum Mittel- und Innenohr weitergeleitet. Dort werden die zunächst nur physikalischen Wellenbewegungen in neuronale Signale umgewandelt und über den Hörnerv zum Gehirn weitergeleitet, wo die Wahrnehmung, Analyse und das Verstehen der sprachlichen Signale erfolgt. Unter anderem das auf die Sprachverarbeitung spezialisierte Wernicke-Zentrum hat die Aufgabe, die Höreindrücke mit Bedeutung zu verknüpfen und diese Bedeutungen wiederum in das komplexe Netz von Welt-, Erfahrungs- und Sprachwissen zu integrieren (vgl. dazu das Modell von Imhof in Kapitel 5.1). Dieser Kreislauf von Hören, Sprechen, Erfahren, Lernen und Verstehen ist permanent – je vielfältiger die sprachlichen Anregungen und Gelegenheiten, umso lebendiger kann sich das Karussell drehen. Wenn sich der sprachliche Input als eher dürftig, fehlerhaft oder unvollständig erweist, kann das umgekehrt nicht nur zu Verständigungsproblemen führen, sondern auch als frustrierend und demotivierend erlebt werden.

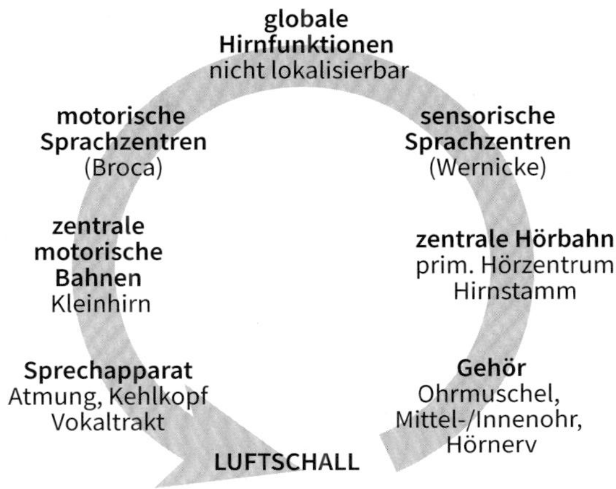

Abbildung 10: Hör-Sprach-Kreis (nach Friedrich 2013, S. 26)

Damit verfügen wir nun über eine grundlegende Vorstellung von den *physiologischen* Prozessen des Funktionskreislaufs von Hören und Sprechen. Aufgeschoben haben wir bislang die *kommunikative* Seite der Medaille, um die es in einem Buch zu mündlicher Kommunikation im Deutschunterricht natürlich *eigentlich* gehen sollte. Wie sich in der Beschreibung des Hör-Sprach-Kreises in Abbildung 10 schon andeutet, geht es ja nicht um Schallproduktion und -verarbeitung an sich, sondern um Kommunikation: Gedanken und Ideen werden versprachlicht und geäußert, um von anderen verstanden und verarbeitet zu werden. Diese psycholinguistische Seite der mündlichen Kommunikation wird im folgenden Kapitel ausführlich thematisiert.

4 Merkmale mündlicher Kommunikation

Denken wir an Situationen in unserem persönlichen und beruflichen Alltag, in denen wir mit anderen mündlich kommunizieren, dann können wir uns fragen: Warum bewerkstelligen wir die entsprechenden kommunikativen Situationen eigentlich in der Regel gerade *nicht* schriftlich? Immerhin existieren für einige dieser Situationen durchaus schriftliche Gegenstücke, beispielsweise:

- Klassenarbeit statt mündlicher Prüfung
- Umlaufmappe statt Lehrerkonferenz
- Bewerbungsunterlagen statt Bewerbungsgespräch
- schriftliches Angebot statt Preisverhandlung
- Dating-App statt Rendezvous
- Gedichtinterpretation statt literarischen Gesprächs
- Elternbrief statt Sprechtag
- Entschuldigungsbrief statt persönlicher Entschuldigung

Zu entscheiden, in welcher Form man einer Situation besonders gerecht wird, gehört sicher zu den wichtigen kommunikativen Fähigkeiten, die Lehrpersonen, aber auch Schülerinnen und Schüler beherrschen müssen. Dass wir für bestimmte kommunikative Zwecke lieber oder doch zumindest zusätzlich auf das Gespräch zurückgreifen und es nicht bei der schriftlichen Kommunikation belassen, hat gute Gründe, die im direkten Zusammenhang mit den *Grundbedingungen mündlicher Kommunikation* stehen. Laut Reinhard Fiehler (2011, S. 88 f.) sind das:

- **Interaktivität:** Mindestens zwei Parteien können sich in einer gemeinsamen Situation gegenseitig sinnlich wahrnehmen.
- **Multimodalität:** Sie kommunizieren parallel und gleichzeitig auf verschiedenen Ebenen und beeinflussen sich dabei ständig gegenseitig.
- **Flüchtigkeit:** Die sprachlichen Signale wie lautliche Äußerungen und Körperbewegungen sind kurzlebig.
- **Prozessualität/Sequenzialität:** Mündliche Äußerungen erstrecken sich in der Zeit und müssen von den Beteiligten zeitlich angeordnet werden.

Anhand von Beispielsituationen sollen diese Grundbedingungen im Folgenden veranschaulicht werden. Dabei wird jeweils eines dieser prototypischen Merkmale von Mündlichkeit besonders herausgestellt.

4.1 Interaktivität

Wenn ein Mensch liest, dann liest er, wenn er schreibt, dann schreibt er – was von beidem er gerade tut, ist in aller Regel mit bloßem Auge erkennbar. Und auch die Person selbst kann in den meisten Situationen klar darüber Auskunft geben, auch wenn man sich leicht einige Gegenbeispiele und Überschneidungen ausdenken kann. (So können beim Lesen eines Zeitungsartikels Teilprozesse des Schreibens ablaufen, z. B. erste Formulierungen für einen Leserbrief.) Und während des Schreibens muss man das bereits Geschriebene wiederholt lesen, um zu entscheiden, wie es weitergehen soll. Im Kern sind aber Lese- und Schreibprozesse relativ klar voneinander unterscheidbar.

Anders in Gesprächen: Während wir sprechen, behalten wir die anderen Beteiligten im Auge; wir nehmen ihre verbalen, para- und nonverbalen Reaktionen wahr und nutzen sie, um unsere Äußerungen parallel ggf. anpassen zu können. Wir wiederholen beispielsweise etwas, was vielleicht nicht oder falsch verstanden wurde, führen es genauer aus oder erklären, was gemeint war. Oft schwächen wir Aussagen ab, um ihnen die Schärfe zu nehmen, oder wir nehmen sie ganz zurück und formulieren neu, um unserem Gegenüber die Zustimmung zu erleichtern. Das alles dient nicht nur dem Austausch von Informationen und Meinungen, sondern immer auch der Beziehung zwischen den Gesprächsbeteiligten.

Beim Zuhören produzieren wir nicht nur die entsprechenden Rückmeldungen, sondern planen, überarbeiten, verwerfen permanent (mögliche) eigene Beiträge passend zum Gesprächsverlauf. Wir entscheiden fortwährend, ob es gerade angebracht ist, den Kommentar einzuwerfen, der uns durch den Kopf geht, und reagieren gestisch, mimisch und stimmlich auf das Gehörte. Nur in den seltensten Fällen sind wir *ausschließlich* Zuhörende, und nur in ganz speziellen Sondersituationen (z. B. als Nachrichtensprecherin vor einer Kamera) sind wir ausschließlich Sprechende. Normalerweise sind mündliche Situationen interaktiv: Sprechen (Produktion) und Zuhören (Rezeption) greifen permanent und unmittelbar ineinander.

Was spricht nun also – beispielsweise in der Auseinandersetzung mit einem literarischen Text – dafür, dies im Gespräch zu tun? Auch beim Schreiben über einen literarischen Text (z. B. bei einer Interpretationsaufgabe) kann man sich ja Wissen und Einsichten über den Text „erschreiben", wie Hermanns es hier schildert:

> „Erst, wenn ich über ein Thema schreibe, mache ich es mir wirklich zu eigen, nur dann habe ich auch eigene Gedanken dazu, nur dann kann ich auch meine Gedanken wirklich auf ihre Stichhaltigkeit prüfen, weil ich sie dann, auf einem Blatt Papier, vor mir

> habe. Zugleich verschaffe ich mir, wenn ich über ein neues Thema schreibe, mit den Gedanken und mit dem Wissen auch die Sprache, die ich dafür brauche. So kann ich dann, wenn ich mich schreibend damit beschäftigt habe, auch viel besser darüber sprechen." (Hermanns 1988, S. 71)

Es kann also schreibend gelingen, tiefer in die Textdeutung einzudringen und neue Zusammenhänge zu sehen usw. Ein solches *epistemisches*, also auf Erkenntnis abzielendes Schreiben setzt allerdings erhebliche Denk- und Schreibfähigkeiten sowie einiges Wissen voraus: Der Schreibprozess als solcher muss so routiniert ablaufen, dass wir darüber nicht mehr groß nachdenken müssen. Und gerade, wenn es darum geht, neue, alternative Deutungen zu entdecken und gegeneinander abzuwägen, kommt es darauf an, dass mir nach einer ersten, spontanen Lesart eine oder mehrere Möglichkeiten überhaupt noch in den Sinn kommen.

Wenn wir dagegen gemeinsam über einen literarischen Text sprechen, dann stehen wir im direkten, wechselseitigen Austausch mit den anderen. Unterschiedliche Deutungsmöglichkeiten stehen auch dann zur Verfügung, wenn jeder und jede „nur" eine mögliche Lesart oder gar ausschließlich offene Fragen und Irritationen beisteuert. Für Literaturdidaktik sind gerade dies die Potenziale des Literarischen Unterrichtsgesprächs. Die *Interaktivität* des Gesprächs erlaubt also Schülerinnen und Schülern, aber auch allen anderen, verschiedene Deutungen und Interpretationen sowie unterschiedliche Wahrnehmungen und Wirkungen desselben Textes unmittelbar miteinander zu vergleichen, abzuwägen, anzupassen usw. Damit kann im gemeinsamen Gespräch Wissen entstehen und sich erweitern.

Hinzu kommen Formen der produktiven Annäherung gerade an literarische Texte: im gestaltenden Vorlesen und Vortragen (s. Hillegeist/Pabst-Weinschenk 2021), aber auch in verschiedenen Varianten des literarischen Rollenspiels (s. Abraham 2008, S. 95).

Die gemeinsame, *interaktive* Hervorbringung von Äußerungen und anderen sozialen Ereignissen wird als Ko-Konstruktionen bezeichnet. Dass man solche Phänomene überhaupt untersuchen und beschreiben kann, ist nicht selbstverständlich. Dausendschön-Gay u. a. (2015) stellen eindrücklich dar, dass solche gemeinsamen Orientierungen auf das „Erledigen einer konversationellen Aufgabe" zwar schon früh im Datenmaterial der Gesprochene-Sprache-Forschung auftauchten, aber durch die Schriftlichkeitsbrille quasi nicht zu erkennen waren.

Geht man davon aus, dass Gespräche aus einer Reihe von abwechselnd gehaltenen, in sich geschlossenen „Monologen" bestehen (müssen), wirken scheinbar unabgeschlossene Äußerungen von Einzelnen, die im Gespräch kooperativ vervollständigt werden, defizitär und der Beitrag der anderen wie eine „Hilfestellung" für erfolglose, vielleicht sogar inkompetente Sprecherinnen oder Sprecher.

Nimmt man aber an, dass Ko-Konstruktionen ein zentrales Funktionsprinzip mündlicher Kommunikation sind, so weitet sich der Blick: Man untersucht heute in konversationsanalytischer und interaktionslinguistischer Perspektive nicht mehr den jeweiligen Beitrag Einzelner, sondern die Formen und Verfahren, mit denen alle Gesprächsbeteiligten gemeinsam daran mitwirken, ein Gesprächsziel zu verfolgen und zu erreichen. Das erweist sich nicht nur forschungsmethodisch, sondern auch im Unterrichtskontext durchaus als Schwierigkeit, weil nämlich Kompetenzen, die für Lehr-Lern-Zusammenhänge so wichtig sind, immer als personenbezogene Merkmale definiert sind. Im Kapitel 6.3 findet sich ein Vorschlag, wie man mündliche Leistungen Einzelner dennoch kriterienorientiert beurteilen kann.

A

Aufgaben und Ideen für den Unterricht

Bewegungsimpulse (kein Material nötig)

Die Übung stammt aus dem Werkzeugkasten des Impro-Theaters. Es geht darum, aufeinander zu achten und Impulse und Initiativen von anderen wahrzunehmen und anzunehmen. Die Klasse teilt sich in Vierergruppen auf. Ein Mitglied beginnt und gibt einen Bewegungsimpuls (mit beiden Armen winken, Kopf und Arme tief hängen lassen, auf der Stelle tanzen). Die anderen ahmen dies nach, bis jemand einen neuen Impuls gibt. Dabei wird nicht gesprochen.

(Idee: Stephanie Höll)

Wortloses Schauspiel (Dialoge als Kopien, s. M2)

Die Schülerinnen und Schüler spielen einen Dialog nach. Person A liest ihren Part laut vor, Person B darf hingegen nicht sprechen, sondern muss ihre Beiträge gestisch und mimisch realisieren. Mindestens eine dritte Person beobachtet die Interaktion. Im Anschluss werden die Rollen getauscht.

A: Hast du mein Buch gesehen? Ich weiß nicht mehr, wo ich es hingelegt habe.
B: Welches Buch?
A: Den Krimi, den ich dir geliehen habe.
B: Ist es dieses hier?
A: Nein, ich meine das Buch, das ich dir geliehen habe.
B: Hast du nicht.
A: Vielleicht ist es unter dem Stuhl. Kannst du mal nachschauen?
B: Okay – Gib mir nur eine Minute.
A: Wie lange dauert das denn noch?

B: Meine Güte, warum so ungeduldig? Ich hasse es, wenn du mich so herumkommandierst.
A: Vergiss es, ich werde es schon selbst finden.
B: Warte – Ich habe es gefunden!

Die Spielerinnen und Spieler tauschen sich darüber aus, wie leicht oder schwierig es war, die nonverbalen Äußerungen von Person B zu verstehen. Anschließend werden die Rollen getauscht. (Idee: Grace Fleming)

Pläne schmieden (kein Material nötig)
Die Klasse bildet Zweier- oder Dreiergruppen, die zusammen Pläne schmieden. Jeder Satz beginnt mit einem „JA!", z. B.: Lass uns Urlaub machen. – JA! Lass uns in die Berge fahren. – JA! Lass uns mit dem Bus hinfahren. – JA! Dann nehmen wir ein Schlauchboot mit. – JA! Das lassen wir voll Wasser laufen ... usw. Das gemeinsame Pläneschmieden darf in unerwartete und witzige Richtungen führen. Ziel der Übung ist es, Angebote immer anzunehmen und nie abzublocken. (Idee: https://improwiki.com/)

Dialogregie (Material: Abspiel- und Aufnahmegeräte)
Die Klasse schaut zusammen das Video eines „Gesprächs" zwischen einem Vater und seinem Kind (s. QR-Code 9). Es ist nicht nötig, die Sprache zu verstehen, man kann das Video sogar ohne Ton vorspielen, um den interaktiven Charakter des Dialogs hervorzuheben. Anschließend „synchronisieren" die Schülerinnen und Schüler das Gespräch in Gruppenarbeit mit eigenen Dialogtexten.

QR9: Dialog

4.2 Multimodalität

Wenn sich fachliche oder soziale Schwierigkeiten mit einem Schüler oder einer Schülerin im Unterricht ergeben, dann könnte man die Eltern schriftlich informieren, zum Beispiel mit einer Notiz im Heft oder per E-Mail oder gar mit einem „blauen Brief". Gerade in solchen kritischen Situationen nutzen wir aber häufig lieber die mündliche Form. Dafür gibt es verschiedene Gründe. Zum einen ist es sicherlich die schon beschriebene Ressource der Interaktivität: Im mündlichen Gespräch können die Perspektive, Erfahrungen und häuslichen Beobachtungen der Eltern unmittelbar einbezogen werden. Zudem gewinnt man aber nicht nur Informationen über das, was sie sagen, sondern auch, *wie* dies geschieht.

Auch bei mündlichen Äußerungen fällt uns zunächst das auf, *was* sie mit schriftlichen Texten gemeinsam haben, nämlich der *verbale* Gehalt von Äußerungen, also Wörter und (Teil-)Sätze, die sich im Prinzip auch schriftlich festhalten ließen.

Abbildung 11: Oszillogramm: „Guten Abend, meine Damen und Herren, ich begrüße Sie zur Tagesschau."

Zu diesem verbalen Gehalt kommen bei *schriftlichen* Texten visuelle Strukturierungshilfen dazu: Zwischen Wörtern stehen Leerräume, zwischen Sätzen Satzzeichen, zwischen gedanklichen Abschnitten setzt man Absätze oder Zwischenüberschriften. Mithilfe von Layout, Abbildungen, Schriftgestaltung etc. wird eine sichtbare Struktur geschaffen, die uns hilft, uns in Texten unterschiedlicher Art nicht nur zurechtzufinden, sondern sie auch auf den ersten Blick einzuordnen.

Auch bei mündlichen Äußerungen gibt es einen verbalen Gehalt. Wir erkennen einzelne Wörter und auch Teiläußerungen, die wir durch unsere allgegenwärtige Brille der Schriftlichkeit als „Sätze" wahrnehmen, obwohl das Mündliche weder Punkt noch Komma kennt. Es gibt also offenbar auch hier Strukturierungshilfen. Diese sind aber prosodischer und auch nonverbaler Art, wobei die Vorstellung, wir würden zwischen Wörtern hörbare Pausen machen (analog zu Leerschritten in der Schrift) nicht korrekt ist. Abbildung 11 zeigt das Oszillogramm der Tagesschau-Begrüßung („Guten Abend, meine Damen und Herren, ich begrüße Sie zur Tagesschau"). Man erkennt: Hier gibt es gar keine Lücken zwischen Wörtern, wohl aber Abschnitte, die sich in Lautstärke (Amplitude) und Tonhöhe (Frequenz) unterscheiden.

B

Beispiel: Trochäus

Unser kleiner Nachbar Felix, 2 ½ Jahre alt, kennt inzwischen unsere Namen: Mein Mann heißt Achin (= Achim) und ich Rike (= Ulrike). Gut, meinen Namen kürzt er ab – aber warum lässt er nicht einfach die letzte Silbe weg (Ulri)? Solche Abweichungen passieren nicht zufällig, sondern sie entsprechen der typischen Struktur von deutschen Wörtern: Auf eine betonte erste Silbe folgt eine unbetonte zweite (Reduktions-)Silbe (trochäischer Rhythmus). Zuhörend hat Felix diese Eigenheit des Deutschen aufgenommen und nutzt sie für sein Sprechen: Er findet in der untypischen Silbenstruktur (unbetont – betont – unbetont) das Muster, das charakteristisch für das Deutsche ist, während das Untypische einstweilen seiner Aufmerksamkeit entgeht.

Beispiele: Multimodalität

Schlägt man das Wort „Hallo" im Duden nach, findet man:
1. Ruf, mit dem man jemandes Aufmerksamkeit auf sich lenkt, 2. Ausdruck freudiger Überraschung und 3. [freundschaftliche] Grußformel.
Je nach Bedeutung klingt das Hallo unterschiedlich, etwa: HA::llo:: • halLO:: • HAllo oder auch hal(.)LO:: • hallO::?

Ich treffe ein befreundetes Paar beim Spaziergang.
Ich: *Oh, heute in Sportklamotten?*
Er: *Naja, als Symbol für den guten Vorsatz.*
Je nachdem, ob beide Sportkleidung tragen, nur die Frau oder nur der Mann, verschiebt sich die Bedeutung seiner Äußerung (etwa zwischen Selbstironie, Spott und Kritik).

Eine wichtige Strukturierungshilfe ist daher der Rhythmus einer Sprache, also der charakteristische Wechsel zwischen betonten und unbetonten Silben. Im Deutschen ist dies typischerweise der Trochäus (wẹn·den, Hạm·mer, ạl·le). Dies hilft dabei, Wörter zu identifizieren: Wir „hören" also nicht die Grenzen zwischen Wörtern, sondern wir erkennen die Wörter selbst an ihrem Klang.

Wie wir den Inhalt einer Äußerung verstehen, hängt zudem von vielen weiteren Klangeigenschaften jenseits des Wortlauts ab, von den sogenannten paraverbalen Merkmalen. Als paraverbal bezeichnet man dabei alle Signale, die den Wortlaut einer Äußerung akustisch begleiten. Sie werden mit der Stimme produziert, sind aber keine Wörter. Zum Beispiel heben wir das Wichtige in einer Äußerung hervor, indem wir es besonders betonen. Und die Intonation, also der Tonhöhenverlauf entscheidet darüber, ob etwas gesagt oder gefragt wird, ob es ironisch oder streng oder zweifelnd gemeint ist. Auch die Lautstärke, das Sprechtempo, die Stimmhöhe etc. zählen zu den paraverbalen Merkmalen, ebenso wie das Senken der Stimme, Gelächter oder eine besonders artikulierte Aussprache einzelner Laute.

Als *nonverbal* gelten zusätzlich alle Zeichen, die akustisch gar nicht wahrnehmbar sind, aber dennoch kommunikative Bedeutung haben – ob wir wollen oder nicht. Auch sie tragen zum Verständnis oder zum Einordnen einer Äußerung bei. Zu den nonverbalen Zeichen gehören Gestik und Mimik, aber auch körpersprachliche Zeichen wie Haltung, Kleidung, Abstand zu anderen, Position im Raum etc. Wer zu einem Gespräch pünktlich und angemessen gekleidet erscheint, signalisiert damit Respekt und Ernsthaftigkeit der Situation gegenüber; und wenn die Lehrkraft zum Gespräch gleich große Stühle bereitstellt, begibt sie sich buchstäblich „auf Augenhöhe" statt „von oben herab" zu sprechen.

Gerade wenn es kritisch wird, ist es wertvoll, all diese kommunikativen Ressourcen wahrnehmen und nutzen zu können. Beispielsweise kann man einen beruhigenden, freundlichen Tonfall wählen, durch Lächeln und Hinwendung mögliche Ängste abbauen, eine entspannte Sitzordnung arrangieren. Denkbare Reaktionen der Eltern wie Zustimmung, Sorge, Unverständnis, Gegenwehr muss man nicht im Einzelnen voraussehen. Man kann sie unmittelbar wahrnehmen und direkt reagieren, indem man zum Beispiel die eigenen Äußerungen anpasst, präzisiert, abschwächt oder korrigiert.

A

Aufgaben und Ideen für den Unterricht

Die eigene Stimme zu erheben und wirkungsvoll einzusetzen, ist nicht nur eine Frage der Stimmgesundheit, sondern auch der persönlichen Souveränität. Vielfältige Gründe können – gerade bei Pubertierenden – dazu führen, dass der Einklang zwischen Selbst, Körper und Stimme vorübergehend verlorengeht. Spielerische und herausfordernde Übungen, bei denen es viel zu lachen gibt, helfen am besten, zu einem guten Gleichgewicht (zurück-)zufinden. Wichtig dafür ist es, das Gemeinsame im Spielen und Entdecken zu betonen oder Teams gegeneinander antreten zu lassen. Keinesfalls sollen einzelne „vorgeführt" werden.

Die Stimme spricht (Material: Kartenvorlagen M3)
Die Schülerinnen und Schüler ziehen reihum Karten mit kurzen vorbereiteten Satzanfängen, die sie zu einer kompletten Äußerung ausbauen. Es kommt dabei aber nicht auf den Inhalt an (auch Nonsens-Äußerungen sind erlaubt), sondern auf die Passung zwischen dem verbalen Gehalt und dem para- und nonverbalen Ausdruck. Die Liste kann gemeinsam ergänzt werden.

- „Es ist meine feste Überzeugung, dass ..."
- „Ich bin mir wirklich nicht sicher, ob ..."
- „Es ist mir peinlich, das zuzugeben, aber ..."
- „Wenn ich ganz ehrlich sein soll, dann ..."
- „Ich freue mich, wirklich, dass ..."
- „Ihr könnt euch nicht vorstellen, wie..."
- „Wenn mich nicht alles täuscht, bin ich ..."
- „Es spielt keine Rolle, ob ..."

Vorstellungs-Welten (Material: Kreppband; Anregungen M4)
Ein Raum wird in vier Bereiche aufgeteilt und ggf. mit Krepp-Klebeband auf dem Boden kenntlich gemacht. Jeder Bereich steht für eine bestimmte Landschaft, in der unterschiedliche Bedingungen herrschen, z. B.:

- Du bist in einer Fußgängerzone und suchst nach einer Person, mit der du dich verabredet hast. Die Menge drängt sich aggressiv an dir vorbei.
- Du bist in einem Wald und hörst ein ungewöhnliches Geräusch.

Die Lernenden stellen sich in die jeweiligen Bereiche und versuchen, sich die entsprechende Landschaft bzw. Situation so gut wie möglich vorzustellen und ihre eigene Körpersprache daran anzugleichen. (Idee: Gregor Adamczyk)

Parodie (Material: verschiedene Fotos, s. auch M5)
Fotos von unterschiedlichen Personen (Frau im Business-Anzug, Theaterschauspieler, alter Mann, kleines Mädchen, Rockstar; möglich sind stattdessen auch Märchenfiguren oder bekannte Persönlichkeiten) werden an der Tafel für alle sichtbar befestigt. Jedes Gruppenmitglied sucht sich heimlich eine der Personen aus und liest einen Text in der Rolle dieser Person vor. Dabei sollen die Mimik, Gestik und die Stimme so angepasst werden, dass die anderen die Person erraten können. Sie beschreiben die stimmlichen, gestischen und mimischen Merkmale, die sie auf die richtige Spur geführt haben. (Idee: Magdalena Koch)

Schwieriger wird die Aufgabe, wenn eine der Personen angesprochen wird (zum Beispiel nach dem Weg zum Bahnhof, nach der Uhrzeit fragen, ein Getränk anbieten, um ein Selfie bitten usw.). Die anderen überlegen wieder, wer das Gegenüber sein könnte. (Idee: Nadine Nell-Tuor)

4.3 Flüchtigkeit

Die Lehrperson 3 in Kapitel 1 bringt es auf den Punkt: *„Das ist vorbei, eine Minute später oder ein paar Sekunden später.“* Als Forschungs-, aber auch als Unterrichtsgegenstand zeichnen sich mündliche Äußerungen dadurch aus, dass sie flüchtige Zeichen und körperliche Hervorbringungen sind. Das unterscheidet sie insbesondere von schriftlichen Texten, aber auch von anderen Produkten wie etwa dem Gesellenstück einer Schreinerin oder einer Collage aus dem Kunstunterricht: Solche (relativ) überdauernden Produkte kann man zu mehreren Zeitpunkten mit mehreren Personen aus mehreren Perspektiven betrachten. Was immer man aber über eine *mündliche* Äußerung sagen möchte, kann man nicht ohne Weiteres zu einem späteren Zeitpunkt überprüfen. Noch weniger lässt sich eine künftige Äußerung voraussehen (wie man etwa auf der letzten Seite eines Romans nachsehen kann, ob die Geschichte am Ende gut ausgeht).

Geht es darum, innerhalb einer Arbeitsgruppe oder eines Gremiums Ideen zu entwickeln oder Pläne zu schmieden, so kann es gerade günstig sein, wenn nicht alles Vorgebrachte sogleich schriftlich fixiert und somit dauerhaft verfügbar ist. Oft fällt es auf diese Weise leichter, einen noch unfertigen, spontanen Gedanken, eine erste Idee in die Runde zu werfen und zu schauen, was daraus interaktiv von den anderen bzw. mit ihnen zusammen gemacht wird. Auch gibt es ja Dinge, die wir durchaus äußern wollen, die aber *off record* bleiben, also möglichst nicht im Protokoll auftauchen sollen. Wir entscheiden uns deswegen in bestimmten Situationen für die Mündlichkeit gerade *wegen* ihrer Flüchtigkeit.

Unbestritten ist aber auch, dass gerade dieses Merkmal allen Gesprächsbeteiligten kognitiv viel abverlangt: Wir besitzen in unserem Arbeitsgedächtnis eine Art akustischen Kurzzeitspeicher, die sogenannte *phonologische Schleife*, in der wir den genauen Wortlaut einer Äußerung behalten können. Das funktioniert aber nur für eine sehr kurze Zeitspanne. In dieser Zeit müssen wir den Gehalt der Äußerung so verdichten, dass er als die relevante Information weiterverarbeitet werden kann, denn:

> „Ein besonderes Problem bei der Selektion akustischer Reize im Vergleich zu visuellen Reizen besteht darin, dass das Arbeitsgedächtnis begrenzte Kapazität hat und dass man die Information relativ schnell und abschließend bearbeiten muss, weil man nicht die Möglichkeit hat, auf Information wiederholt zuzugreifen." (Imhof 2010, S. 21)

Beim Zuhören produzieren wir also nicht nur permanent Zuhörsignale. Wir müssen die aufgenommenen Informationen sowohl zum Gesprächsganzen als auch zu unserer eigenen Position in Beziehung setzen und präsent halten. Gleichzeitig müssen wir ggf. einen eigenen möglichen Beitrag innerlich vorformulieren (dies ist ein Aspekt des Sprechens) und ggf. auch wieder verwerfen oder an den weiteren Verlauf anpassen. Es kann deswegen in komplexeren Gesprächssituationen, zum Beispiel auch in größerer Runde, mehreren thematischen Strängen oder auch bei besonderer emotionaler Beteiligung passieren,

> „• dass die Konzentration auf den Gesprächsverlauf nachlässt, wenn man sich selbst zu Wort gemeldet hat und innerlich den eigenen Beitrag plant,
> • dass Sprecher (deshalb) nicht bemerken, dass ihr Beitrag nicht mehr passt oder schon von anderen geäußert wurde,
> • dass Gruppen den Überblick über den Gesprächsverlauf verlieren,
> • dass im Nachhinein nicht mehr rekonstruierbar ist, von wem ein bestimmter Vorschlag kam usw." (Behrens 2013, S. 393)

Im Vergleich zum Lesen kann man die erhebliche Herausforderung, die aus der Flüchtigkeit der mündlichen Kommunikation erwächst, in einer Gegenüberstellung wie in Tabelle 2 verdeutlichen:

Leserinnen/Leser ...	Zuhörerinnen/Zuhörer ...
• finden im Text optische Strukturierungshilfen (Leerschritte, Satzzeichen, Schriftgrößen, Absätze etc.) • können eine Textstelle beliebig oft wieder aufsuchen • steuern das Tempo des Leseprozesses selbst • entscheiden selbst darüber, in welcher Reihenfolge sie Textteile wahrnehmen	• nehmen einen unsegmentierten (d. h. nicht unterbrochenen) Lautstrom wahr • müssen im Moment der Äußerung gleichzeitig wahrnehmen und verstehen • verarbeiten die wahrgenommenen Äußerungen „in Echtzeit" • können weder „zurück-" noch „vorspulen"

Tabelle 2: Lesen und Zuhören im Vergleich

Im Normalfall aber sind wir durchaus in der Lage, die Herausforderungen, die aus dieser Flüchtigkeit der mündlichen Kommunikation erwächst, zu meistern. Das tun wir in erster Linie, indem wir nicht „alles“ hören, was es zu hören gibt (und auch nicht alles sagen, was man sagen könnte): Ausgehend von einer allgemeinen Einschätzung der Gesamtsituation konzentrieren wir uns auf das, was uns aus dieser Perspektive sinnvoll und relevant erscheint. Und wir ergänzen sinngemäß, was (z. B. wegen ungünstiger akustischer Bedingungen) nicht zu hören oder (z. B. aus mangelndem Vorwissen oder sprachlichen Defiziten) nicht zu verstehen war. Das erklärt die besondere Anstrengung beim Zuhören unter ungünstigen akustischen Bedingungen, aber auch in einer nicht gut beherrschten Sprache oder wenn das Thema unvertraut ist.

A

Aufgaben und Ideen für den Unterricht

Radiosprecher (Material: Zeitungsbericht, M6)

Ein kurzer Zeitungsbericht, zum Beispiel über einen Unfall oder einen Einbruch, bildet die Grundlage.

Unfallzeit: 29.08.2021, 12:33 Uhr
Unfallort: Hamburg-Wandsbek, Am Stadtrand / Walddörferstraße

Bei einem Verkehrsunfall wurde gestern Mittag eine Person schwer verletzt und in ein Krankenhaus transportiert.
Nach derzeitigem Stand der Ermittlungen hatte die 21-jährige Fahrerin eines Audi A7 die Straße „Am Stadtrand" in Richtung Ölmühlenweg befahren und zunächst an der Kreuzung zur Wald-

dörferstraße an der „Rot" zeigenden Ampel angehalten. Aus ungeklärter Ursache fuhr die Fahrerin jedoch in den Kreuzungsbereich, obwohl die Ampel nach wie vor „Rot" zeigte. Hier kam es zur Kollision mit einem bei Grünlicht in den Kreuzungsbereich gefahrenen Nissan Micra, der aus der Walddörferstraße nach links in die Straße Am Stadtrand abbiegen wollte.
Bei dem Zusammenstoß wurde der 59-jährige Fahrer des Micra leicht und sein 46-jähriger Beifahrer schwer verletzt. Der Schwerverletzte wurde mit einem Rettungswagen in ein nahegelegenes Krankenhaus transportiert und stationär aufgenommen. Lebensgefahr besteht nicht.
Der Verkehrsunfalldienst Ost (VD 3) hat die Ermittlungen aufgenommen.

Der Bericht wird in der Gruppe zunächst vorgelesen. Anschließend sollen die Schülerinnen und Schüler ihn sprachlich so bearbeiten, dass er als mündliche Nachricht, zum Beispiel für das Radio, geeignet ist. Es zeigt sich, dass für Zuhörerinnen und Zuhörer vor allem die komplexeren Satzgefüge aufgebrochen werden, die Abfolge der Informationen umgestellt und ggf. auch die Details reduziert werden müssen. Eventuell fällt den Lernenden auch auf, dass im Mündlichen das Präteritum (und Plusquamperfekt) weniger üblich ist als im Schriftlichen. Der Grund dafür ist, dass Zuhörerinnen die Informationen zeitgleich verarbeiten und in Zusammenhang bringen müssen. Das fällt leichter, wenn die einzelnen Informationspakete kleiner sind.

Das flüchtige Wort (Material: Aufnahmegerät)
Die Schülerinnen und Schüler versuchen in Partnerarbeit, einen kurzen Redebeitrag wörtlich zu wiederholen. Dafür spricht eine Person für etwa 20 Sekunden über ein beliebiges Thema (zum Beispiel über einen Film, ein Videospiel, ein Sportereignis). Wer zunächst zugehört hat, soll nun möglichst wörtlich wiederholen. Zur Kontrolle werden beide Versionen aufgenommen und anschließend miteinander verglichen. Es zeigt sich, dass schon beim Zuhören an mehreren Stellen Informationen und nicht Formulierungen abgespeichert werden; aufgrund der Flüchtigkeit des gesprochenen Wortes ist eine identische Wiedergabe fast unmöglich.
(Idee: Miriam Morek)

4.4 Prozessualität

Im engen Zusammenhang mit der Flüchtigkeit gesprochener Sprache steht die Prozessualität von Gesprächen: In der schriftlichen Kommunikation sind das Schreiben und das Lesen eines Textes zeitlich entkoppelt. Konrad Ehlich (1983) nennt dieses Auseinanderfallen *Zerdehnung* der ursprünglich mündlichen Sprechhandlung. Dadurch kann das Schreiben sehr bewusst geplant werden. Verfasse ich zum Beispiel ein Bewerbungsschreiben, dann kann die Personalleitung beim Lesen nicht wissen, wie die Unterlagen entstanden sind. Sie gewinnt nur einen schriftlich *vermittelten* Eindruck vom Bewerber oder von der Bewerberin. Ein persönliches Bewerbungsgespräch hingegen lebt von der Spontaneität des Augenblicks. Mündliche Kommunikation vollzieht sich prozessual und in der Zeit, so kann unmittelbar erlebt werden, wie eine Person agiert und reagiert, wie sie spontan auf Fragen eingeht, wo sie zögert, wie viel Zeit sie sich für eine Antwort nimmt usw. Ob zwei Menschen die gleiche Wellenlänge haben, zeigt sich oftmals gerade in dieser zeitlichen Dimension: Wir mögen es, wenn ein Gespräch „fließt". Ein stockender Austausch und holprige Anschlüsse zwischen einzelnen Beiträgen werden demgegenüber zumeist als äußerst unangenehm empfunden.

Festhalten können wir also: Die mündliche Kommunikation dient uns dazu, gemeinsam mit mindestens einer weiteren Person bestimmte kommunikative und soziale Zwecke *interaktiv* zu verfolgen, und zwar im unmittelbaren, wechselseitigen Austausch in einem gemeinsamen raum-zeitlichen Kontext. Wir greifen dabei parallel und gleichzeitig auf *multimodale* Ressourcen der Verständigung zurück, die an die Körperlichkeit der Anwesenden gebunden sind. Diese Ressourcen – verbale, para- und nonverbale Zeichen – sind *flüchtig* und in einem unumkehrbaren und nicht wiederholbaren *zeitlichen Prozess* organisiert.

Wenn man, wie das hier zur Veranschaulichung geschehen ist, „Mündlichkeit" und „Schriftlichkeit" einander gegenüberstellt, spiegelt das natürlich nicht die Vielfalt wirklicher mündlicher und schriftlicher Kommunikation wider. Bezogen auf die Art der Sprachverwendung haben Peter Koch und Wulf Oesterreicher 1985 in einem immer noch einflussreichen Artikel darauf hingewiesen: Konkrete Fälle von Kommunikation lassen sich zwar nach dem *Medium*, in dem sie realisiert werden (grafisch oder phonisch, also sichtbar oder hörbar), eindeutig als ‚mündlich' oder ‚schriftlich' bestimmen, nicht aber unter *konzeptionellen* Gesichtspunkten. So kann ein geschriebener Text so konzipiert sein, wie es typisch für die mündliche „Sprache der Nähe" ist; genauso gibt es mündlich präsentierte Äußerungen, die viele Merkmale einer typisch schriftlichen „Sprache der Distanz" aufweisen. Und: Mediale und konzeptionelle Mündlichkeit bzw. Schriftlichkeit sind jeweils als Pole eines Kontinuums gedacht, sodass vielfältige Mischformen und Abtönungen möglich sind.

Nach dieser Theorie entsprechen zum Beispiel die mündlich dargebotenen Nachrichten der „Tagesschau" konzeptioneller Schriftlichkeit: Man spricht dort „wie gedruckt". Demgegenüber kann ein privater Brief und – mehr noch – die schriftliche Kommunikation in den sozialen Medien konzeptionell eher dem ähneln, wie sich Senderin und Empfänger auch mündlich austauschen würden.

Trotz der unbestrittenen Vorteile dieser Theorie bei der Beschreibung von mündlichem (und schriftlichem) Sprachgebrauch muss auch dieses Modell noch erweitert werden: Was es nicht gut erfassen kann, ist die Tatsache, dass sich gerade in der Mündlichkeit kaum einzelne Kommunikationssituationen finden lassen, die sich *als Ganze* (also als globale Diskurseinheiten) auf diesem Kontinuum einordnen lassen. Interaktionssituationen sind immer durch eine dynamische und flexible Abfolge (lokal) unterschiedlicher Phasen und Praktiken gekennzeichnet. Selbst ein formelles Gespräch kann mit einer sehr lockeren Phase des *Small-Talk* beginnen, um persönliche Nähe herzustellen. In dieser Phase kann eine flapsige Ausdrucksweise akzeptabel sein, die im späteren Gesprächsverlauf als unangemessen gelten würde. Umgekehrt kann direkt nach einem sachlichen Disput über die Vor- und Nachteile einer bestimmten Lernplattform eine Sequenz folgen, in der scherzhaft über technische Vorlieben und Abneigungen der Beteiligten gefrotzelt wird.

Mündliche Kommunikation wird deswegen nicht auf der Ebene eines ganzen Gesprächs beschrieben, sondern vollzieht sich in sogenannten *Praktiken*:

> „Es handelt sich um gesellschaftlich herausgebildete konventionalisierte Verfahren zur Bearbeitung häufig wiederkehrender kommunikativer Ziele und Zwecke. Jede Gesellschaft verfügt für die Verständigung über ein spezifisches Repertoire solcher kommunikativen Praktiken, das sich historisch herausgebildet hat." (Fiehler 2009, S. 25)

Beispiele für solche Praktiken sind: beim Kaffeeklatsch über jemanden tratschen; telefonisch einen Arzttermin vereinbaren; eine Dienstbesprechung eröffnen; eine Trauerrede halten; eine Bestellung aufgeben; sich bedanken; zum Geburtstag gratulieren usw. Für all diese Beispiele gibt es musterhafte „Vorlagen", an denen sich die Gesprächsbeteiligten in ihrem Sprachhandeln und auch in ihren Erwartungen an das Sprachhandeln anderer orientieren.

Dass Praktiken gesellschaftlich hervorgebracht sind, bedeutet aber auch, dass sie je nach Konstellation und Situation variabel sind: Zwar steht ihre Gestaltung in einer *gegebenen* Situation den Gesprächsbeteiligten nicht vollkommen frei, aber das, was in *solchen* Situationen als angemessen erscheint (und was nicht), verändert sich im Laufe der Zeit und hängt stark von den beteiligten Personen und ihren sozialen Beziehungen untereinander ab. Die Reflexion über die Gestaltung von Praktiken in unterschiedlichen Kontexten ist ein wesentlicher Aspekt mündlicher Kompetenzen.

A

Aufgaben und Ideen für den Unterricht

Wie gedruckt? (Material: Computer mit Diktierfunktion, Schreibzeug)
Die Schülerinnen und Schüler üben zunächst mit der Spracherkennung, die inzwischen die meisten Computer oder Mobilgeräte an Bord haben. Wenn ihnen das gut gelingt, wird in einer kleinen Runde eine Geschichte erzählt oder nacherzählt. Alternativ kann eine Audioaufnahme erstellt werden. Diese muss allerdings im Anschluss verschriftet werden. Der diktierte oder transkribierte Text wird im nächsten Schritt gemeinsam in der Gruppe untersucht: Welche Veränderungen müsste man vornehmen, wenn der Text in einem Geschichtenbuch abgedruckt werden sollte? Bei der Überarbeitung werden alle Veränderungen auf Karten notiert. Sie können anschließend gemeinsam geordnet werden. Auf diese Weise werden typische Unterschiede zwischen mündlicher und schriftlicher Sprachverwendung deutlich.

(Idee: Miriam Morek)

Sprechen oder schreiben? (Material: Karteikarten oder Zettel, Schreibzeug)
Die Schülerinnen und Schüler denken darüber nach, zu welchen Zwecken und bei welchen Gelegenheiten sie mit anderen kommunizieren. Sie finden so viele Beispiele wie möglich und schreiben jedes auf eine Karte. Eventuell fällt es leichter, wenn man die Aufgabe in ein Spiel einbindet, z. B.

- „Dalli dalli": Zweierteams nennen eine Minute lang im Wechsel möglichst viele Ideen zu den Themen „Warum ich mit anderen rede", „Warum ich anderen schreibe". Doppelte werden abgezogen. Mehrere Zuhörende schreiben auf Karten mit.
- „Stadt-Land-Fluss-Dialog": Alle notieren zu jeder Kategorie einen Begriff mit einem vorgegebenen Anfangsbuchstaben. Doppelte erhalten weniger Punkte als Einzelnennungen. Die Ideen unter „Dialog" werden anschließend auf Karten geschrieben.
- A–Z-Liste: Die Schülerinnen und Schüler schreiben das Alphabet von A bis Z untereinander auf ein Blatt Papier und schreiben möglichst für jeden Buchstaben ein Beispiel auf.

Anschließend arbeitet die Klasse mit den Karten: Bei welchen Anlässen sollte man lieber schriftlich kommunizieren, bei welchen mündlich, wo ist es egal? Was sind Gründe für die Entscheidungen?

5 Prozesse mündlichen Sprachhandelns

Im letzten Kapitel ging es um die Besonderheiten mündlicher Kommunikation als eigenständigem Kommunikationssystem, auch im Vergleich zur Schriftlichkeit. Im nun folgenden Abschnitt kommen die eigentlichen Prozesse des sprachlich-kommunikativen Handelns in den Blick. Wenn im Folgenden der Ausdruck *mündliches Sprachhandeln* (und nicht einfach Sprechen) benutzt wird, dann ist damit nochmals betont, dass nicht nur das gesprochene Wort unsere soziale Welt verändert, sondern ebenso das Zuhören (und sogar das *nicht* gesprochene Wort).

Sprechen und Zuhören sind in alltäglichen Gesprächen nicht voneinander zu trennen. Sie bedingen einander und verändern sich auch wechselseitig. Gleichzeitig stellen aber Sprachproduktion und Sprachwahrnehmung jeweils eigene Anforderungen, die im Folgenden zunächst wiederum separat beschrieben werden sollen. Margarete Imhof hat in ihrem S-O-I-Modell den psychischen Prozess beschrieben, der im Moment des Zuhörens abläuft. Es wird in Kapitel 5.1 genauer vorgestellt. Darauf aufbauend ist aus didaktischer Sicht zu bestimmen, welche Dimensionen gute Zuhörfähigkeit ausmachen. Dazu dient ein Mehrebenenmodell, das Zuhörforscherinnen in Anlehnung an ein prominentes Lesekompetenzmodell entwickelt haben.

Was wir beim Sprechen alles tun (müssen), wird anschließend geklärt. Dabei geht es nicht nur um die Gestaltung, Organisation und Formulierung von inhaltlich und sprachlich angemessenen Gesprächsbeiträgen, sondern auch darum, diese im Gespräch zu platzieren. Diese drei Fähigkeitsdimensionen werden nach einem konversationsanalytischen Modell (Quasthoff 2009) als *Vertextung, Markierung* und *Kontextualisierung* bezeichnet. Dabei wird auch herausgestellt, dass es streng genommen kein „monologisches" Sprechen gibt. Stattdessen erscheint der Ausdruck „solistisches Sprechen" passender, der hier in Anlehnung an einen Vorschlag von Miriam Morek verwendet wird. Dass man Gespräche nicht gut als abwechselndes Sprechen und Zuhören beschreiben kann, sondern dass ein Gespräch mehr ist als die Summe seiner Teile, betont die Metapher vom Orchester: Aus dem Gesprächsganzen heben sich einzelne Beiträge als „Soli" ab. Sie dienen typischerweise ganz bestimmten Zwecken (zum Beispiel soll *instruiert, erklärt* oder *begründet* werden) und können somit speziellen mündlichen Gattungen zugeordnet werden (vgl. Kapitel 5.3). Um besondere Soli, nämlich Vorträge, Referate oder Präsentationen geht es in den Kapiteln 5.4 und 5.5.

5.1 Zuhörprozess und Zuhörkompetenzen

Kinder erwerben Sprache in der Interaktion: Wie kleine Sprachforscherinnen und -forscher beobachten sie den Sprachgebrauch um sich herum und machen sich ihren Reim auf die Funktionsweise und Regularitäten der Sprache, die sie alltäglich hören. Das gilt in erster Linie für die Sprache oder die Sprachen des Elternhauses (Erstsprache bzw. Erstsprachen), aber auch für die Sprache, die in der Umgebung gesprochen wird, in der ein Kind aufwächst (Zweitsprache bzw. Zweitsprachen). So kann zum Beispiel zu Hause Rumänisch und eventuell eine weitere Sprache gesprochen werden, auf dem Spielplatz viel Türkisch, im Kindergarten oder in der Schule aber vor allem Deutsch. Je nachdem, in welchem Alter und in welchem Abstand das Deutsche als Zweitsprache erworben wird, spricht man vom simultanen (gleichzeitigen) oder sukzessiven (schrittweisen) Zweitspracherwerb.

Von Anfang an geht das Zuhören dem Sprechen voraus, und von Anfang an wird beim Zuhören Beträchtliches geleistet, denn aus einem ununterbrochenen und nur durch Betonungen und Stimmhöhe strukturierten Lautstrom müssen Elemente (auch Wörter, aber nicht nur) ausgegliedert werden, die als Bezeichnungen für Gegenstände, Personen, Tätigkeiten, Zustände usw. verwendet werden. Mehr noch: Diese Elemente können nicht in beliebiger Reihenfolge zusammengefügt werden, sondern ordnen sich nach bestimmten syntaktischen Regularitäten. Und sie bedeuten, wenn sie mit einem bestimmten Ausdruck, in einer bestimmten Situation, von einer bestimmten Person etc. verwendet werden, möglicherweise ganz Unterschiedliches.

Erwachsene helfen kleinen Kindern intuitiv, diese sprachlichen Strukturen zu durchschauen, indem sie eine ganz besondere Art des Sprechens ver-

ÜBRIGENS: KINDGERICHTETE SPRACHE (KGS)

(engl.: child directed speech; CDS)

Je nach Alter des Kindes werden verschiedene Formen von KGS unterschieden. Sie entsprechen jeweils dem aktuellen Entwicklungsstand des Kindes und zielen intuitiv auf den nächsten Entwicklungsschritt ab:

- bei Babys: erhöhte Stimmlage, übertriebene Betonung, Pausen an Phrasengrenzen, langsames Tempo (Ammensprache, *baby talk*)
- bei einjährigen Kindern: häufige Benennung von Objekten, sprachliche Rituale (stützende Sprache, *scaffolding*)
- bei Kindern ab zwei Jahren: korrekte oder erweiternde Wiederholung kindlicher Äußerungen, offene Fragen (lehrende Sprache, *motherese*) (Ruberg/Rothweiler 2012, S. 64–70)

wenden: die an das Kind gerichtete Sprache (KGS). Dabei wiederholen sie beispielsweise Bezeichnungen mehrfach, während sie die Aufmerksamkeit des Kindes auf den betreffenden Gegenstand lenken; sie halten Äußerungen syntaktisch einfach, betonen wichtige Teile, heben und senken die Stimme übertrieben, beispielsweise bei Fragen im Unterschied zu Aussagen.

Ältere Kinder, jugendliche und erwachsene Zuhörerinnen und Zuhörer tun im Prinzip das Gleiche: Zwar müssen sie aus dem sprachlichen Input nicht mehr die Elemente und Strukturen ihrer Erstsprache heraushören, um sie selbst benutzen zu können, weil sie bereits über ein Wortkonzept verfügen. Wohl aber ist es ihre Aufgabe, dem Lautstrom der Sprache Informationen, Bedeutungen und Intentionen der Sprechenden abzugewinnen. Auch sie müssen dabei Informationen aus mehreren Modalitäten und die Bedingungen der aktuellen Situation zusammenbringen, um zu einer angemessenen Deutung dessen zu gelangen, was sie gehört haben.

Allgemeiner gesprochen kann man sagen: Wenn wir zuhören, dann nehmen wir nicht etwa einen Strom sprachlicher Laute ungefiltert auf, sondern wir strukturieren diesen Lautstrom mithilfe unseres sprachlichen und sachlichen Vorwissens. Diese psychische Leistung findet, wie in Kapitel 3.1 dargestellt, bei der Verarbeitung akustischer Reize permanent statt: Was in einer jeweiligen Situation auf eine bereits vorhandene Wissensstruktur trifft, wird herausgehoben, was in diesem Sinne für uns (gerade) nicht von Interesse ist, schwächt unser Gehirn in der Wahrnehmung ab.

Anders als beim Sehsinn, den wir abschalten können, indem wir einfach die Augen schließen, ist der Hörsinn permanent auf Empfang. Wenn also ein Geräusch, ein Klang, ein Wort, eine Information nicht in unser Bewusstsein dringt, dann haben wir damit eine *psychische* Leistung erbracht, die auch psychischen Energieaufwand bedeutet. Dass wir beispielsweise auch dann ruhig schlafen können, wenn unsere Umgebung nicht vollkommen still ist, ist ein Effekt dieser psychischen Selektionsarbeit: Sind uns die Geräusche (das Ticken des Weckers, das Rumpeln der Waschmaschine, das Klappern eines Fensterladens) vertraut, so werden sie uns nicht vom Schlafen abhalten. Anders verhält es sich in ungewohnter Umgebung: Hier können uns dieselben Geräusche, auch wenn sie gar nicht laut sind, um die Nachtruhe bringen, jedenfalls so lange, bis wir sie als nicht weiter beunruhigend eingeordnet haben.

Umgekehrt sind wir beim Zuhören auch in der Lage, fehlende akustische Informationen sinngemäß zu ergänzen. In einem spannenden Experiment haben Warren und Warren diese Fähigkeit nachgewiesen: Sie spielten Versuchspersonen Sätze vor, die so manipuliert waren, dass der Anfangslaut (*) jeweils eines Wortes im Satz durch ein Störgeräusch überlagert war. Je nachdem, in welchem Satzkontext dasselbe Wort auftauchte, meinten die Versuchspersonen, verschiedene Begriffe gehört zu haben, die hier jeweils in Klammern hinter dem Satz stehen:

> „It was found that the *eel was on the axle. (wheel)
> It was found that the *eel was on the shoe. (heel)
> It was found that the *eel was on the orange. (peel)
> It was found that the *eel was on the table. (meal)" (zit. nach Imhof 2003, S. 14)

Die Versuchspersonen greifen auf sogenannte Schemata zurück, die Teil ihres Weltwissens sind: Der Bedeutungskontext, den das Wort *table* (Tisch) eröffnet, macht es wahrscheinlicher, das Wort *meal* (Essen) gehört zu haben als etwa *peel* (Schale) oder *heel* (Absatz). Sie hatten deswegen den Eindruck, den entsprechenden Laut /m/, /p/ etc. tatsächlich gehört zu haben.

Was bei Warren und Warren auf der Ebene einzelner Sprachlaute passiert, funktioniert ebenfalls bei Wörtern und auch ganzen Informationspaketen. Wir kennen den Effekt von den amüsanten Verhörern (*Agathe Bauer* statt *I got the power*): Wir filtern und sortieren permanent und automatisch, und zwar nach Maßgabe dessen, was uns in einer ganz konkreten Situation am wahrscheinlichsten vorkommt und was uns „betrifft". Mit anderen Worten: Niemand hört alles, was gesagt wird; immer wird aus der Perspektive *erster Person* ausgewählt und verarbeitet.

Abbildung 12: S-O-I-Modell des Zuhörprozesses (adaptiert nach Imhof 2010)

Die Psychologin Margarete Imhof hat in diesem Sinne Zuhören in ihrem S-O-I-Modell (s. Abbildung 12) als einen Prozess beschrieben, bei dem Menschen auf der Basis einer bestimmten Zuhörabsicht Elemente akustisch-visueller Kommunikation aus einem permanenten Strom mündlicher Äußerungen ausgliedern (S für Selektion), im Kopf ordnen und zu ihrem bereits vorhandenen Wissen in Beziehung setzen (O für Organisation) und schließlich in das komplexe Netzwerk des eigenen Denkens einarbeiten (I für Integration).

Bei Imhofs Modell handelt es sich um eine stark kognitive, informationsbezogene Sichtweise des Prozesses. Sie ist angelehnt an Strategien und Haltungen, mit denen Leserinnen und Leser einem geschriebenen Text begegnen. Diese Perspektive eignet sich ganz besonders gut, wenn man Zuhörsituationen in Lehr-Lern-Kontexten beschreiben möchte. Hier geht es ja in erster Linie darum, Neues zu erfahren und zu behalten, d. h. in die eigenen Wissensbestände zu integrieren. Alle Teilschritte, also eine bestimmte Zielsetzung im Zuhörprozess (*Intention*), das gezielte Auswählen dessen, was im Sinne dieser Zielsetzung relevant ist (*Selektion*), die innere Verarbeitung und Rekonstruktion (*Organisation*) und die Verknüpfung mit den bereits vorhandenen Ideen und Vorstellungen (*Integration*), können in Lernsituationen bewusst gemacht und gezielt gesteuert werden, um Zuhörprozesse zu verbessern (vgl. Kapitel 7.1).

Aber nicht immer sind Zuhörsituationen in erster Linie Lernsituationen. Neben der Wissensgewinnung zielt Zuhören oft vor allem darauf ab, die Kommunikation und die Beziehungen zwischen den Anwesenden zu gestalten. Es hat dann in erster Linie soziale, interaktive Funktionen. Um allgemeiner beschreiben zu können, was auch in solchen Situationen mit einer solchen kommunikativen Zielsetzung beim Zuhören passiert, wird das Modell von Imhof im Folgenden adaptiert und dabei erweitert.

Ausgangspunkt der Darstellung ist „je meine“ individuelle Lage und Befindlichkeit in einer bestimmten Situation. Dazu gehören

ÜBRIGENS: JE ICH

Die Formulierung „je mein ...“ stammt aus der subjektwissenschaftlichen Psychologie, die im Gefolge der Studentenbewegung der 1960er- und 70er-Jahre von Klaus Holzkamp und anderen entwickelt wurde. Kritische Überlegungen zum Verhältnis von Wissenschaft und Gesellschaft führten zu der Forderung, die Psychologie habe nicht das einzelne Subjekt zu untersuchen, „sondern dessen Welt, wie sie von ihm empfindend, denkend und handelnd erfahren wird“ (Holzkamp 1983). Dabei handelt es sich aber nicht um eine individuelle Ansicht, die von außen als „falsch“ oder „richtig“ bewertbar ist, sondern um einen verallgemeinerbaren (also *je meinen*) individuellen Standpunkt.

- längerfristige oder aktuelle Haltungen und Überzeugungen, auch über mich selbst (z. B.: „Zuhören ist wichtig“ oder: „Ich kann gut zuhören“),
- die Einschätzung der eigenen sozialen Rolle generell und in der spezifischen Situation (z. B.: „Die anderen haben alle mehr Ahnung als ich“ oder: „Wenn ich jetzt nachfrage, könnte das als Kritik verstanden werden“) sowie
- die Einschätzung der anderen, ihrer Rollen und Beziehungen untereinander und auch zu mir (z. B.: „Die kennen sich hier alle schon ewig“ oder: „Mein Gegenüber möchte, dass ich das ganz genau verstehe“).

Hinzu kommt natürlich die Haltung zum Thema oder Gegenstand des Gesprächs, aber auch das eigene Wissen über das Thema, über zurückliegende Gespräche zum gleichen Gegenstand, persönliche Ziele und Interessen usw. Diese Befindlichkeit bildet gewissermaßen den Boden, auf den die „Saat“ des Gesprächs fällt.

Was man dabei wahrnimmt, ist zunächst eine Vielfalt an akustischen und im Normalfall auch visuellen Signalen. Sie lassen sich unterteilen in „digitale“ Signale einerseits, also solche, bei denen die Beziehung zwischen dem Signal und seiner Bedeutung willkürlich ist. Das trifft auf den verbalen Gehalt von sprachlichen Äußerungen zu: Das Wort für unseren Erdtrabanten ist nur im Deutschen Mond, derselbe Himmelskörper ist aber auch gemeint, wenn jemand *lune, moon, yuèliang, luna* oder *księżyc* sagt.

Andererseits gibt es „analoge“ Signale, bei denen die Beziehung zwischen Signal und Bedeutung eher unwillkürlich ist. Wir erkennen beispielsweise zumeist an der Stimme, ob wir ein Kind oder eine erwachsene, eine ältere oder eine jüngere Person hören, ob sie heiser ist oder eine verstopfte Nase hat etc. Das hat mit der Physiologie der Sprechenden zu tun, an der sie wenig ändern können.

An der Stimme und Stimmführung hören wir aber auch, ob jemand emotional erregt oder unbeteiligt ist, welchen Teil der Äußerung er oder sie besonders hervorheben möchte, ob eher eine Aussage gemacht oder eine Frage gestellt wird. All diese analogen Signale begleiten den Wortlaut stimmlich; sie werden *paraverbale* Signale genannt.

Zu den *nonverbalen* Signalen zählen die nicht hörbaren kommunikativen Zeichen. Prominent sind die Mimik und Blickbewegungen sowie Gestik mit Händen und Armen, mit der wir unser Sprechen (und auch das Zuhören) begleiten. Wir nehmen aber auch wahr, wie unser Gegenüber sich körperlich im Raum platziert, ob jemand zum Beispiel „auf Abstand geht“, sich raumgreifend „breitmacht“ oder eher „zurückzieht“. Wir sehen Kleidung, Schmuck, Frisur, Tattoos usw. Dieser Prozessbaustein im S-O-I-Modell ist deswegen mit *Hören und Sehen* überschrieben – streng genommen könnte man mindestens das Riechen auch hinzunehmen.

Wir hatten schon gesehen, dass es unmöglich ist, all diese Signale nicht zu hören (die Augen kann man immerhin schließen). Was wir aber wahrnehmen, das ist eine zumeist eher kleine *Selektion* des Ganzen, eine Auswahl, die wir nach Maßgabe unserer aktuellen Lage und Befindlichkeit treffen. Anders als bei einer bewussten Zuhörstrategie, z. B. zu Beginn eines Vortrages (vgl. Kapitel 7.1), findet diese Auswahl nur zum Teil bewusst statt – den vermutlich größeren Anteil unserer Wahrnehmung hat unser Hirn für uns schon vorsortiert, ohne dass wir bewusst eingreifen mussten (oder konnten).

Was uns hingegen durchaus ins Bewusstsein dringt, ist das Verstehen im Prozess: Durch das Organisieren des Wahrgenommenen werden Äußerungen und Äußerungspakete, Bedeutungen, Intentionen verstanden, strukturiert und zueinander in Beziehung gesetzt. Dabei werden alle möglichen Aspekte des eigenen Vorwissens herangezogen, um Zusammenhänge herzustellen und damit ein kohärentes Bild des Gesprächsganzen oder auch einzelner Aspekte oder Abschnitte zu gewinnen. Dieses Bild darf man sich nicht als ein Abbild der Wirklichkeit vorstellen, sondern als aktiv hergestellte und mit eigenen Deutungen versehene Rekonstruktion vor dem Hintergrund der jeweils eigenen Verfassung.

Als *Lernen* im weitesten Sinne, besser aber als *Assimilation* (Angleichung) kann schließlich die *Integration* dessen, was verstanden wurde, in das eigene System von Wissensinhalten, Emotionen und Schemata beschrieben werden: Das Verstandene gleichen wir mit dem ab, was wir kennen, denken, fühlen, meinen etc. Wir bewerten z. B. als passend oder unpassend, erwartbar oder überraschend, akzeptabel oder unmöglich, bedeutsam oder irrelevant. Im Lichte dieser Wertungen verändern wir unser bisheriges Set an Wissen, Meinungen, Überzeugungen, z. B. durch Erweiterung oder Umbau. Ebenso ist es natürlich möglich, eine solche Anpassung gerade zu verweigern. Für den permanenten Abgleich zwischen Bisherigem und Neuem sorgt ein psychischer Überwachungsprozess („Monitoring"). Dieser Monitor kann auch rückwirkend eine Neuorganisation des Verstandenen anstoßen.

Solche Prozesse, die sich übrigens sogar in psycholinguistischen Experimenten nachweisen lassen (vgl. Dietrich/Gerwien 2017, S. 185 ff.), können auf Satzebene vonstattengehen. Das zeigt sich, wenn man Versuchspersonen Äußerungen vorspielt, die uneindeutig bleiben oder anders enden als erwartet, sogenannte Holzweg-Sätze (z. B.: *Ich verspreche dir keine Geschenke anzunehmen*). Sie finden aber auch in größeren, übersatzmäßigen Einheiten statt. Beispiele sind:

- ein Konfliktgespräch, bei dem eine neue Information das Bisherige in einem ganz anderen Licht erscheinen lässt,
- eine Gesprächssituation, bei der man (nur) wegen der Reaktionen der anderen versteht, dass etwas als Scherz gemeint war,

- ein lauter Bahnsteig, auf dem man die scheppernde Ansage nur versteht, weil man zumindest ungefähr weiß, welche Informationen in etwa zu erwarten sind.

Diese Art der Orientierung wird auch ermöglicht durch sogenannte *Skripte*. Kompetente Sprachteilnehmerinnen und -teilnehmer verstehen nicht nur Wörter, Grammatik, Prosodie usw., sondern sie wissen auch, wie bestimmte soziale Situationen typischerweise ablaufen. Wer über ein solches Wissen verfügt, baut schon im Vorfeld Hörerwartungen auf, die das Verstehen erleichtern. Beispielsweise fragt beim Bestellen an der Theke eigentlich niemand nach meinem Namen. Wenn ich aber weiß, dass in einem bestimmten Café mein Name auf den Becher geschrieben wird, verstehe ich die Frage besser, als wenn sie gänzlich unerwartet kommt.

Das in Anlehnung an Imhof so ausbuchstabierte Modell des Zuhörprozesses soll helfen, den psychischen Prozess zu verstehen, der in einer konkreten Zuhörsituation abläuft. Ob dieser Prozess normalerweise gelingt, ob also jemand gut zuhören kann oder auf besonders günstige Bedingungen angewiesen ist, hängt von verschiedenen Faktoren ab. In Anlehnung an ein prominentes Modell der Lesekompetenz (von Rosebrock/Nix 2008) kann man diese Komponenten der Zuhörfähigkeit auf drei Kompetenzebenen beschreiben, nämlich einer Prozessebene, einer Subjektebene und einer sozialen Ebene (s. Abbildung 13).

Die Grundidee dieses Mehrebenen-Modells ist, dass die drei Ebenen nicht als separate Teilfähigkeiten verstanden werden, sondern als Dimensionen, die sich gegenseitig stützen, aber auch behindern können. Auch ist hier keine Erwerbsreihenfolge (im Sinne z. B. von „Stufen“) abgebildet. Beide Modelle, das Lese- und das Zuhörmodell, betonen vielmehr, dass den Leistungen einer Person in ihrem sprachlichen Handeln in einem konkreten Moment zahlreiche Fähigkeiten, persönliche Erfahrungen und individuelle Eigenschaften zugrunde liegen.

Keine der Komponenten wird dabei als festgelegt und unveränderlich angenommen. Vielmehr können sich all diese situationsübergreifenden Aspekte auch verändern. Wenn wir neue Erfahrungen machen, diese reflektieren und auf unser eigenes Handeln beziehen, dann verändert sich permanent das Gesamtgefüge unserer Zuhörkompetenzen.

In diesem Sinne ist das Modell didaktisch orientiert, denn es bezieht den Standort und die Entwicklung der ganzen Person mit ein. Aufgabenstellungen, Übungen und Zuhörstrategien können jeweils speziell auf eine der Ebenen abzielen. Sie strahlen aber durch das permanente Wechselspiel von sprachlicher Handlung, Selbst-Bewusstsein und sozialem Umfeld auf alle Ebenen ab.

Abbildung 13: Ein didaktisch orientiertes Mehrebenenmodell der Zuhörfähigkeit: das Lesekompetenzmodell von Rosebrock und Nix, erweitert um die Dimension der auditiven Informationsverarbeitung von Ruth Gschwend (2014) und Hanna Kröger-Bidlo (2018).

5.1.1 Prozessebene

Der Prozess des Zuhörens umfasst das, was schon in dem Modell von Margarete Imhof beschrieben wurde, nämlich alles, was in einer konkreten Zuhör-Situation im Kopf der Zuhörenden passiert: Auf der Basis des eigenen Sprach- und Weltwissens wird der Lautstrom segmentiert und den verbalen, prosodischen und nonverbalen Signalen wird Sinn zugewiesen. Das betrifft zum einen die Inhalte einzelner Äußerungen (*lokale Kohärenz*), aber auch deren Bedeutung in einem umfassenderen Sinne (*globale Kohärenz*). Dafür ziehen wir beim Zuhören auch unser Wissen über sprachliche Konventionen, über soziale Intentionen und über das kommunikativ Vorangegangene heran.

Die Erwartungen an das, was in einer bestimmten Situation wahrscheinlich ist (*top-down*), steuern das Verstehen ebenso wie einzelne akustische und visuelle Merkmale der Situation (*bottom-up*). Dieses Wechselspiel von Top-down- und Bottom-up-Prozessen scheint unsystematisch abzulaufen: Wir nehmen gewissermaßen, was wir kriegen können, und zwar genau so lange, bis wir subjektiv den Eindruck haben, verstanden zu haben. Welche Inhalte auf dieser Grundlage ausgewählt und weiterverarbeitet werden, ist nicht zufällig, sondern abhängig von den eigenen bewussten oder unbewussten Zuhörintentionen. Ausgegliedert wird, was *aus der Perspektive des Subjekts* in einer spezifischen Zuhörsituation relevant ist.

Wer beispielsweise abends einer Meteorologin bei der Wettervorhersage zuhört, ist möglicherweise vor allem daran interessiert, ob ein Badeausflug wie geplant stattfinden kann. Das Wetter in anderen Regionen ist dann weniger interessant. Vorstellbar ist aber auch, dass man vor allem die Erklärungen zur Großwetterlage spannend findet oder sich vor allem für den souveränen Umgang mit den zahlreichen Wetterkarten und den schwierigen Fachbegriffen begeistert. Kaum jemand wird daher fähig sein, *alle* Informationen zu verarbeiten und ggf. sogar wiederzugeben.

Damit steuern Interesse und Motivation des Individuums gelingende Zuhörprozesse; eine wirksame Zuhörstrategie ist daher die zielgerichtete Steuerung der eigenen Intentionen beim Zuhören. Hinzu kommt die Fähigkeit, die eigene Aufmerksamkeit auszurichten und – ggf. über einen längeren Zeitraum – aufrechtzuerhalten.

Die Rolle der Konzentration beim Zuhören hat Ruth Gschwend (2014) bei 350 Sechstklässlerinnen und Sechstklässlern untersucht. Ihre Ergebnisse zeigen einen erheblichen Einfluss der Konzentrationsfähigkeit auf die Hörverstehensleistung. Schülerinnen und Schüler, denen es (zumindest im Moment) schwerfällt, störende Einflüsse auszublenden, haben ungünstige Voraussetzungen für sämtliche Prozesse, die nur innerlich ablaufen (dazu gehört neben dem Zuhören auch das Nachdenken, Kopfrechnen oder stille Lesen). Ursachen für schlechte Konzentration sind vielfältig, genannt werden etwa mangelnder Schlaf, fehlende Ruhepausen, zu wenig Bewegung, Flüssigkeitsmangel, Sorgen und Ängste, Desinteresse und Langeweile, zu hohe Aufgabenkomplexität, zu viele Umweltreize, Multitasking. Betroffen sind auch einige Kinder und Jugendliche mit Förderschwerpunkt Lernen oder ADHS.

Auf der Prozessebene setzen Maßnahmen an, die Zuhörbedingungen verbessern. Neben rein akustischen Verbesserungen, bei denen man z. B. mit Trennwänden, Kopfhörern oder räumlicher Trennung Ablenkungen reduziert, gehören dazu auch solche, die auf eine verbesserte Aufmerksamkeitssteuerung abzielen (vgl. die Aufgabenideen zu diesem Abschnitt).

5.1.2 Subjektebene

Auf der Subjektebene des Modells sind eher situations*überdauernde* kommunikative Eigenschaften einer Person verortet: Wie offen und interessiert oder verschlossen und zurückgezogen ist jemand? Werden Auseinandersetzungen eher als anregend oder nur als belastend empfunden? Übernimmt jemand gern die Führung oder passt sich lieber an? Solche Eigenarten sind über einen längeren Zeitraum erworben und im Laufe der Zeit zu einem Teil der Persönlichkeit geworden. Sie sind deswegen vergleichsweise stabil, werden aber ebenfalls nicht als unveränderlich angesehen. Zur sozialen Ebene gehören auch zahlreiche Wissensaspekte wie etwa Sprachkenntnisse, Weltwissen, Erfahrungen mit unterschiedlichen sozialen Situationen, erworbene Strategien beim Zuhören usw. Hinzu kommen persönliche Interessen und Vorlieben sowie das Wissen über sich selbst und die Selbsteinschätzung der eigenen Fähigkeiten und Möglichkeiten (Selbstkonzept).

Dass beispielsweise die Konzentrationsfähigkeit unter den oben genannten Bedingungen leiden kann, ist offensichtlich. Aber auch solche Bedingungen betreffen einige Menschen mehr als andere. Speziell bei Kindern und Jugendlichen mit Förderschwerpunkt *Emotionale und soziale Entwicklung* (ESE) können sich Schwierigkeiten bei der Aufmerksamkeitssteuerung zeigen. Da Prozess- und Subjektebene miteinander verwoben sind, kann man solchen situations*übergreifenden* Eigenarten von Schülerinnen und Schülern zum einen situativ begegnen wie oben beschrieben. Zum anderen gilt es, Strategien, die sich als wirksam erwiesen haben, in das Verhaltensrepertoire der Schülerinnen und Schüler zu überführen. Es mag trivial erscheinen, aber eine zentrale Fähigkeit ist es, nachzufragen, wenn man etwas nicht verstanden hat. Das setzt voraus, dieses Nichtverstehen überhaupt zu bemerken (s. dazu den Abschnitt zu Zuhörstrategien in Kapitel 5.5). Es braucht aber auch eine Lern- und Neugierkultur im Unterricht, die gerade das Fragen zulässt und belohnt und nicht nur die Darbietung von Wissen.

Auch die erworbene bzw. erwerbbare Fähigkeit zur Selbstbeobachtung und Selbstregulierung gehört zur Subjektebene, ebenso wie die Bereitschaft, zuhörend Verantwortung für eine Gesprächssituation zu übernehmen, also beispielsweise jemanden durch konzentrierte Hinwendung in seiner Äußerung zu unterstützen – oder auch bewusst die Aufmerksamkeit zu entziehen.

Die globale Aufforderung: „Ab jetzt hören alle mal bitte gut zu!" setzt voraus, dass die Schülerinnen und Schüler das Geforderte aus ihrem Verhaltensrepertoire abrufen können. Es ist die Aufgabe des Unterrichts, dieses Repertoire zu erweitern.

5.1.3 Soziale Ebene

Die soziale Ebene umschließt die zentralen kognitiven Prozesse (Prozessebene) sowie die subjektiven Bedingtheiten (Subjektebene). Kinder, Jugendliche und auch Erwachsene waren und sind eingebunden in umfassende gesellschaftliche, familiäre, schulische, kollegiale, freundschaftliche Strukturen, die sich für die kommunikative Entwicklung als unterstützend oder auch als hinderlich erweisen können. Unterschiedliche Zuhörerfahrungen und Vorbilder bestimmen das Bild vom Zuhören, von der eigenen Rolle und Verantwortung als Zuhörer bzw. Zuhörerin und auch von variablen Zuhörhaltungen: Sehe ich Zuhören vor allem als passiv-abwartendes Schweigen oder kann ich mir auch Situationen denken, in denen gerade das aktive Zuhören einen Gesprächsverlauf voranbringt oder aufmerksames Zuhören mir im Streitgespräch einen Vorteil verschafft? Gibt es Möglichkeiten, ganz unterschiedliche Zuhörhaltungen zu erleben und diese auch bewusst einzunehmen, beispielsweise entspannt zurückgelehnt ein Musikstück genießen, ein Hörbuch nebenbei zur Unterhaltung hören, zur Unterrichtsvorbereitung ein Erklärvideo ansehen, einen Podcast zu einer aktuellen politischen Streitfrage verfolgen usw.

Solche individuellen Hörsozialisationsprozesse stehen in Wechselwirkung mit der Subjektebene. Sie verdeutlichen auch die Rolle der Schule, die neben Familie und Peers eine Sozialisationsinstanz darstellt. So kann man sich auf der sozialen Ebene der unterschiedlichen Hörräume und Hörkulturen bewusst werden, in die das eigene sprachliche Handeln eingebunden ist. Dafür ist es zuallererst wichtig, dass Schülerinnen und Schüler erleben dürfen, wie ihnen interessiert und respektvoll zugehört wird. Auch auf dieser Ebene können aber gezielte Übungen für ein besseres Bewusstsein des eigenen Zuhörverhaltens und -erlebens sorgen. Aktivitäten wie Vorlesezeiten, Konzertbesuche, Vorträge, Diskussionen im Klassenrat usw. können dafür bewusst als Zuhörsituationen herausgestellt werden. So lenkt man die Aufmerksamkeit gezielt auf das, was Zuhören in dieser speziellen Situation besonders ausmacht. Die Erfahrungen und Strategien der Schülerinnen und Schüler können anschließend ausgetauscht werden: Was hat beim Zuhören geholfen? Was war störend? Was wünsche ich mir von den anderen?

Zudem ist es sinnvoll, im Unterricht immer wieder Zuhöraktivitäten systematisch aus einer Gesprächssituation herauszulösen. Diese durchaus künstliche Trennung zielt darauf ab, eine Sensibilisierung für das Zuhören, seine Wahrnehmung und Reflexion zu ermöglichen.

Bislang sah es so aus, als wäre das Zuhören eine relativ einsame Tätigkeit einzelner Personen. Das ist natürlich eine Vereinfachung, denn es soll nicht aus dem Blick geraten, dass alle anderen Gesprächsbeteiligten, seien sie nun in einem bestimmten Moment Zuhörende oder Sprechende, an den

Bedingungen mitwirken, unter denen solche Zuhörprozesse gelingen oder auch schiefgehen können, erleichtert oder erschwert werden: Eine Atmosphäre des gespannten, konzentrierten Lauschens wird von allen Anwesenden hergestellt. Und selbstverständlich trägt die Art des Sprechens erheblich dazu bei, dass man gut zuhören kann. Immer ist es also auch die Aufgabe der Sprechenden, die Aufnahmefähigkeit, das Sprachniveau, das Vorwissen etc. der Zuhörenden zu berücksichtigen. Nehmen wir also als Nächstes das in den Blick, was beim Sprechen passiert.

A

Aufgaben und Ideen für den Unterricht

Schweigeminute (kein Material nötig)
Um zur Ruhe zu kommen und die Konzentration zu fördern, schließen die Schülerinnen und Schüler für eine Minute die Augen oder blicken auf einen Punkt vor sich auf dem Tisch (z. B. ein Kieselstein, ein leeres Blatt, die eigenen Hände). Sie achten auf ihren Atem oder auf die Geräuschkulisse des Klassenraums. Die Schweigeminute muss eingeübt und regelmäßig wiederholt werden. Der Zeitraum kann nach und nach auch verlängert werden, soll aber immer für alle gut auszuhalten sein. Die Lehrperson markiert Anfang und Ende durch ein vereinbartes Signal (z. B. mit einer Klangschale).

Bewegungskick (kein Material nötig)
Auch Bewegungsmangel kann eine Ursache für Konzentrationsschwierigkeiten sein. Vor oder nach einer konzentrierten Arbeitsphase stehen alle auf, stellen sich hinter ihren Stuhl und machen Kniebeugen (z. B. zu einer improvisierten Fahrstuhlgeschichte) oder tanzen zu einem bekannten Lied (*YMCA*, *Macarena*).

Gedächtnis- und Konzentrationsspiele (Material: Klassenspielothek)
Spiele wie Memory, Schach, Skat oder auch Puzzles in angemessener Schwierigkeit erfordern Aufmerksamkeit, ohne dass deren Training im Mittelpunkt steht.

Nummer 1 fängt an (kein Material nötig)
Die Schülerinnen und Schüler spielen in Gruppen zu maximal 15 Mitgliedern. Sie bilden einen Halbkreis, zählen einmal laut durch und merken sich ihre Zahl. Nun beginnt Nummer 1 und nennt eine andere Zahl (z. B. 4). Wer diese Zahl hat, nennt eine weitere Zahl (z. B. 7) usw. Wer zu langsam, falsch oder gar nicht reagiert, geht an die Position des Halbkreises. Dadurch verschieben sich einige oder alle Nummern. Die Spielenden müssen schnell ihre neue Nummer ermitteln, denn Nummer 1 beginnt direkt mit einem neuen Durchgang. Man braucht also große Konzentration und lernt, mit Freude und ohne Angst vor Fehlern zu spielen. Eine Vorgabe, besonders schnell zu sein, gibt es nicht. Nur mit Ruhe und Konzentration der ganzen Gruppe ist die Aufgabe zu erfüllen. (Idee: Stephanie Höll)

Selbst-Check (kein Material nötig)
Schülerinnen und Schüler können lernen, ihr eigenes Zuhören zu beobachten und nach und nach auch zu steuern, indem sie regelmäßig kleine Reflexionsaufgaben erhalten:

- Wie aufmerksam habe ich gerade in diesem Moment zugehört?
- Wo genau waren meine Gedanken und wie sind sie da hingekommen?
- Was hat mir geholfen zuzuhören oder was hat mich gehindert?
- Wie zeige ich dem oder der anderen, dass ich zuhöre?

Gut zuhören – schlecht zuhören (Material: Sprech- und Zuhörkarten: M7)
Die Schülerinnen und Schüler bekommen einen Satz mit „Sprechkarten" und „Zuhörkarten".

Was isst du gern? Was magst du überhaupt nicht? Erzähle davon.	Höre nur zu, ohne etwas zu sagen! Lächele den Sprecher bzw. die Sprecherin aber freundlich an.

Sie ziehen jeweils verdeckt eine Karte und erfüllen die Aufgabe mit verteilten Rollen. Wenn alle mindestens zweimal gesprochen und zweimal zugehört haben, tauschen sie sich über ihre Beobachtungen an den anderen und an sich selbst aus: Welche Wirkung hat gutes und schlechtes Zuhören? Wie fühlt es sich an, unpassend zu reagieren? Im Klassengespräch können aus diesen Erfahrungen Gesprächsregeln abgeleitet werden. (Idee: derdiedaf.com)

Dictogloss (M8)
Zwei Personen lesen einen Dialog vor. Anschließend sollen die Schülerinnen und Schüler in Partnerarbeit versuchen, das Gehörte so genau wie möglich zu wiederholen. Dabei kann variiert werden, ob der Text wörtlich reproduziert oder paraphrasiert werden soll. Im Anschluss tauschen sich die Schülerinnen und Schüler über ihre Erfahrungen aus. Es zeigt sich, dass eine wörtliche Wiedergabe kaum möglich ist, weil man beim Zuhören eher Bedeutungen und seltener Formulierungen abspeichert. (Idee: Magnus Wilson)

Bedeutung und Betonung (Material: Karten mit Sätzen, s. M9)
Reihum wird jeweils eine Karte mit einem Satz gezogen. Die Aufgabe ist es, den Satz mit möglichst vielen verschiedenen Betonungen (Wortakzenten, Intonationen) zu lesen, sodass er unterschiedliche Bedeutungen bekommt. Dabei soll der Wortlaut nicht verändert werden. Die Lernenden beschreiben, wie die unterschiedlichen Bedeutungen hergestellt werden.

Beispiel: *Musst* du da heute unbedingt hin? Musst *du* da heute unbedingt hin?
Musst du da *heute* unbedingt hin? Musst du da heute *unbedingt hin*?

Auf Blanko-Karten können die Schülerinnen und Schüler das Spiel um eigene Sätze ergänzen. (Idee: Helge Weinrebe)

Stimmenprofil

Der Lerngruppe wird ein Hörtext vorgespielt. (Eine große Auswahl unterschiedlichster kostenloser Hörtexte findet sich beispielsweise bei vorleser.net, für jüngere Schülerinnen und Schüler auch unter www.ohrka.de). Die Übung kann auch zum Einstieg für eine Klassenlektüre – als „teaser" genutzt werden. Die Lernenden sollen versuchen, sich die Person vorzustellen, deren Stimme sie hören: Ist sie älter oder jünger, groß, klein, dick, dünn, wie sieht ihr Gesicht aus, was könnte sie anhaben ...?

Zunächst jede und jeder für sich zeichnen die Schülerinnen und Schüler die Person, die sie sich vorstellen, oder beschreiben sie in Stichworten. Anschließend werden die Beschreibungen miteinander verglichen und mit den stimmlichen Merkmalen in Verbindung gebracht: Was haben die Lernenden in den Stimmen gehört? An wen hat es sie erinnert? Woran haben sie sich orientiert?

Black Stories

„Black stories" sind Kartenspiele mit oft skurrilen oder auch makabren Geschichten, bei denen ausgehend von einer sehr knappen Situationsbeschreibung gemeinsam durch Nachfragen ermittelt werden muss, wie es dazu kam. Die Fragen dürfen nur mit „Ja" oder „Nein" beantwortet werden.

Beispiel: Ein Mann stieg aus einem großen Fahrzeug und nahm sich das Leben.

Lösung: Der Mann war Landwirt und fuhr seinen Mähdrescher in das Maisfeld, in dem seine Kinder unerlaubt Verstecken spielten. Als die Maschine stockte und er erkannte, dass er seine Kinder überfahren hatte, nahm er sich das Leben.

Um konzentriertes Zuhören zu belohnen, bietet es sich an, zwei Teams gegeneinander spielen zu lassen – das Fragerecht wechselt, wenn ein Team ein „Nein" kassiert. Eine Herausforderung besteht darin, sich von einer Idee wieder zu lösen, wenn sie sich durch neue Informationen als falsch herausstellt. Um diesen Effekt zu verstärken, kann man Minuspunkte für Fragen einführen, die – in diesem Sinne – falsch sind. (Idee: moses-verlag.de)

Fünf Dinge

Diese Übung zeigt die Kraft der Bestätigung durch ein wohlmeinendes Publikum. Alle Personen stehen im Kreis. Eine Person beginnt und stellt einer anderen eine Aufgabe: Sie soll fünf Dinge mit einer bestimmten Beschreibung aufzählen (z. B. Dinge, die du dir in die Haare schmierst, Dinge, die grün sind, Dinge, die du nicht in deinem Schuh finden willst. Je absurder und ausgefallener, desto besser).

Die andere Person beginnt aufzuzählen, so schnell wie möglich (keine Lücke). Jedes Mal zählt die ganze Gruppe mit (mit großer Emphase und Energie). Bei „fünf" ruft die ganze Gruppe „fünf Dinge" und die Person darf die nächste Aufgabe stellen. (Idee: https://improwiki.com/)

5.2 Gesprächsprozess und Gesprächskompetenzen

In diesem Kapitel stehen Gespräche im Mittelpunkt, wie wir sie aus unserem Alltag kennen: Zwei oder mehr Personen „verständigen sich – zur Realisierung spezifischer Ziele und Zwecke“ (Fiehler 2011, S. 88). Das können sehr unterschiedliche Zwecke sein (Trösten, Tratschen, einander zum Lachen bringen, vom Urlaub erzählen, sich verabreden, Informationen abgleichen, um nur ganz wenige zu nennen). Nur selten setzen die Beteiligten diese Zwecke bewusst um und genauso selten dient ein Gespräch nur einem einzigen Zweck.

Aber wann und in welcher Abfolge entwickeln Kinder eigentlich welche Sprachkompetenzen? Aus der Entwicklungspsychologie, Psycholinguistik und verwandten Forschungsrichtungen liegen umfangreiche Untersuchungen zu Prozessen in der frühen Kindheit vor. Arbeiten zum Erwerb *im Schulalter* und insbesondere über das Grundschulalter hinaus fokussieren in der Regel vor allem gestörte Erwerbsprozesse oder widmen sich der Beschreibung des Zweitspracherwerbs, der in Teilen eigenen Regeln folgt. Forschungen zu einer Entwicklungs-Psycholinguistik des späteren Spracherwerbs (Schul- und Erwachsenenalter) sind hingegen spärlich. So mag der falsche Eindruck entstehen, dass der Spracherwerb in allen anderen Fällen mit Schuleintritt mehr oder weniger abgeschlossen ist und nur dann Aufmerksamkeit erfordert, wenn sich Abweichungen vom ungestörten Verlauf zeigen.

Allgemein kann man aber sagen: Insofern das Gesprächeführen soziales Handeln ist, ist der Erwerb der Fähigkeit, sich an Gesprächen zu beteiligen, (auch) ein permanenter Prozess der Sozialisation und Enkulturation: Auf allen Ebenen lernen Kinder und Jugendliche *im Tun*, wie man sich an Gesprächen beteiligt. Allerdings gibt es dafür keinen allgemein verbindlichen Standard. In Bezug auf bildungssprachliche Praktiken beispielsweise haben Kinder und Jugendliche im familiären und außerschulischen Umfeld sehr unterschiedliche Erwerbskontexte. Auch auf diese hat die Schule und speziell der Deutschunterricht zu reagieren.

Die Organisation von Gesprächen erfolgt sequenziell, das heißt, sie erstrecken sich in der Zeit: Die Beteiligten wechseln dabei Zug um Zug (englisch: *turn-by-turn*) permanent zwischen den Rollen als Zuhörende und Sprechende, und sie nutzen alle Arten von sprachlichen Signalen (verbale, para- und nonverbale Zeichen), um die Abfolge ihrer jeweiligen Gesprächszüge miteinander zu koordinieren. Alle Beteiligten erkennen an einem Kopfheben, Einatmen, einer Geste, an einem eingeworfenen „Aber …“, dass jemand den nächsten Zug für sich beansprucht. Sprecherinnen und Sprecher zeigen ebenfalls durch Blickkontakte, Intonation, Körperbewegungen oder Ähnliches an, dass sie den eigenen Zug in Kürze beenden werden oder dass sie noch weitersprechen wollen. Dabei beeinflussen sie sich permanent gegenseitig:

> „Jeder Zug eines Gesprächsbeteiligten ist gesteuert von einem oder mehreren vorangehenden Äußerungen im Gespräch und steuert gleichzeitig seinerseits die möglichen Anschlusszüge. Die Anschlussfähigkeit einer Äußerung bzw. einer Sequenz von Äußerungen [...] an einen jeweils gemeinsam aufgebauten Kontext ist also sowohl inhaltlich wie formal zu unterschiedlichen Graden eingeschränkt. Die meist beschriebene (aber nicht die einzige) Form solcher Zugzwänge sind die sog. Paarsequenzen wie Frage – Antwort, Einladung – Annahme/Ablehnung etc. (Jefferson 1972). Diese Zugzwänge operieren lokal, d. h. sie steuern jeweils unmittelbar angrenzende Äußerungen im turn-by-turn talk." (Quasthoff 2009, S. 86)

Solche lokalen Sequenzen sind aber eingebettet in größere, globale Strukturen von Gesprächen. So kann es in einem Gespräch in erster Linie darum gehen, sich gegenseitig etwas zu erzählen oder gemeinsam ein Problem zu lösen. Für eine kompetente und erfolgreiche Teilnahme ist es wichtig, diesen jeweiligen Zweck zu erkennen und passend daran mitzuwirken. Das folgende Beispiel eines Gesprächsausschnittes zwischen insgesamt fünf Mädchen macht das deutlich: Blanca erzählt von einem Spaßbad in München.

Wasserrutsche

C2w-Gy1-K1; Beteiligte: Nele (Ne), Luna (Lu), Emma (Em), Sophia (So), Blanca (Bl)

Bl	*der WA_R (.) ne RUTsche;*
	ne WASserrutsche-
	die ging HOCH=ne;
	da war SO viel strömung;=
	=dass die HOCHging; (-)
	da is man ne rutsche HOCHgerutscht;
So:	*((lacht))*
Em:	*da WAR da;*
Lu:	*(hier rutsch HOCH,) ((zeigt Rutschbewegung nach oben))*
So:	*(boah du RUTSCHT und kommst oben wieder raus;)]*

(Miriam Morek: unveröffentlichtes Transkript aus dem Projekt „DisKo – Diskursive Praktiken in schulischen und außerschulischen Kontexten")

Offenbar ist Blanca die einzige in der Clique, die das Bad tatsächlich besucht hat. Trotzdem beteiligen sich sowohl Luna als auch Sophia an der Beschreibung der Wasserrutsche: Der Wasserstrom ist so stark, dass er die Menschen nach oben trägt *(„da is man ne rutsche HOCHgerutscht")*. Zunächst erntet Blanca für diese Sensation nur ein Lachen von Sophia und setzt an, die Beschreibung des Spaßbades fortzusetzen *(da WAR da;)*, aber statt weiter zuzuhören, illustriert Luna die Beschreibung der Rutsche, indem sie das Ungewöhnliche des Nach-oben-Rutschens verbalisiert (*hier rutsch HOCH*) und dies zusätzlich mit einer Geste visualisiert. Und auch Sophia beteiligt sich an der Herausstellung dieses einen Aspekts, indem sie mit der Interjektion *„boah"* Verblüffung signalisiert und das Unerwartete des Vorgangs reformuliert *(„du RUTSCHT und kommst oben wieder raus")*.

Auf diese Weise heben die Mädchen gemeinsam ein Element der Erzählung besonders heraus und machen es damit zum „Highlight". Solche Ko-Konstruktionen dessen, was für alle Beteiligten von Bedeutung ist, sind typisch für Alltagsgespräche.

Fragt man danach, wer sich in dieser Cliquen-Interaktion als besonders kompetente Teilnehmerin gezeigt hat, so ergibt sich eine Schwierigkeit, denn die beiden Konstrukte „Gespräch" und „Kompetenz" sind in unterschiedlichen Dimensionen angesiedelt: Während Gespräche als Ko-Konstruktionen aller Beteiligten angesehen werden, wird Kompetenz als eine Fähigkeit gedacht, die sich auf eine einzelne Person bezieht:

> „Kompetenzen sind die bei Individuen verfügbaren oder durch sie erlernten kognitiven Fähigkeiten und Fertigkeiten, um bestimmte Probleme zu lösen, sowie die damit verbundenen motivationalen, volitionalen und sozialen Bereitschaften und Fähigkeiten, um die Problemlösungen in variablen Situationen erfolgreich und verantwortungsvoll nutzen zu können." (Weinert 2001, S. 27 f.)

Um diese beiden Perspektiven zusammenzubringen, hat Uta Quasthoff mit Kolleginnen und Kollegen den Begriff der *Diskurskompetenz* beschrieben. Dabei stellt die Fähigkeit, sich an dem gemeinsamen Gesprächszweck entsprechend zu beteiligen, eine Dimension individueller Diskurskompetenz dar: die Fähigkeit zur *Kontextualisierung*.

Anhand zahlreicher Gesprächsdaten, also solcher Transkripte wie oben, konnte diese Fähigkeit auch empirisch rekonstruiert werden: Innerhalb einer gegebenen Situation müssen die Beteiligten anstehende Gesprächsaufgaben erkennen und übernehmen. Damit sind keine vorgegebenen Arbeitsaufträge gemeint, sondern notwendige Anforderungen für ein gelingendes Gespräch: Allen Beteiligten muss möglichst klar sein, wer zu welchem Zweck spricht und wer auf welche Weise zuhört. Die globale Strukturierung eines Beitrages schafft Orientierung und lenkt die Erwartungen der Zuhörerinnen und Zuhörer; so kann man beispielsweise einschätzen, an welchen Stellen Einwürfe oder Zwischenfragen akzeptabel sind, oder man kann absehen, wann ein Beitrag sich dem Ende zuneigt. Und schließlich hat jede Gattung ein für sie typisches Arsenal an sprachlichen und nicht-sprachlichen Formen der Darstellung.

Die einzelnen Gesprächszüge können daraufhin untersucht werden, ob sie der Erledigung des Gesprächszwecks dienen oder nicht. Das kann zum Beispiel bedeuten, einen Zugzwang angemessen zu bedienen bzw. eigene Beiträge passend zum Gesamtgeschehen zu platzieren. Dabei sind immer die kommunikativen Bedürfnisse der anderen mit zu berücksichtigen: Hat mein Gegenüber den eigenen Turn beendet oder geht es noch weiter? Welche Interessen, welches Vorwissen haben die anderen, welche Informationen benötigen sie, um mir folgen zu können? Wann soll ich andere zu Wort kommen lassen? Ist es angemessen, sich an einer bestimmten Stelle das Rederecht zu „erkämpfen"? Passt mein geplanter Beitrag noch oder kann ich mich stattdessen bestätigend einem anderen Beitrag anschließen? Wie anspruchsvoll die Aufgabe der Kontextualisierung für die Einzelnen ist, hängt von der Übersichtlichkeit bzw. Unübersichtlichkeit der Gesprächsbedingungen ab, z. B. von der Zahl der Personen, Themen und Zwecke, aber auch von der individuellen Fähigkeit, den Überblick zu behalten.

Wer über Kontextualisierungskompetenz verfügt, ist also in der Lage, das Geschehen zu überblicken, einzuschätzen, worum es hier gerade geht und welches eigene Handeln angemessen und passend ist. Die Illustration der Wasserrutsche durch Luna beispielsweise wird von Blanca offenbar nicht als Störung oder unangemessene Unterbrechung verstanden: Luna versteht, dass ein solcher Ausbau angemessen ist und bringt sich damit erfolgreich in den unterhaltsamen Diskurs ein. Sie tut das mit einem sehr kurzen Einwurf, der Blancas Turn flankiert, aber nicht beendet.

Blanca wiederum produziert tatsächlich einen längeren Beitrag und steht damit vor einer weiteren Herausforderung: Sie muss nämlich diese längere Einheit so strukturieren, dass die anderen folgen und sinnvoll anschließen können. Diese Fähigkeitsdimension wird als *Vertextungskompetenz* bezeichnet: Die Textur (das Gewebe) eines solchen satzübergreifenden Redebeitrags mit komplexerer Struktur muss so gestaltet sein, dass er insgesamt eine semantische Einheit darstellt (wie Blancas Bericht aus dem Spaßbad). Jüngeren Kindern gelingt es beispielsweise häufig noch nicht, ein Erlebnis so wiederzugeben, dass man ohne Mühe versteht, was sich zugetragen hat. Mit zunehmender Kompetenz kennen aber Kinder, Jugendliche und auch Erwachsene sprachliche Konventionen für solche komplexen Einheiten. Diese haben sich als allgemein verfügbare „Musterlösungen" für wiederkehrende kommunikative Zwecke herausgebildet bzw. entstehen auch künftig neu.

Solche Konventionen sind der Kern von schriftlichen Textsorten bzw. mündlichen Gattungen: Ein bestimmter Zweck (erzählen, berichten, beschreiben, erklären) lässt sich am besten nach einem bestimmten Vertextungsmuster erfüllen. Wer über solche Muster verfügt, kann sich kompetenter und erfolgreicher in Gespräche einbringen.

Eine dritte Dimension ist besonders im Fokus, wenn es um Gesprächskompetenzen geht, nämlich der passende und treffende Einsatz von sprachlichen Mitteln: Ich muss nicht nur wissen, wann welche Art von Gesprächsbeteiligung angemessen ist (Kontextualisierung) und wie ich diese strukturiere (Vertextung), sondern ich benötige auch ein passendes und möglichst flexibel verfügbares Repertoire von Wörtern, Formulierungen und Redewendungen zur sprachlichen Markierung. Solche verbalen, aber auch para- und nonverbalen Mittel verweisen nicht nur auf die Themen und Gegenstände, über die gesprochen wird, sondern auch auf sämtliche anderen Aspekte des Gesprächs einschließlich der Strukturierung von Beiträgen, inneren Zuständen, Haltungen, Beziehungen und gegenseitigen Koordination der Beteiligten. Kompetente Gesprächsteilnehmerinnen und -teilnehmer haben sicheren Zugriff auf diese Mittel, sodass die sprachliche Produktion flüssig und quasi automatisch vonstatten geht und somit auch nur wenige kognitive Ressourcen beansprucht.

Anhand der drei Dimensionen Kontextualisierungskompetenz, Vertextungskompetenz und Markierungskompetenz lassen sich nun nicht nur unterschiedlich ausgeprägte Fähigkeiten (zum Beispiel im Vergleich mit Gleichaltrigen) beschreiben. Sie eignen sich auch, um typische Erwerbsverläufe im Schulalter nachzuzeichnen. Unabhängig von einzelnen Gattungen (wie Erzählen, Erklären, Beschreiben) lassen sich die folgenden Erwerbslinien beschreiben (vgl. Quasthoff 2009):

Die *Kontextualisierungskompetenz* haben Quasthoff und Kolleginnen auf der Basis von kindlichen Erlebniserzählungen empirisch untersucht: Die Kinder sollten den Forschenden von einem (inszenierten) ungewöhnlichen Ereignis berichten, bei dem diese jedoch nicht anwesend waren. Während Kinder im Vorschulalter auf explizite Zugzwänge der Erwachsenen angewiesen waren, um ihre Erzählung zu platzieren („Kannst du mir das mal *erzählen*?"), können ältere auch implizite Zugzwänge erkennen und eine entsprechende Äußerung anschließen. Kompetente Sprecherinnen und Sprecher sind zudem auch in der Lage, einen Kontext im Gesprächsverlauf selbst zu schaffen, indem sie zum Beispiel ein neues Thema ins Gespräch einbringen und dann ihren Beitrag entsprechend einpassen.

Zahlreiche Studien haben die Entwicklung der *Fähigkeit zur Vertextung*, also der globalen Strukturierung von längeren Äußerungspaketen untersucht. Prominent sind dabei Arbeiten zum mündlichen und schriftlichen Erzählen (z. B. Boueke u. a. 1995, Becker 2002), aber auch gattungsübergreifende Arbeiten wie die Längsschnittstudie „Text – Sorten – Kompetenz" (Augst u. a. 2007, allerdings für schriftliche Texte). Durchgängig zeigen sich bei jüngeren Kindern eher assoziative, bruchstückhafte Äußerungen, deren inneren Zusammenhang die Zuhörerinnen und Zuhörer mühevoll rekonstruieren müssen. Diese werden mit fortschreitender Entwicklung zunehmend sinnvoll verknüpft, und zwar zunächst eher in Form von linearen Aneinanderreihungen. Später werden auch Strukturierungen beherrscht, in denen es zum Beispiel zu einem Element mehrere Teilaspekte gibt. Kompetente Sprecherinnen und Sprecher orientieren sich an globaleren Gattungsmerkmalen, indem sie etwa eine Höhepunkterzählung rund um ein unerwartetes Ereignis („Planbruch“) herum organisieren oder eine Anleitung vom zu erreichenden Zielzustand her planen („Ziel des Spiels ist es, …“).

Die Fähigkeit zur Markierung schließlich bezieht sich auf die Verfügbarkeit und Nutzung der notwendigen sprachlichen Mittel, mit denen nicht nur über das Thema gesprochen werden kann, sondern auch die Zielsetzung und Struktur eigener Beiträge versprachlicht werden können (Beispiele für einen solchen Markierungswortschatz sind: *mein Thema ist …; … habe ich mir die Frage gestellt …; zunächst – später – im Anschluss daran; erstens – zweitens – drittens; bitte achtet auf …; bevor ich zum Schluss komme; ich fasse zusammen; kurz und gut; wie schon gesagt*).

Wenn Kompetenzen in diesem Bereich weniger ausgeprägt sind, dann zeigt sich das in einem eher grundlegenden Wortschatz mit wenig präzisen Bezeichnungen und insbesondere fehlenden gattungstypischen Ausdrücken. Das kann z. B. der Fall sein, wenn Kinder und Jugendliche noch keine lange Kontaktzeit mit dem Deutschen als Zweitsprache hatten, aber auch in einem sprachlich anregungsarmen Umfeld.

Fortgeschrittene Sprecherinnen und Sprecher sind dagegen in der Lage, typische Markierungen (für Märchen: *… und wenn sie nicht gestorben sind …*) zu verwenden oder sogar produktiv abzuwandeln. Ob jemand über treffende Einzelausdrücke und funktionale Formulierungen verfügt, kann sich auf Art und Umfang der Beteiligung an Gesprächen auswirken. Elke Grundler (2009) belegt z. B., dass ein flexibel verfügbarer (Fach-)Wortschatz sich auf die aktive Beteiligung an Diskussionen und die Komplexität der vorgebrachten Argumente auswirkt. Im Vergleich zwischen unterrichtlich vorbereiteten und unvorbereiteten Diskussionen zeigten sich deutliche Qualitätsunterschiede. Wer sich aber mehr an Gesprächen beteiligt, kann diese auch besser als Ressource für den (weiteren) Erwerb nutzen. Insofern kann der Wortschatz auch im Mündlichen als „Schaltstelle für den schulischen Spracherwerb“ (Steinhoff 2009) begriffen werden, an dem es sich zu arbeiten lohnt:

> „Schon wenige Zahlen verdeutlichen, dass der Wortschatz in der Schulzeit ganz erheblich ausgebaut und ausdifferenziert wird: Der Verstehenswortschatz eines Kindes, das eingeschult wird, umfasst etwa 14.000 Wörter. Der Verstehenswortschatz eines Erwachsenen ist dagegen deutlich größer: Er umfasst, je nach Bildungsgrad des Sprechers, 50.000 bis 250.000 Wörter. Nach Berechnungen von Nagy/Herman (1987) lernt ein Kind zwischen 7 und 16 Lebensjahren pro Jahr etwa 3.000 neue Wörter kennen, im Durchschnitt also 10 bis 15 Wörter pro Tag.“ (Steinhoff 2009, S. 13)

Dass die Arbeit am Wortschatz gemeinhin als eher trocken und langweilig wahrgenommen wird, mag daran liegen, dass wir eine unpassende Vorstellung davon haben, wie wir Wörter speichern. Unser mentales Lexikon ist eben nicht wie eine gedruckte Wörterliste organisiert. Die Linguistin Ulrike Haß bezeichnet das Alphabet sogar als „dumme Ordnung“, denn:

> „Das mentale Lexikon ist ganz sicher nicht alphabetisch geordnet. Das Alphabet hilft unter Umständen beim Finden, aber es ist sogar hinderlich, wenn es ums Wörter-Lernen geht.“ (Haß 2021, S. 56)

Vielmehr organisieren wir jedes Wort (bzw. jede Bedeutungsvariante) in Netzwerken mit unterschiedlichen Ordnungsmustern (beispielsweise Sachnetze; Frames, Scripts, Schemata; Kollokationsfelder; Wortfelder und Begriffsnetze; Wortfamilien, Bewertungs- und Konnotationsnetze; persönliche Assoziationsnetze; Klang- oder Schriftbildnetze; vgl. Kühn 2007).
Wenn aber Wörter, sprachliche Bilder und Redewendungen im Kopf netzartig organisiert sind, dann muss auch die Wortschatzarbeit darauf abzielen, diese bereits vorhandenen Netze zu erkunden und nach und nach zu erweitern. Daraus ergeben sich als Grundsätze für die Wortschatzarbeit:

- Wortschatzarbeit findet im situativen Kontext statt und fragt nicht nur nach der genauen Bedeutung, sondern auch nach den Situationen, Adressatinnen und Adressaten, für die verschiedene Ausdrucksvarianten angebracht sind.
- Wortschatzarbeit zielt auf die (gemeinsame) Suche nach weiteren möglichen, treffenden und situativ angemessenen Ausdrücken ab.
- Wortschatzarbeit findet nicht nur am Nomen statt, sondern an allen Arten von Ausdrücken. Dazu gehören für den mündlichen Sprachgebrauch insbesondere auch Partikeln mit ihren zahlreichen kommunikativen Funktionen (z. B.: *sei still* ↔ *sei bloß still; das hab ich gesagt* ↔ *das hab ich doch gesagt; das ist schön* ↔ *das ist aber schön*).
- Wortschatzarbeit lädt ein zum Experimentieren mit Bedeutungen, eigenen und fremden Wortschöpfungen und neugieriger Sprachbetrachtung, auch im Vergleich mehrerer Sprachen.
- Wortschatzarbeit kann gerade im Mündlichen zur kommunikativen Gewohnheit werden. Entsprechende Fragen, Impulse und Wortspielereien können und sollen vor allem auch von den Schülerinnen und Schülern kommen.

Die Fähigkeiten zur Kontextualisierung, Vertextung und Markierung können sich in jeder Art von Gespräch zeigen. Allerdings unterscheiden sich, wie schon deutlich wurde, verschiedene Anlässe in Alltag, Schule und Beruf teils erheblich hinsichtlich ihrer Anforderungen an die Beteiligten.

Die Fähigkeit zur *Kontextualisierung* differenziert bei sämtlichen Gelegenheiten zwischen erfolgreichen und weniger erfolgreichen Gesprächsbeteiligten. Das kann man sich am besten klarmachen, wenn man sich für verschiedene Situationen des Alltags ein besonders unpassendes Sprachverhalten vorstellt:

- in einem Museum oder einer Bibliothek zu laut sprechen,
- eine Erzählung durch zahlreiche Nachfragen immer wieder unterbrechen,
- einen viel zu detaillierten Bericht geben,
- auffällig häufig eine bestimmte Floskel verwenden,
- auf eine Frage ohne weitere Begründung nicht antworten usw.

Besondere Anforderungen an *Vertextung* und *Markierung* stellen sich in schulischen oder anderen institutionellen Zusammenhängen. Häufiger als im Alltag sind hier von Einzelnen längere Äußerungspakete zu von außen gesetzten, spezifischen Themen gefragt.

Als bildungssprachliche Praktik hat beispielsweise das Erklären nicht nur große Bedeutung in der Schule, sondern muss auch in erster Linie dort erworben werden, wie eine Untersuchung von Miriam Morek zeigt. Sie konnte in ihrem Projekt „DisKo" (Diskursive Praktiken in schulischen und außerschulischen Kontexten, Leitung: Uta Quasthoff) dieselben 10- bis 12-jährigen Jungen und Mädchen in unterschiedlichen Situationen beobachten. Dafür zeichnete sie neben Unterrichtsstunden im Fach Deutsch auch Interaktionen in der Clique (beim Pizzaessen) sowie Tischgespräche in den Familien auf (s. Tabelle 3, S. 94).

In der Untersuchungsgruppe befanden sich sowohl Kinder, die in allen drei „sozialen Veranstaltungen" erfolgreich kommunizierten, als auch solche, denen dies in keinem der Kontexte gelingen wollte. Interessanterweise gab es aber auch Kinder, die zwar im Unterricht ausgesprochen erfolgreich agierten, in Familie oder Clique aber nicht zum Zuge kamen – und umgekehrt. In Tabelle 3 kann man sehen, welche Gattungsanforderungen sich in welchem Zusammenhang für die elf Fokuskinder ergaben. (In zwei Fällen reichten die Daten nicht aus, um ein detailliertes Profil zu erstellen.)

Sowohl in der Clique als auch in der Familie ist das Erzählen dominant. Diese Übungsgelegenheiten sind den Jugendlichen aber in ihrem Deutschunterricht in Klasse 6 (und vermutlich darüber hinaus) kaum nützlich. Die im Unterricht besonders gefragten erklärenden oder argumentierenden Gesprächsbeiträge tauchen in einigen Familien- und Cliquengesprächen ebenfalls auf, aber *nicht bei allen*. Es zeigt sich, dass manche Kinder in ihrem Freundeskreis bzw. im Tischgespräch mit Eltern und Geschwistern erfolgreich agieren. Dieselben Kinder machen jedoch im Unterricht die Erfahrung, dass ihre Beiträge übergangen oder zurückgewiesen werden. Erkennbar ist aber auch, dass die Erwerbs- und Übungsgelegenheiten gerade für die

	Erzählen in der …			Erklären in der …			Begründen in der …			erfolgreich?
	Clique	Familie	Schule	Clique	Familie	Schule	Clique	Familie	Schule	
04w	🍪	🍴	🎓		🍴	🎓	🍪	🍴	🎓	kontextübergreifend
17m	🍪	🍴	🎓	🍪		🎓	🍪		🎓	kaum
24w	🍪	🍴		🍪		🎓	🍪	🍴	🎓	kontextübergreifend
25w	🍪	🍴		🍪	🍴	🎓	🍪	🍴	🎓	k. A.
33m	🍪	🍴	🎓	🍪	🍴	🎓	🍪	🍴	🎓	kontextübergreifend
37w	🍪	🍴			🍴	🎓	🍪	🍴	🎓	nur unterrichtlich
09m		🍴				🎓	🍪		🎓	kaum
22w	🍪	🍴			🍴	🎓		🍴	🎓	kontextübergreifend
42m	🍪	🍴			🍴	🎓		🍴		nur außerschulisch
44m	🍪	🍴				🎓				k. A.
50m	🍪	🍴				🎓		🍴		nur außerschulisch

Tabelle 3: Vorkommen von mündlichen Gattungen in Clique, Familie und Unterricht (vgl. Quasthoff/Morek 2015)

unterrichtlich bedeutsamen Gattungen *Erklären* und *Argumentieren* in außerschulischen Gesprächssituationen nicht für alle Kinder gleichermaßen bestehen. Die fünf Fokuskinder im unteren Teil der Tabelle 3 stammen allesamt aus bildungsferneren Elternhäusern; die sechs oberen Kinder stammen aus privilegierteren Milieus. Auf diese ungleiche Verteilung von beiläufigen Lern- und Übungsgelegenheiten können Lehrerinnen und Lehrer reagieren, indem sie die Gelegenheiten im Unterrichtsgespräch bewusst nutzen, Aufforderungen zum Erklären möglichst explizit machen und gerade weniger erfolgreiche Schülerinnen und Schüler mit sprachlicher und struktureller Unterstützung zu gelungenen Beiträgen führen.

A

Aufgaben und Ideen für den Unterricht

Verteiltes Zählen (kein Material nötig)
Diese Übung dient vor allem dazu, dass die Klasse sich als Gruppe aufeinander „einschwingt". Es geht um gegenseitige Wahrnehmung und abgestimmtes (Gesprächs-)Verhalten. Fehler gibt es nicht, Unerwartetes und Seltsames ist erlaubt und steigert den Spielspaß. Die Schülerinnen und Schüler stehen im Kreis. Es wird möglichst zügig bis 20 gezählt. Dabei soll jede Zahl nur von einer Person gesprochen werden und niemals vom Nachbarn oder der Nachbarin. Wenn zwei oder mehr gleichzeitig sprechen, fängt es wieder von vorne an.

Assoziationskette (kein Material nötig)
Die Gruppe steht oder sitzt im Kreis. Eine Person beginnt, wendet sich nach links und nennt ein beliebiges Wort. Der oder die Angesprochene nennt eine spontane Assoziation zu diesem Wort. So geht es zügig reihum nach dem Motto „Hör auf zu denken, sag was!"
Nach drei Runden kann man die Kette rückwärts laufen lassen: „Ich habe ... gesagt, weil du ... gesagt hast." Schwieriger wird die Übung als „Dissoziationskette": Die Wörter sollen gerade nichts miteinander zu tun haben. (Idee: Stephanie Höll)

Die bucklige Verwandtschaft (kein Material nötig)
Eine Person gibt ein beliebiges Wort vor, die nächste nennt ein weiteres Wort, welches nach ihrem Sprachverständnis eine ähnliche Bedeutung hat. Auf diese Weise werden reihum weitere Wörter genannt. Schließlich werden das erste und das letzte Wort miteinander verglichen; gemeinsam wird die Bedeutungsverschiebung rekonstruiert. Mit einer zusätzlichen Regel wird es lustiger: Die Wörter sollen eine ähnliche Bedeutung haben oder ähnlich klingen und leicht verwechselbar sein. Solche „Falschen Freunde" können für Schülerinnen und Schüler mit nicht-deutscher Erstsprache schwierig sein (Onkel – Enkel; ungläubig – unglaublich), kommen aber auch in der Oberstufe vor, z. B. bei Fremdwörtern (Rezension – Rezession; Koryphäe – Konifere) oder bildungssprachlichen Ausdrücken (eigener d. h. selbst verfasster Text – eigens verfasster Text).

VerNETZung (kein Material nötig)
Die Lehrperson nennt ein Wort mit mehreren Bedeutungsvarianten (z. B. Bank, laufen, scharf, echt). Die Klasse umschreibt zunächst zwei oder drei verschiedene Bedeutungen des Wortes und teilt sich dann in entsprechend viele Teilgruppen auf. Jede Gruppe sucht nun zu „ihrer"

Bedeutungsvariante weitere Wörter, die damit verknüpft sind. Anschließend werden die Bedeutungsnetze miteinander verglichen. Die Teilgruppen können die Übung mit eigenen Wörtern wiederholen. (Idee: Ulrike Haß)

Tabu (Material: Gesellschaftsspiel „Tabu")
Reihum sollen Begriffe erklärt werden. Dabei müssen vorgegebene Tabu-Wörter vermieden werden. Die restliche Gruppe soll dann den Begriff anhand der Beschreibung bzw. Umschreibung erkennen. Das Gesellschaftsspiel „Tabu" kann Teil der Klassenspielothek sein; die Klasse kann es aber auch durch eigene Tabu-Karten ergänzen. Bei der selbsttätigen Produktion werden insbesondere auch die Aufmerksamkeit und das Bewusstsein für Wortfelder herausgefordert: Welche Formulierungen würde man intuitiv nutzen, um einen Begriff zu erklären? (Idee: hasbro.com)

Weder ja noch nein (kein Material nötig)
Jeweils zwei interviewen sich gegenseitig, sie dürfen dabei aber nicht mit „ja" oder „nein" antworten. Insbesondere bei geschlossenen Fragen müssen neue Formulierungen für Zustimmung oder Ablehnung genutzt werden. Die Aufmerksamkeit für die genaue Formulierung erfordert bei beiden Beteiligten hohe Konzentration. Bei jedem versehentlichen „Ja" oder „Nein" wechseln die Rollen. Haben die Schülerinnen und Schüler Spaß an Wettbewerben, kann gestoppt werden, wie lange die Interviewpartner jeweils „überleben".

5.3 Mündliche Gattungen: Erklären, Erzählen, Berichten, Beschreiben, Argumentieren

Wenn in diesem Teilkapitel von Gattungen die Rede ist, dann bezieht sich das auf solche Sprechsituationen, in denen einer einzelnen Person für einen gewissen Zeitraum ein exklusives Rederecht eingeräumt wird. Solche Situationen sollen nicht als Monologe, sondern als *solistisches Sprechen* bezeichnet werden, um den interaktiven Charakter jeder sprachlichen Äußerung zu betonen. Die Metapher des Orchesters hat Miriam Morek (für das Erklären) vorgeschlagen: Einem Schüler oder einer Schülerin wird kurzzeitig ein Solo zugewiesen, das in der Regel in ein orchestriertes Unterrichtsgespräch eingebettet ist. Das Solo tritt dann vorübergehend aus dem Orchester hervor. Es hebt sich zwar deutlich vom Gesamtklang ab, bleibt aber gleichzeitig auch ein Teil dessen.

Übertragen auf die Gesprächssituation lassen sich solche Abschnitte beschreiben, in denen ein Gruppenmitglied eine herausgehobene Rolle mit exklusivem Rederecht hat. Während dieses Abschnitts wird ein global strukturierter Beitrag erwartet, wie er im vorigen Kapitel bereits beschrieben wurde. Solche solistischen Beiträge zu Gesprächen können selbst initiiert werden: Mit dem Klassiker „Kennste den ...?" verschafft man sich den sprachlichen Raum für die Darbietung eines Witzes und stellt damit zum Beispiel sicher, dass man vor der Pointe möglichst nicht unterbrochen wird. Zwischenfragen des Publikums, wie sie bei anderen (Alltags-)Erzählungen durchaus angemessen sind, würden hier die Dramaturgie stören und womöglich den Lacherfolg gefährden.

Beiträge können aber auch von anderen initiiert werden. Das geschieht wie in einem Gesellschaftsspiel über Zugzwänge. Ein paar Beispiele: „Wie war's denn bei Oma?" lädt zu einem längeren (Erlebnis-)Bericht ein – ein knappes „Gut!" bleibt normalerweise nicht nur hinter den Erwartungen von Eltern pubertierender Jugendlicher zurück; es würde vermutlich meistens als Zurückweisung oder Verweigerung wahrgenommen werden. „Können Sie mir sagen, wie ich von hier zum Bahnhof komme?" oder „Wie muss ich das jetzt machen?" setzt den Zugzwang für eine Instruktion. „Wie kommst du denn jetzt darauf?" hingegen zielt – je nach Kontext – auf eine Begründung oder auch auf eine Erklärung ab. Solche *globalen Zugzwänge* werden von anderen gesetzt und zielen auf bestimmte Arten von sprachlichen Handlungen ab; sie geben, um wieder in der Orchester-Metapher zu sprechen, den Auftakt für ein Gesprächs-Solo. Kompetente Gesprächsbeteiligte sind fähig, solche Zugzwänge zu erkennen und in diesem Gesellschaftsspiel angemessen mitzuspielen.

Solistische Äußerungen sind also längere (übersatzmäßige) Beiträge, die vom Sprecher bzw. der Sprecherin eigenständig (d.h. ohne Hilfestellung) strukturiert werden. In allen genannten Fällen kann sich die Person, an die ein solcher Zugzwang gerichtet ist, bis zum Abschluss der entsprechenden Sprachhandlung der Aufmerksamkeit einigermaßen sicher sein. Sie kann ihren Zug planen, strukturieren und bis zum Ende durchführen, um danach wieder im *turn-by-turn* des Gesprächsorchesters aufzugehen.

Solistinnen und Solisten haben also Raum für die Ausgestaltung ihres Beitrags, aber sie müssen auch den Zugzwang den Erwartungen entsprechend bedienen. Dabei sind die Erwartungen zwar situativ sehr variabel, aber durchaus kalkulierbar, denn sie richten sich nach einem beschreibbaren Repertoire an Mustern, von denen schon in diesem Kapitel die Rede war. Diese lassen sich wiederum global zu Gattungen zusammenfassen, mit denen jeweils bestimmte kommunikative Ziele verfolgt werden. Um einige grundlegende Formen geht es im folgenden Kapitel.

A

Aufgaben und Ideen für den Unterricht

Sortenrein sprechen (Material: Zeitungsartikel, ein Farbwürfel pro Gruppe)
Die Gruppe erhält einen Zeitungsartikel zu einem aktuellen Thema. Wichtig ist, dass einiges an Vorwissen vorhanden ist (insbesondere auch aus eigener Erfahrung); zusätzlich sollte der Artikel selbst Detailinformationen zum Thema liefern. Mithilfe eines Farbwürfels wird jedem Gruppenmitglied eine Gesprächsgattung zugelost. Es müssen nicht alle Gattungen vertreten sein. Die Gruppe soll sich nun über das Thema des Artikels austauschen. Dabei soll jede und jeder sich in den eigenen Beiträgen auf die eigene Gattung beschränken, z. B.:

- Rot = Informieren: Es werden ausschließlich Sachinformationen beigesteuert.
- Blau = Erklären: Es werden ausschließlich Zusammenhänge oder Begriffe erklärt.
- Gelb = Erzählen: Es werden ausschließlich (selbst erlebte oder erfundene) Geschichten oder Anekdoten erzählt.
- Grün = Argumentieren: Es werden ausschließlich Begründungen und Zusammenhänge geliefert.
- Schwarz = Statements: Es werden ausschließlich Positionen und Behauptungen geäußert.
- Lila = Beschreiben: Es werden ausschließlich Sachverhalte oder Gegenstände beschrieben.

Ein solches Gespräch erfordert große Konzentration, schärft aber die Aufmerksamkeit für die verschiedenen Arten der Themenentfaltung und die dafür jeweils typischen sprachlichen Mittel. Es kann auch erörtert werden, welcher Modus im Gespräch die stärkste Überzeugungskraft entwickelt.
In einer Variante bleiben die Rollen geheim; die Gruppenmitglieder müssen dann erraten, wer in welchem Modus spricht.

5.3.1 Mündliches Erklären

Was ist eigentlich eine Erklärung? Oder unter welchen Umständen ist die Erklärung die Gattung der Wahl?

Erklärt wird vor allem dann, wenn jemand einen Wissensvorsprung zu einer bestimmten Frage hat und dieses Wissensgefälle zu den anderen ausgeglichen werden soll. Durch die Erklärung sollen die Zuhörenden also nach Möglichkeit im Anschluss über das gleiche Verständnis verfügen. Dabei können die Erklärgegenstände konkreter, aber auch abstrakter Art sein.

Obwohl das Erklären nur in den Bildungsstandards für die Allgemeine Hochschulreife erwähnt wird (und hier eher im Zusammenhang mit Präsentationen), handelt es sich faktisch um eine der häufigsten Gattungen im Unterrichtsgeschehen aller Schulstufen.

Das konnten Forscherinnen an der TU Dortmund mit dem Projekt „InterPass“ ermitteln, indem sie ganze Unterrichtsstunden aufzeichneten und analysierten. In den 56 Zeitstunden Deutschunterricht in Klasse 5 fanden sich 111 Zugzwänge der Lehrerinnen und Lehrer, die auf Erklärungen und weitere 81, die speziell auf Worterklärungen abzielten. Eine ähnlich große Zahl entfiel auf argumentative Zugzwänge. Viel seltener kamen dagegen Aufforderungen zum Beschreiben (13), Erzählen (15) und Berichten (31) vor (Heller u.a. 2017, S. 3).

Noch viel häufiger müssen Lernende Erklärungen – sowohl von Lehrpersonen als auch von ihren Mitschülerinnen und Mitschülern – als Zuhörende nachvollziehen und verstehen können. Wer einer Erklärung zuhört, hat neben einer aufmerksamen, interessierten Haltung die besondere Aufgabe, das eigene Verstehen oder Nicht-Verstehen zu kontrollieren, an kritischen Stellen passende Rückfragen zu stellen und Unklarheiten möglichst präzise zu benennen. Auch dieses Monitoring kann die Lehrkraft unterstützen, indem sie auf global geäußertes Unverständnis („Ich hab das alles nicht kapiert“) zunächst mit klärenden Nachfragen reagiert und damit die Lernenden als Zuhörende in die Verantwortung nimmt. Auch wenn Schülerinnen und Schüler das Unverstandene präzisieren müssen, sind darin Aspekte von Erklärpraktiken enthalten. Eine Reflexionsfrage für alle Zuhörenden kann sein: Könnte ich es selbst auch erklären? Das kann man auch zunächst in einer kurzen „Murmelphase“ in Partnerarbeit ausprobieren.

Neben den vielfältigen Erkläranlässen im Unterrichtsgespräch können aber auch gezielte Aufgabenstellungen das Erklären fördern. An dem folgenden Beispiel kann man erkennen, was dabei alles „geleistet“ wird.

Die Viertklässlerin Saskia (im Transkript SA) soll sich vorstellen, dass sie einem Alien gegenübersitzt (gespielt von der Moderatorin, im Transkript M) und ihm helfen, unsere Welt besser zu verstehen.

Zahnbürste

Beteiligte: Moderatorin (M); Saskia (SA)

M: *Ich würde auch total gerne verstehen, was eine Zahnbürste ist. Kannst du mir da helfen?*
SA: *Also, wenn du (.) aufwachst*
M: *Mhm.*
SA: *Dann putzt du dir die Zähne. Das ist so ein langer Stiel*
[zeigt Stiel mit den Händen],
M: *Mhm.*
SA: *meistens aus Plastik*
M: *Mhm.*
SA: *Und da vorne sind ganz kleine (..)*
so wie bei ner Haarbürste,
nur dass die halt hygienischer sind.
M: *Mhm.*
SA: *Und auch (.) [lachend] aus Plastik, eigentlich.*
M: *Mhm.*
SA: *Und dann tust du da Zahnpasta rauf und dann tust du dir*
so die Zähne putzen.
[zeigt Zahnputzbewegung mit der Hand]
M: *Mhm.*
SA: *und dann, wenn (.) der Tag vorbei ist*
M: *Mhm.*
SA: *Dann putzt du sie dir auch noch einmal, weil sonst,*
wenn du irgendwie was Süßes isst oder so, sonst kriegst
du Karies
M: *Mhm.*
SA: *Und dann kriegst du Zahnschmerzen und das ist nicht gut.*
[zeigt mit Finger auf die Wange]
M: *Ok, sowas kenn ich noch gar nicht.*
Ich glaub, sollt ich mir auch sowas besorgen, meinst du?
[lacht]
SA: *[Nickt].*

Obwohl die Moderatorin nicht ausdrücklich eine Erklärung einfordert, versteht Saskia den Zugzwang, der in der Bitte um Hilfe steckt.

Saskia übernimmt die Rolle derjenigen, die über einen Wissensvorsprung verfügt, und versucht, dieses Ungleichgewicht auszugleichen. Sie reagiert also auf den durch die Moderatorin gesetzten Zugzwang mit einer Erklärung, die verschiedene Aspekte des zu erklärenden Gegenstandes umfasst: Aussehen, Funktionsweise und Anwendung sowie den größeren Verwendungs- und Begründungszusammenhang. Dabei greift sie nicht nur auf ihr Weltwissen (über Zahnbürsten und Zähneputzen) zurück, sondern auch auf ihr Wissen über die kommunikativen Erwartungen an Erklärungen. Solche Erwartungen sind in der Regel kaum bewusst verfügbar, allerdings so im Sprachwissen verankert, dass sie den meisten Menschen nur dann auffallen, wenn sie verletzt werden (wenn Saskia beispielsweise *erzählen* würde, wie sie eine neue Zahnbürste bekam). Das ist hier nicht der Fall: Was Saskia tut, ist eindeutig *erklären*.

Neben der Aktivierung des Vorwissens leistet Saskia aber noch mehr, denn sie muss es auch in eine sinnvolle Reihenfolge bringen (vertexten). Ihre Erklärung bettet sie in die Chronologie eines Tagesablaufs ein. Sie beginnt mit dem Zähneputzen nach dem Aufwachen. Es folgen Aussehen und Beschaffenheit des fraglichen Gegenstandes sowie seine genaue Verwendung. Dabei scheint Saskia zunächst eine zweiteilige Erläuterung vorzusehen: Zunächst beschreibt sie: *„Das ist so ein langer Stiel […], meistens aus Plastik“* und wendet sich danach den Borsten zu. Hier ergibt sich eine kleine Komplikation mit der Bezeichnung. Im Anschluss daran fällt ihr auf, dass die Zweiteilung – jedenfalls bezogen auf das Material – nicht nötig gewesen wäre: *„Und auch aus Plastik, eigentlich“*. Die nachgestellte Partikel *eigentlich* könnte man als Hinweis interpretieren, dass ihr hier ein „Fehler“ in der Planung ihrer Äußerung bewusst wird: Sie hätte auch die Zahnbürste insgesamt als *„meistens aus Plastik“* beschreiben können.

Das Zähneputzen wird dann im Tagesverlauf wiederholt: *„wenn der Tag vorbei ist […] Dann putzt du sie dir auch noch einmal“*. Damit könnte die Erklärung abgeschlossen sein. Saskia schließt allerdings noch eine Begründung an, die das Motiv für dieses Tun liefert. Sie wechselt die Ebene und ruft den Zusammenhang zwischen Süßes essen, Karies und Zahnschmerzen auf, die drohen, wenn man das (abendliche) Zähneputzen vernachlässigt (*„weil sonst“*).

Im spielerischen Alien-Setting ist das Wissensgefälle auch mit Blick auf alltägliche Gegenstände und Zusammenhänge nachvollziehbar: Saskia verfügt über Erfahrungs- und Hintergrundwissen zum Gegenstand „Zahnbürste“ und es ist für sie plausibel, dass ihr Gegenüber über diese Informationen nicht verfügt. Dieser spielerischen Adressatensituation passt Saskia ihre Erklärung auf mehreren Ebenen an:

- Durchgängig spricht sie den „Alien“ direkt an (*„Also, wenn du aufwachst“*, *„Dann putzt du dir die Zähne“* usw.) und bettet die Erklärung in die alltagsnahe Struktur eines Tagesablaufs ein.
- Bei der Beschreibung des Gegenstandes setzt sie zumindest in Teilen auf gestische Visualisierungen (*„zeigt Stiel mit den Händen“*, *„zeigt Zahnputzbewegung mit der Hand“*) und Beschreibungen (*„so ein langer Stiel“*).
- Interessant ist in dieser Hinsicht die folgende Stelle: *„Und da vorne sind ganz*

kleine (.), so wie bei ner Haarbürste nur dass die halt hygienischer sind". Saskia vermeidet das Wort *Borsten*: Nach einer kurzen Pause setzt sie neu an und benutzt einen Vergleich. Vielleicht kennt sie das passende Wort nicht. Möglich ist aber auch, dass sie sich hier dem mutmaßlichen Wissensstand des Adressaten anpasst: Wer nicht weiß, was eine Zahnbürste ist, kennt ein Wort wie „Borsten" vermutlich erst recht nicht. Allerdings setzt sie eine Haarbürste als bekannt voraus, ebenso wie die Konzepte „Plastik", „hygienisch", „Zahnpasta", „Karies". (Andere Kinder nutzen ein stärker dialogisches Vorgehen beim Abklären der Wissensbasis: *„... Und mit einem Radiergummi kannst du einen Bleistift (.) weißt du, was ein Bleistift ist."*)

- Auf verbaler Ebene greift Saskia also auf einen durchaus differenzierten Wortschatz zurück (Markierung), wenn sie die Zahnbürste als *„Stiel, meistens aus Plastik"* und die Borsten mit einem Vergleich umschreibt (*„so wie bei ner Haarbürste, nur dass die halt hygienischer sind*"). Ebenfalls versprachlicht Saskia, wie eine Zahnbürste benutzt wird (*„Und dann tust du da Zahnpasta drauf und dann tust du dir so die Zähne putzen*"), wobei sie für die eigentliche Tätigkeit eine ikonische Geste nutzt (*„[zeigt Zahnputzbewegung mit der Hand]*").
- Verbal umschrieben werden die zum Zähneputzen empfohlenen Zeitpunkte: (*„wenn du aufwachst [...] und dann, wenn der Tag vorbei ist*"). Auch hier ist es prinzipiell denkbar, dass Saskia die Begriffe „morgens" und „abends" aktuell nicht einfallen. Möglich ist aber auch hier die Deutung, dass sie sich absichtlich um möglichst verständliche Formulierungen bemüht.
- Zu den sprachlichen Leistungen gehört auch eine gewisse Flüssigkeit der Produktion: Saskia stockt nur an einer Stelle, nämlich bevor sie eine alternative Formulierung für „Borsten" verwendet.
- Sie nutzt ein dem Anlass angemessenes sprachliches Register: Angesichts des „außerirdischen" Zuhörers kann es als passend gelten, dass sie auf den Dialekt verzichtet, der in ihrem sprachlichen Umfeld verbreitet genutzt wird.
- Hinzu kommt der Satzbau: Neben einer Satzreihung (*„Und dann tust du da Zahnpasta drauf und dann tust du dir so die Zähne putzen*") verwendet sie fast ausschließlich teils komplexe hypotaktische Gefüge (*„weil sonst, wenn du irgendwie was Süßes isst oder so, dann kriegst du Karies [...] Und dann kriegst du Zahnschmerzen [...] und das ist nicht gut."*).

In dieser beispielhaften Rekonstruktion von Saskias Erklärung wird bereits an einigen Stellen deutlich, dass das beobachtbare Gesprächsverhalten verschiedene, gleichermaßen nachvollziehbare Deutungen zulässt. Parallel zum Sprechen finden Planungsprozesse bezogen auf mehrere sprachliche Anforderungen statt; ggf. überlagern sie sich und bewirken Schwierigkeiten bei der Auswahl passender Formulierungen. Ob ihr das Wort „Borsten" entfallen war oder sie sich dem Empfänger ihrer Erklärung angepasst hat, darüber könnte allenfalls Saskia selbst Auskunft geben. Interessant sind aber die Folgen, die die Entscheidung nach sich zieht:

In der Mikropause (..) nimmt Saskia Abstand von dem Wort „Borsten" und muss nun einen neuen Weg einschlagen. Sie wählt einen Vergleich *(„so wie bei ner Haarbürste")*, ist aber nun in der Pflicht zu klären, wieso Zahn- und Haarbürste trotzdem nicht dasselbe sind. Da sie für ihre Erklärung im Modus des gedanklichen Vollzugs der alltäglichen Handlung *Zähneputzen* ist, stellt sie sich vielleicht vor, sich mit einer Haarbürste die Zähne zu putzen. Die unwillkürliche Abwehr könnte dann zu der Hervorhebung eines eigentlich weniger charakteristischen Unterschieds führen *(„nur dass die [Zahnbürsten] halt hygienischer sind")*. Das Gemeinsame aller Bürsten, dass sie zum Reinigen bzw. Pflegen gemacht sind, scheint ihr im Eifer des Gefechts nicht in den Sinn zu kommen.

Nimmt man die Äußerung ganz in den Blick, so fällt zusätzlich eine globale Strukturierung von Saskias Erklärung ins Auge. Sie zeugt von einer gewissen Planung der gesamten Äußerung und ihrer einzelnen Teile. Man kann also annehmen, dass Saskia schon zu Beginn einen ungefähren Überblick über das hat, was sie sagen wird. Dass diese Leistung nicht trivial ist, zeigt sich beim Blick in ein anderes Gesprächssolo, in dem Lara (im Transkript: LA) vor der gleichen Aufgabe steht. Ihre Mitschülerin Ebru (EB) sitzt neben ihr, beide sitzen der Moderatorin (M) gegenüber.

Zahnbürste (M: Moderatorin; LA: Lara; EB: Ebru)

M: An dich hab ich nämlich auch noch eine Frage.
M: Kannst du mir sagen, was eine Zahnbürste ist?
LA: Eine Zahnbürste ist, man putzt damit Zähne
M: Mhm
LA: Man muss da Zahnpasta rauf(.)geben
M: Mhm
LA: Und man kann Wasser raufgeben
M: Mhm
LA: Ähm, und sie is (..) bisschen lang
M: Mhm
LA: dann gibt's noch solche Bör(-) (..) Börsten sagt man oder Bürsten?
EB: Börs- nein.
LA: [schaut Ebru an] keine Ahnung [flüsternd]
LA: Börsten sag ich jetzt [schaut zur Moderatorin]
M: Mhm
LA: und äh (.) da (..) sind deine-

LA: *wenn du sie putzt regelmäßig werden deine Zähne z- (.)*
weiß (..) bleiben.
M: *Aha, ok. (...)*

Auch Lara weiß, dass sie erklären soll, und verfügt dafür auch über ausreichendes Welt- und Sprachwissen. Auch sie scheitert an dem Wort Borsten: Offenbar macht ihr die lautliche Ähnlichkeit mit Bürste zu schaffen. Sie entscheidet pragmatisch, dem Gemeinten für den Moment einen Namen zu verpassen („*Börsten sag ich jetzt*"), um mit ihrer Erklärung fortfahren zu können.

Im Vergleich zu Saskia fällt allerdings eine weniger übergreifende Strukturierung der gesamten Äußerung auf: Lara eröffnet ihre Erklärung mit der grundlegenden Funktion von Zahnbürsten („*man putzt damit Zähne*"), geht aber dann dazu über, einzelne Informationen zur Benutzung (Zahnpasta, Wasser) und zum Aussehen („*bisschen lang*", „*Börsten*") unverbunden aufzulisten, um ihre Erklärung nach der Komplikation mit den Borsten dann mit dem Zweck des Zähneputzens abzuschließen („*wenn du sie putzt regelmäßig werden deine Zähne z- (.) weiß*").

Das zeigt sich auch an den sprachlichen Routinen, mit denen die beiden Mädchen die Struktur ihrer Antworten markieren, sogenannten Prozeduren. Sie sind in Tabelle 4 gegenübergestellt: Während Saskia die Teile ihrer Erklärung mit unterschiedlichen Konjunktionen verknüpft, die auch Abhängigkeitsverhältnisse versprachlichen, kommt so etwas bei Lara nur zum Abschluss vor. Ansonsten sind ihre ersten drei Teiläußerungen sprachlich gar nicht verknüpft, die weiteren mit einfachen Listenmarkern (und, dann).

Saskia	Lara
• *also* als Auftakt für eine längere Äußerung, • *wenn – dann* bzw. *und dann* für die Markierung zeitlicher Abfolgen • *weil (sonst)* und *(wiederum) wenn – dann*, diesmal als Markierung von Ursache-Wirkungs-Beziehungen	• insgesamt 3-mal *und* sowie 1-mal *dann (noch)* markiert eine Reihung gleichrangiger Elemente • *wenn – (dann)* als Markierung einer Ursache-Wirkungs-Beziehung

Tabelle 4: Markierung: Saskia und Lara im Vergleich

Auch während eines vergleichsweise kurzen Erklär-Solos (die Sequenz dauert bei Saskia 70, bei Lara 42 Sekunden) müssen also verschiedenste Ebenen der Äußerung miteinander koordiniert werden:

- Das *inhaltliche Wissen* über den Erklärgegenstand: Die Aufgabenstellung in diesem Beispiel ist bewusst so gewählt, dass die Inhaltsseite kein Problem für die Schülerinnen darstellt. Allerdings birgt das Erklären von etwas so

ÜBRIGENS: PROZEDUREN

- Als Prozeduren werden vielfältige sprachliche Ausdrücke bezeichnet, die wir dazu benutzen, die Art und Gestaltung von Texten zu verdeutlichen (im Kapitel 5.2 wurden Beispiele dafür schon als Markierungswortschatz benannt). Es handelt sich um konventionalisierte Handlungs- und Gebrauchsschemata mit jeweils typischen Ausdrücken und sprachlichen Routinen. Dabei kommt es auf die Funktion an, die eine Prozedur für die Struktur einer Äußerung erfüllt.
- Es war einmal ..., plötzlich ..., Und was soll ich sagen ...!?, Du glaubst nicht, was ..., weisen auf eine Erzählung hin.
- Erstens – zweitens – drittens ..., zum einen – zum anderen ..., strukturieren sachliche Äußerungen.
- Zwar – aber ..., Zugegeben ..., Da magst du Recht haben, aber ... zeigen Konzessionen beim Argumentieren an usw.
- Der Begriff der Prozeduren stammt aus der Schreibdidaktik, kann aber auch für mündliche Situationen fruchtbar gemacht werden (s. etwa Feilke 2012). Schmölzer-Eibinger und Fanta (2014) nutzen Prozeduren zur Förderung des Erklärens, das sie als literale Handlungskompetenz begreifen.

Alltäglichem durchaus die Schwierigkeit, das Selbstverständliche problematisieren zu müssen.

- Die *globale Struktur* der gesamten Äußerung (Vertextung): Die Bitte des „Alien“ setzt den globalen Zugzwang für eine längere solistische Erklärung. Entsprechend stellt die Aufgabe höhere Anforderungen an die Planung als ein bloßes Mitmachen im *turn-by-turn-Talk*: Welche Wissenselemente sollten in welcher Abfolge erwähnt werden und welche Zusammenhänge sind dabei zu benennen?
- Die *Orientierung am Adressaten* und an seinen Wissenshorizont (Perspektivübernahme): Mit welchen Lücken ist beispielsweise noch zu rechnen, wenn jemand nicht einmal eine Zahnbürste kennt? Welche Zusammenhänge sind nachvollziehbar, welche muss man ebenfalls erläutern? Auffällig ist, dass beide Mädchen nach jeder Teiläußerung Blickkontakt suchen und sich des Verstehens versichern.
- Alle drei Aspekte sind auch bei der Wahl und Nutzung der *verbalen Mittel* zu berücksichtigen (Markierung): Es geht zum einen um treffende Bezeichnungen, die aber zum anderen für den Adressaten auch verständlich sein müssen. Bestimmte *Prozeduren* tragen dazu bei, die Struktur auch den Zuhörenden anzuzeigen.
- Schließlich werden paraverbale und körpersprachliche Mittel eingesetzt, beispielsweise eine steigende Intonation in Verbindung mit einem Blickkontakt (nicht im Transkript), um sich davon zu überzeugen, dass der Adressat noch folgen kann (ohne Ausnahme reagiert die Moderatorin wie

auch im Fall von Lea in Kapitel 1 an diesen Stellen mit einem bestätigenden Zuhörsignal – *Mhm* – und signalisiert damit: Bis hierher habe ich verstanden, du kannst weitermachen). Auch werden Hand- und Armbewegungen eingesetzt, um das Gesagte zu illustrieren (beispielsweise die Größe der Zahnbürste, das Zähneputzen).

Die „Alien"-Übung kann ohne großen Aufwand wiederholt durchgeführt werden. Sie wird im Kapitel 6.3 als Aufgabe zur Überprüfung wieder aufgenommen.

A

Aufgaben und Ideen für den Unterricht

Lebendes Wiki (Material: Wörterbuch)
In einem Nachschlagewerk (z. B. Duden) suchen sich alle Lernenden einen Begriff aus, der ihnen noch nicht geläufig ist. In Partnerarbeit recherchieren sie die Bedeutung und die sprachliche Verwendung der Begriffe, um die Bedeutung dann in eigenen Formulierungen anderen zu erklären.

Alien (kein Material nötig)
Ein freundlicher „Alien" ist auf der Erde gelandet und hat ein paar Fragen. Die Schülerinnen und Schüler erklären Alltagsgegenstände wie Zahnbürste, Fahrrad, Taschenlampe ... Wenn der Ablauf und die Funktionsweise der Übung verstanden ist, können andere Gruppenmitglieder die Rolle des Aliens übernehmen und nach eigenen Gegenständen fragen.
Die Übung nutzt das Alltagswissen. Sie ist aber gerade deswegen anspruchsvoll, weil sich die Erklärenden die Perspektive von „Unwissenden" bewusst machen müssen, um zu erklären, was ihnen eigentlich selbstverständlich (und damit nicht erwähnenswert) erscheint.

5.3.2 Mündliches Erzählen

Das Erzählen gehört zu den prominentesten Gattungen, insbesondere in der Primarstufe. Der Grund ist wohl, dass man bei jungen Kindern von umfänglichem Textsortenwissen über Geschichten und insbesondere Märchen ausgeht (wobei längst nicht alle über eine entsprechende Lese- und Vorlesesozialisation verfügen). Dass dem Erzählen – möglicherweise zu Unrecht – eine nur geringe Komplexität zugeschrieben wird, zeigt sich auch daran, dass es in den weiterführenden Schulstufen eine deutlich geringere Rolle spielt.

Dabei kann man das auch ganz anders sehen: Wenn uns etwas erzählt wird, dann wollen wir auch emotional „mitgenommen" werden und beim

Zuhören etwa Spannung, Romantik oder Grusel empfinden; insbesondere bei Witzen oder Anekdoten ist zudem eine zumeist amüsante Pointe erwartbar. Ihren Ausgangspunkt haben sowohl Alltags- als auch literarische Erzählungen bei einem Ereignis, das aus dem Rahmen des Erwartbaren fällt, dem sogenannten Planbruch. Die Aufgabe beim Erzählen besteht nun darin, zunächst die Normalsituation zu schildern, von der sich das Ereignis in unerwarteter Weise abhebt. Bei Witzen fällt das Unerwartete mit der Pointe zusammen. Bei Höhepunkterzählungen löst der Planbruch typischerweise eine Reihe von Aktivitäten aus, mit denen einer oder mehrere Charaktere das Geschehen, beispielsweise eine bedrohliche Situation, zu einer neuen Normalität führen. Spannung entsteht beispielsweise durch Zeitknappheit (um Mitternacht endet ein Zauber), gescheiterte Lösungsversuche oder parallele Aktivitäten von Widersachern.

Sofern diese grundlegende „Geschichtengrammatik" mit dem Ende der Grundschule beherrscht wird, sind für die Sekundarstufe I die Voraussetzungen geschaffen, um längere Erzählungen, komplexere Erzählwelten und eine größere Bandbreite an mündlichen Erzählgenres zu realisieren. Zudem könnten Erzählungen mit argumentativer Funktion oder als Form der Wissensvermittlung erkundet werden.

Erzählungen sind grundlegend chronologisch organisiert. Allerdings kommen auch im Mündlichen Vorausdeutungen und Rückblicke vor, die als solche sprachlich markiert werden müssen, um von den Zuhörenden verstanden zu werden (typischerweise durch entsprechende Tempora der Vor- und Nachzeitigkeit). Eine festgelegte Zeitform für Gleichzeitigkeit gibt es hingegen nicht: Je nach Genre ist sowohl das Präteritum, das Perfekt oder auch das (erzählende) Präsens möglich und üblich.

Für die Gestaltung von Lernarrangements ergibt sich vor allem die Schwierigkeit, eine passende Situierung zu organisieren. Hauptziel ist es ja, ein Publikum emotional zu erreichen, um es zu unterhalten. Wie eine solche Situation im Unterricht hergestellt werden kann, muss gut überlegt werden. Zu Übungszwecken eignen sich Erzählspiele, die in Kleingruppen durchgeführt werden können – beim Erzählen mit verteilten Rollen sind alle gleichermaßen Akteurinnen und Akteure wie Zuhörende. Hierfür bieten sich auch entsprechende Übungen aus dem Repertoire des Improvisationstheaters an. Eine weitere Möglichkeit sind spontane oder vorbereitete Inszenierungen, die sich an andere (z. B. jüngere Schülerinnen und Schüler) richten. Ein potenziell größeres und dabei weniger definiertes Publikum erreicht man mit Aufzeichnungen, beispielsweise in einem Hörspiel-Projekt.

Wer Geschichten zuhört, nimmt idealerweise eine unkritisch-genießende Haltung ein und lässt sich so auf die Erzählwelt ein, dass die erzählten emotionalen Zustände nachempfunden und miterlebt werden. Auch das kann und muss ggf. geübt werden, indem im Unterricht Zeiträume für ein solches genussvolles Zuhören geschaffen werden (beispielsweise beim gemeinsamen Anhören eines Hörbuchs während der Frühstückspause oder in einem speziellen Ruheraum).

Zur Reflexion von Erzählungen kann man nach „großen Momenten“ fragen oder den Spannungsbogen des Gehörten visualisieren (greifbar mit einem roten Faden oder mit dem Stift auf Papier). Geschichten eignen sich auch zu einem Austausch über das eigene Zuhör-Erleben: Wo war ich ganz in der Geschichte? Wo bin ich gedanklich abgeschweift und warum? Welche Art von Geschichten gefällt mir (und welche gar nicht)?

A

Aufgaben und Ideen für den Unterricht

Geschichtenkette (Material: Geschichtenkette, s. M 10)
Die Geschichtenkette (Story Grammar Marker®) visualisiert die charakteristische Struktur von Höhepunkterzählungen: Auf einem „roten Faden“ aufgereiht sind Symbole für wichtige Elemente einer Erzählung (etwa Hauptfigur, Ausgangssituation, Planbruch, innere Reaktion und Handlungsplan der Figuren, Lösungsansätze und Hindernisse, Auflösung, neue Situation und Abschluss). Die Lehrperson führt das Hilfsmittel ein, indem sie selbst eine Geschichte erzählt und dabei die einzelnen Elemente hervorhebt und erläutert. Besonders gut eignen sich klassische Märchen. Anschließend dient der Marker als Gedächtnisstütze für eigene Erzählungen der Schülerinnen und Schüler (z. B. auch beim Erzählen mit Story Cubes).
(Idee: mindwingconcepts.com)

Geschichten würfeln (Material: Story Cubes)
Story Cubes sind Sets aus je neun Würfeln mit verschiedenen Symbolen. Zusätzlich zur „klassischen“ Version mit Gegenständen gibt es inzwischen zahlreiche Erweiterungen (Handlungen, Orte, Helden), und Adaptionen auch zu bestimmten Themengebieten (Mittelalter, Märchen, Harry Potter). Schülerinnen und Schüler können damit in kleineren Gruppen Geschichten erfinden. Die gewürfelten Symbole funktionieren dabei wie Reizwörter, sind aber weniger festgelegt in ihrer Bedeutung.

Ja, genau … (kein Material nötig)
Mündliches Erzählen im Alltag ist nicht nur eine solistische Sprachhandlung, sondern sehr oft ein orchestriertes „geselliges Erzählen“, bei dem die Geschichte gemeinsam entsteht. Diese Übung trainiert das schnelle Aufnehmen und Weiterspielen von Erzählimpulsen. Damit alle häufig zu Wort kommen, teilt sich die Klasse in Gruppen zu sieben bis acht Personen auf, die im Kreis sitzen oder (besser) stehen. Jemand fängt mit einem Erzählschnipsel an (z. B.:

„Da ging eine alte Frau über die Straße", „Ein Heißluftballon steht auf der Wiese"...). Der oder die nächste nimmt den Impuls auf mit den Worten „Ja genau. Und ..." und erzählt weiter. Mehr Dynamik bekommt die Sache, wenn alle das „Ja genau!" im Chor sprechen und eine passende Geste dazu machen.

Was ist das und wie kommt das da hin? (Material: Handys mit Kamera)
Die Schülerinnen und Schüler ziehen in ihrem Wohnumfeld oder rund um die Schule mit Müllsäcken los. Besonders interessante Funde werden fotografiert und die Bilder auf einer gemeinsamen Plattform gesammelt (ausgedruckt im Klassenraum, auf einem Padlet o. ä.). In Gruppen überlegen sie sich, wie es zu diesem Setting gekommen sein könnte und erzählen der Klasse gemeinsam ihre Geschichte. Da es nicht um die Rekonstruktion der „wahren" Begebenheit geht, ist es kein Problem, wenn mehrere Gruppen mit demselben Foto arbeiten.

Abbildung 14: Hering im Glas auf Stromkasten

Hörspiel aus dem Baukasten (Material: Hörspielbaukasten online)
Unter www.planet-schule.de findet sich ein Hörspielbaukasten, mit dem Jugendliche eine (vorgegebene) Geschichte selbst als Hörspiel umsetzen können. Es funktioniert online. Die Sprecherstimmen, Musik und Töne können aus einer großen Sammlung ausgewählt und nach Wunsch zusammengestellt werden. Neben einer individuellen Umsetzung gewinnen die Schülerinnen und Schüler einen Einblick in die verschiedenen Gestaltungsebenen von Hörspielen – zum Beispiel auch in Vorbereitung auf ein eigenes Hörspiel- oder Podcast-Projekt (Anleitungen gibt es auch beim NDR unter: https://www.ndr.de/kultur/hoerspiel/hoerspiel_in_der_schule/index.html).

5.3.3 Mündliches Berichten

Wer von einer Begebenheit berichten kann, ist selbst dabei gewesen oder verfügt jedenfalls über die besten Informationen aus zweiter Hand und gibt diese an andere weiter. Das gilt für Berichte über Straßenfeste, Sport- oder Starkregenereignisse, aber auch für Ergebnisse von Experimenten oder Forschungsprojekten.

Wenn berichtet wird, dann erwarten Zuhörerinnen und Zuhörer zu Recht, dass Informationen wahr und unverfälscht weitergegeben werden. Zwar darf von Gefühlen die Rede sein, aber die Art der Darstellung zielt nicht auf Emotionen des Publikums ab. Vielmehr sollen Berichte ein tatsächlich vorhandenes Informationsbedürfnis bedienen; das bedeutet, dass sie relevant, aktuell und exklusiv sein müssen. Zugegebenermaßen lässt sich gerade diese Anforderung im Klassenunterricht nicht so leicht erfüllen – bei einem Bericht von einem Ereignis, bei dem alle dabei waren, ist das jedenfalls nicht der Fall.

Mündliche Berichte müssen so beschaffen sein, dass die Zuhörenden in ihren Köpfen eine Vorstellung von der Gesamtheit und Bedeutung des Geschehens, der Abfolge von Teilereignissen und deren Verknüpfungen untereinander entwickeln können. Dafür sind Berichte typischerweise nicht chronologisch auf ein auslösendes Ereignis hin gestaltet, wie es bei Erzählungen der Fall ist, sondern werden von ihrem Ergebnis her organisiert.

Während das Berichten in der Primarstufe kaum eine Rolle spielt, stellt es in der Sekundarstufe I einen Schwerpunkt dar, auch hier allerdings vor allem im Schreibunterricht.

Zum regelmäßigen Üben lohnt es sich, im Sinne von *Aufgaben mit Profil* (vgl. Kapitel 7.3) aufmerksam nach passenden Gelegenheiten Ausschau zu halten, die für Berichte von Schülerinnen und Schülern geeignet sind.

- Die Bitte, Inhalte der letzten Stunde in Erinnerung zu rufen.
- Viele Schülerinnen und Schüler sind auch in Gremien oder Organisationen tätig (Schulkonferenz, SV, Fridays for Future), von deren Sitzungen und Aktivitäten sie berichten können und sollten.
- Die Idee, sich gegenseitig über Aktivitäten und Erfahrungen am *Girls' Day/ Boys' Day* zu informieren (vgl. Behrens/Dix 2018) kann in Gruppen auch mündlich umgesetzt werden.
- Wenn Schülerinnen und Schüler an Wettbewerben wie *Jugend forscht* oder *Jugend experimentiert* teilnehmen, spielt die mündliche Darstellung des eigenen Projekts im Jurygespräch eine wichtige Rolle für den Erfolg. Bei der öffentlichen Begehung haben die Jugendlichen Gelegenheit, ihren Forschungsbericht mehrmals hintereinander vor wechselnden Zuhörerinnen und Zuhörern zu halten.

Beim Zuhören ist eine wesentliche Aufgabe, die neuen Informationen mit ihrem bisherigen Wissen zu verbinden und abzugleichen. Als sinnvolle Zuhörstrategie kann zu Beginn eine kurze Phase gedanklicher Vorbereitung angeleitet werden, in der alle sich drei Informationen überlegen oder notieren, die sie in dem Bericht erwarten würden („Welche Informationen kann ich bereits erahnen und woher kommt das? Welche müssten noch vorkommen, damit ich mich gut informiert fühle?"). Im Austausch über einen Bericht kann auch gemeinsam die Struktur des Gehörten rekonstruiert werden.

Zur Reflexion der Anforderungen an Berichte eignet sich der Vergleich unterschiedlicher Darstellungen zu einem einzelnen Ereignis in den (sozialen) Medien. Hier geht es auch um die Fähigkeit, „Strategien unfairer Kommunikation [zu] erkennen" (KMK 2012, S. 16) und sie an konkreten Formen der Sprachverwendung festzumachen.

A

Aufgaben und Ideen für den Unterricht

Presseclub (kein Material nötig)
Diese tägliche oder wöchentliche Presseschau ist eine Alternative zum „Erzählkreis"-Ritual: Die Schülerinnen und Schüler haben permanent die Aufgabe, Nachrichten zu verfolgen (Tageszeitung, Fernsehen, Internet und soziale Netzwerke, Gespräche von Erwachsenen ...). Im „Presseclub" tauschen sie aus, was sie „mitbekommen" haben, ergänzen die Berichte anderer, fragen nach und diskutieren Unklares oder Strittiges. So entstehen sowohl solistische Gesprächsbeiträge als auch Ko-Konstruktionen von Wissen und Meinungen. Die Lehrperson erfährt gleichzeitig, welche Themen für die Klasse von besonderem Interesse sind.

Kernaussage (Material: ausgedruckte Geschichte, Briefumschläge)
Die Lehrperson wählt eine beliebige Geschichte aus und zerschneidet sie in so viele Abschnitte wie Kleingruppen (5 bis 6 Personen) gebildet werden sollen. Jeder Abschnitt wird in vollständige Sätze zerlegt und diese kommen in einen Umschlag. Die Schülerinnen und Schüler rekonstruieren in ihrer Gruppe die Reihenfolge und stellen die Kernaussage ihres Textes in einer kurzen Szene dar. Anschließend bringt die Klasse die Szenen/Gruppen in eine sinnvolle Reihenfolge. Die Kurzdarstellungen werden in dieser Reihenfolge wiederholt. Die Schülerinnen und Schüler setzen sich so spielerisch mit dem Text und seinem Aufbau auseinander. (Idee: Stephanie Höll)

Bericht in sieben Sätzen (kein Material nötig)
Die Klasse bildet Gruppen zu 5 bis 6 Personen. Jede Gruppe entscheidet sich für ein Ereignis, an dem alle beteiligt waren und erhält die Aufgabe: Berichtet von dem Ereignis in genau sieben Hauptsätzen. Die Sätze können ggf. aufgeschrieben werden. Im zweiten Schritt soll aus jedem Satz der jeweilige Kernbegriff ausgewählt werden. Gerade bei nicht eindeutigen Fällen erfahren die Schülerinnen und Schüler die enge Verknüpfung zwischen Bedeutung und Wortwahl. Ggf. werden Sätze überarbeitet, um zu einer treffenderen Wortwahl zu kommen. In einem dritten Schritt kann sogar noch das (für das Ereignis) wichtigste dieser sieben Wörter bestimmt werden. Die Schülerinnen und Schüler führen das Ereignis mit dieser Übung auf seinen Kern zurück (nach einer Idee von Stephanie Höll).

5.3.4 Mündliches Beschreiben

Beschreibungen sind als eigene Gattung kaum dingfest zu machen, so vielfältig sind ihre Formen, die sich aus verschiedenen Funktionen ergeben. Auch beim Beschreiben kommt es wesentlich darauf an, einen Gegenstand, einen Ort, einen Weg, einen Sachverhalt usw. sprachlich so darzustellen, dass die Zuhörenden eine Vorstellung davon entwickeln können, die dem Beschriebenen tatsächlich ähnelt. Beschreibungen „in Reinform" kommen allerdings nur unter ganz spezifischen Umständen vor. Sofern sie sich nicht nur auf Gegenständliches, sondern prinzipiell auf alle Arten von Sinneseindrücken beziehen können (z. B. auf das Gefühl nach einer bestandenen Prüfung, auf die Atmosphäre eines Herbstabends, auf eine verlorene Armbanduhr), sind sie in aller Regel eingebettet in andere Gattungen, und sie stehen in deren Dienst.

B

Beispiel: So genau wie möglich

„Beschreibe deinen Schulweg! Achte auf Genauigkeit!", so hatte die Hausaufgabe in der fünften Klasse eines ländlichen Gymnasiums gelautet und der 11-jährige Torsten hatte einen langen Text geschrieben. Von dem allerdings zeigte sich sein Lehrer in der Deutschstunde am folgenden Vormittag wenig begeistert und die Benotung der Hausaufgabe verriet, dass er sich offensichtlich von dem Schüler auf den Arm genommen fühlte, der unter dem verhaltenen Gelächter seiner Mitschüler vorgelesen hatte:

„Zuerst fährt der Bus etwa einen Kilometer geradeaus, dann kommt eine Rechtskurve, dann kommt eine Linkskurve und dann kommt wieder eine lange Rechtskurve. Nach hundert Metern geradeaus kommt die nächste Haltestelle, dann geht es wieder geradeaus und dann kommt eine Linkskurve, danach kommt wieder eine Rechtskurve ..."

Und so weiter. Die Fahrtstrecke bis zur Kreisstadt beträgt etwa 10 km. Die Geschichte ist wahr. Torsten hat die unkommentierte Benotung damals hingenommen, verstanden hat er sie nicht, ebenso wenig wie das Lachen seiner Mitschüler. Heute ist er Polizist. Wegbeschreibungen gehören vermutlich zu seinem täglichen Geschäft. Ob er das dafür Notwendige in seinem Deutschunterricht gelernt hat? (Feilke 2003, S. 6)

Entsprechend ergeben sich die Anforderungen nicht nur aus den Merkmalen des Beschriebenen, sondern vor allem aus der Funktion der Beschreibung für einen bestimmten Zweck und ein bestimmtes Publikum, z. B. im Rahmen einer Erklärung, einer Anleitung, einer Begründung. Einen potenziellen Käufer interessieren bei der Beschreibung eines Autos andere Details als eine Polizistin, die bei einem Unfall mit Fahrerflucht ermittelt, oder die Leserin oder den Leser einer Kurzgeschichte, in der die Protagonistin über ihr Fahrzeug charakterisiert wird. Die Anforderung, dass eine Beschreibung so genau wie möglich erfolgen sollte, führt deswegen wie bei dem armen Fahrschüler Torsten in die Irre. Wichtiger ist die Fähigkeit, die jeweilige Perspektive der anderen zu verstehen. Für Aufgabenstellungen ist es deswegen entscheidend, statt einer formalen Norm („möglichst präzise") den Zweck zu bestimmen, den eine Beschreibung in einem bestimmten kommunikativen Zusammenhang erfüllen soll.

> „Gute Beschreibungen funktionieren in diesem Sinne nicht als Abbildungen, sondern als Anleitungen zu praktischen oder imaginativen Nachkonstruktionen, sei es eines Lautes, eines Weges, einer realen oder fiktiven Landschaft:" (Feilke 2003, S. 7 f.)

Das gilt auch für die Spielart der *Vorgangsbeschreibung* oder treffender: Instruktion bzw. Anleitung. Wer instruiert, verfügt in der Regel über praktische Erfahrungen mit einer der Sache angemessenen Vorgehensweise. Diese sollen mit den Zuhörenden geteilt werden. Instruktionen zielen nicht nur auf eine Darstellung des Vorgangs ab, sondern haben quasi Appellcharakter: Wenn die Zuhörenden allen Schritten gewissenhaft folgen, sollten sie dadurch auch zum angezielten Ergebnis gelangen (beispielsweise den Weg zum Bahnhof finden, einen Kuchen backen, ein Regal zusammenbauen).

Wenn das Beschreiben im Unterricht geübt werden soll, dann eignen sich Aufgaben, bei denen möglichst unmittelbar augenfällig wird, ob die Beschreibung bei den Zuhörenden „funktioniert" bzw. ob sie aufmerksam zugehört haben. Didaktisch produktiv sind beispielsweise zahlreiche Ratespiele (beschrieben wird ein Gegenstand im Raum, ein Berufsbild, ein Gemälde, der Weg zu einem Schatz oder auf dem Stadtplan, eine Bastelaufgabe).

Im Sinne der Maximen aus Kapitel 7.3 bietet aber auch hier der Unterrichtsdiskurs viele Gelegenheiten, die Rolle und Funktion von Beschreibungen bewusst zu machen, wenn sie im Kontext verschiedener Sprachhandlungen auftauchen („Kannst du mal beschreiben, wie du das genau gemacht hast?"; „Ich kann mir gar nicht richtig vorstellen, wie es da aussieht, beschreibst du es uns ein bisschen?"; „Wie muss man sich denn diese Situation genau vorstellen?")

A

Aufgaben und Ideen für den Unterricht

Wundertüte (Material: Tasche mit verschiedenen Gegenständen)
In einer Tasche befinden sich mehrere eher ungewöhnliche Gegenstände (z. B. eine Gummiente, ein Sparschäler, ein Brillenetui, ein Bluetooth-Kopfhörer). Eine Person ertastet zunächst den Gegenstand und beschreibt, was er oder sie fühlen kann, ohne aber den Gegenstand zu benennen. Die anderen in der Lerngruppe hören genau zu und überlegen, um welchen Gegenstand es sich handeln könnte.

Bauaufsicht (Material: Legosteine, Bauklötze, Steckspiel o. Ä.)
Für dieses Spiel werden Baumaterialien benötigt wie zum Beispiel Lego- oder Duplosteine, Bauklötze, Tangram-Puzzles, Steckspiele (wie Ministeck, Steckblumen, Bristle Blocks) oder ähnliche Materialien in ausreichender Menge. Zwei Personen setzen sich Rücken an Rücken oder stellen einen Sichtschutz zwischen sich auf. Eine Person beginnt, etwas zu bauen oder

zu legen und beschreibt dabei möglichst genau die einzelnen Arbeitsschritte, die andere hört zu und versucht, dasselbe nachzubauen. Beim Vergleich der fertigen Werke zeigt sich, wie erfolgreich sowohl die Erklärung als auch das Zuhören war. Ein drittes Gruppenmitglied kann den Prozess beobachten und aufklären, an welcher Stelle – und ggf. aus welchen Gründen – etwas „schiefgegangen" ist. Das Spiel bietet viele Möglichkeiten, die Schwierigkeit an die eigenen Möglichkeiten anzupassen. Zum Beispiel können die Spielenden verabreden, ob Nachfragen erlaubt sind, sie können das Tempo steigern oder die Auswahl der Materialien begrenzen.

5.3.5 Mündliches Argumentieren

Neben dem Erklären kommt auch dem Argumentieren und Begründen im Deutschunterricht eine besondere Bedeutung zu. Zum einen spielen Begründungen bei der Vermittlung von Unterrichtsinhalten eine zentrale Rolle. Zum anderen stellt das Argumentieren als Verfahren zur Lösung von Konflikten einen Kern demokratischen Handelns dar. Anlässe für argumentative Gesprächspraktiken kann man auf das zentrale Ziel zurückführen, eine (tatsächlich oder möglicherweise) strittige Frage argumentativ in etwas Unstrittiges zu überführen bzw. verallgemeinerbare Geltungsansprüche zu begründen. Dabei geht es in aller Regel nicht nur um den Wahrheitsgehalt von Aussagen, sondern auch um die Zwecke, Interessen und Positionen der einzelnen Beteiligten, und zwar sowohl bezogen auf den Gesprächsgegenstand als auch in Bezug auf die eigene Identität. Letzteres wird mit dem vielzitierten Ideal vom „eigentümlich zwanglosen Zwang des besseren Arguments" (Habermas) allerdings leicht ausgeblendet. Das kann zu Auseinandersetzungen führen, die nur scheinbar auf der Sachebene verortet sind. Auch dies zu erkennen gehört zu den wichtigen Gesprächsfähigkeiten.

Der Erwerb von Argumentationsfähigkeiten bei Kindern und Jugendlichen wurde in verschiedenen Beobachtungsstudien untersucht (z. B. von Vogt 2002, Spiegel 2006, Krelle 2014, Hauser/Luginbühl 2017). Jüngere Kinder setzen bei Konflikten auf Lautstärke, Körperkraft oder sehr einfache sprachliche Paarsequenzen („nein – doch – nein – doch" oder „das ist meiner – nein, meiner – nein, meiner"). Sie sind aber durchaus auch schon in der Lage zu begründen und zu verhandeln.

> „Die Entwicklung schreitet fort zu stärkeren Überzeugungs- und Gesichtsschonungsstrategien, zu mehr Varianz in den Argumentationsmustern, einschließlich metakommunikativer Strategien. Auch lässt einfaches Insistieren mit höherem Alter nach."
> (Kotthoff 2009, S. 50 f.)

Mit zunehmendem Erwerbsalter erweisen sich mündliche Diskussionen auch immer stärker als ko-konstruktive Praktiken wie im folgenden Beispieltranskript aus einer neunten Klasse: Sara, Velten, Eike-Brian und Dorothee diskutieren über die Frage, ob der Zugang zu Hausaufgabenseiten im Internet altersbeschränkt werden sollte.

Computer oder Lexikon

Sara	*ja schon (.) aber ähm (-) Nur durch die ähm durch die*
	ComPUTER ist das doch nicht schlimmer geworden (-) früher
	sind die kinder doch auch in die bücheREI gegangen (.)
	haben=n LEXIkon genommen haben sich alles RAUSgeschrieben
	(-) genauso wie es im LEXIkon steht (.)
	[das ist das (--)]
(Velten)	*[Aber is=es=is (-)]*
Sara	*is=kein unterschied!*
Velten	*aber ((lacht)) is=es=es=is ((lacht)) nicht was Anderes ob*
	man sich selber (.) von von verschiedenen seiten
	informationen zusammensucht und die arbeit SELber verfasst
	oder die [hausaufgabe (.)
(Eike-Brian)	*[genau= oder (.) rausschreibst]*
Velten	*oder ob man sich]*
	auf hausaufgaben (-) seiten schon fertige hausaufgaben
	herunterlädt [so was was]
Eike-Brian	*[von de=man] gar nicht weiß (.) ob sie*
	überhaupt richtig sind (.)
(Dorothee)	*[NE:: ich denke (.) man liest sich das (doch)=vorher*
	erstmal alles durch (.)]
Eike-Brian	*was im LEXIkon steht ist ja auch bewiesen!]* (Krelle 2014, S. 211 f.)

Sara argumentiert für ihre Position, dass sich durch Hausaufgabenseiten im Internet gar nichts Grundsätzliches geändert habe: Früher hätten Schülerinnen und Schüler das gleiche (Hausaufgaben „rausschreiben“) eben mit Lexika aus der Bücherei gemacht. Dagegen wenden sich Velten und Eike-Brian. Zunächst bestreitet Velten die Analogie: Der Unterschied bestehe zum einen in einem eigenständigeren Erarbeiten statt einer bloßen Übernahme. Eike-Brian unterstützt in einem parallelen Beitrag das Argument („*genau*“) und verdeutlicht es, indem er Saras Formulierung („*oder rausschreibst*“) aufnimmt. Im schnellen Anschluss an Veltens Turn baut er dann das Argument aus und erweitert es um den Aspekt der Verlässlichkeit der Informationen.

Ob solche Sequenzen vorkommen, hängt allerdings nicht nur von den Fähigkeiten der Schülerinnen und Schüler ab, sondern auch vom organisatorischen Setting, das von vollständig spontanen Diskussionen in der Alltagskommunikation (auch der Schule) bis hin zu extrem reglementierten Formaten reichen kann.

- Die Debatte ist ein solch reglementiertes Format: Zu einer strittigen Frage bereiten sich eine Pro- und eine Kontra-Gruppe inhaltlich vor, sammeln Argumente und legen eine strategische Reihenfolge fest. Während der Debatte werden dann abwechselnd Statements ausgetauscht, für die es eine feste Zeitvorgabe gibt. Eine Spielleitung überwacht die Einhaltung der Regeln; eine Jury urteilt am Ende über den (Miss-)Erfolg der jeweiligen Argumentation.
- In Kleingruppen findet der „kontrollierte Dialog“ statt: Zwei Personen diskutieren (kontrovers) über ein Thema. Dabei muss jeweils das Statement der anderen zunächst sinngemäß wiederholt werden, bevor man selbst es beantwortet. Eine dritte Person achtet auf die Einhaltung der Regeln und weist ggf. auf inhaltliche Missverständnisse hin.
- Weniger reglementiert ist das Fishbowl-Format: Eine kleinere Gruppe diskutiert im Innenkreis, ein Außenkreis beobachtet. Varianten erlauben es, aus dem Außenkreis auf einen leeren Stuhl im Innenkreis zu wechseln oder eine Person aus dem Innenkreis „abzuklopfen“, um die eigene Position in die Diskussion einzubringen.
- Möglich und sinnvoll ist aber auch das Üben in Kleingruppen, das allen die Chance eröffnet, sich zu beteiligen. Die Schülerinnen und Schüler erproben und erfahren sich selbst als Diskutierende über die verschiedensten Fragen und Themen. Für solche Themen lohnt es sich, eine Ideensammlung anzulegen.
- Argumentative Sequenzen können zudem *lokal* in jedem Alltags- und Unterrichtsgespräch vorkommen, ohne dass dieses *global* von den Beteiligten als Diskussion gerahmt werden müsste. Themen, die sich aus dem Unterricht heraus als kontrovers erweisen, oder Entscheidungsfragen, für die die Klasse zu einem Ergebnis kommen muss, bieten sich als Lerngelegenheiten an. Generell ist es wertvoll, vor einer Plenumsdiskussion eine erste Selbstvergewisserung als „Murmelphase“ in kleinere Gruppen zu verlegen.
- Schließlich kann man auch auf eine Meta-Ebene wechseln und – beispielsweise in einem *Blitzlicht* – über die eigenen Erfahrungen in einer Diskussion sprechen.

Argumentationen und Begründungen zählen zu den im engeren Sinne bildungssprachlichen Praktiken. Damit kommt – ebenso, wie es oben fürs Erklären dargestellt wurde – auch hier dem Unterrichtsgespräch eine besondere Bedeutung als Erwerbskontext zu. Ergebnisse aus einer qualitativen Studie von Heller u. a. (2017) zeigen aber, wie komplex die Anforderung an

Lehrpersonen ist, neben dem fachlichen Inhalt einer Schüleräußerung auch diskursive Praktiken des Begründens wahrzunehmen: In Gruppendiskussionen unterhielten sich die beteiligten Lehrerinnen und Lehrer über Unterrichtsvideos mit Schüleräußerungen. Dabei erkannten sie die Beiträge der Schülerinnen und Schüler vor allem als „Fenster in das Verstehen", beurteilten die fachliche Korrektheit und äußerten Vermutungen über die Persönlichkeit der Schülerinnen bzw. Schüler. Deutlich seltener wurden Äußerungen der Schülerinnen und Schüler als Ausweis von Diskursfähigkeiten im Bereich Erklären und Begründen thematisiert.

Es bietet sich deswegen für den Unterricht unbedingt an, das Argumentieren und Begründen nicht nur zum Zwecke der Wissensvermittlung und Überprüfung zu nutzen, sondern auch selbst zum Lerngegenstand zu machen. Bei solchen Diskutier-Übungen steht das Argumentieren als Praktik im Vordergrund, nicht so sehr das Thema. Gelungene Arrangements zeichnen sich dadurch aus, dass die Schülerinnen und Schüler das Gespräch weitgehend selbst vorantreiben. Sie sind dabei jederzeit gleichzeitig Zuhörende und (potenziell) Sprechende, d. h. sie müssen ggf. einen eigenen Beitrag planen und gleichzeitig darauf achten, dass er auch weiterhin passt. Dabei gilt es, Argumente der anderen nicht nur zu verstehen und darauf einzugehen, sondern sie auch für die eigene Argumentation zu nutzen (um beispielsweise die eigene Position zu stärken oder zu einem gemeinsamen Ergebnis zu kommen). Gleichzeitig ist es gerade in lebendigen Diskussionen eine Herausforderung, die gesprächsstrukturierenden Signale der Beteiligten zu verstehen und eigene so zu senden, dass man auf Wunsch auch zu Wort kommt.

A

Aufgaben und Ideen für den Unterricht

Denkanstöße (Material: Sammlung mit Diskussionsimpulsen, s. M 11)
Auf den Seiten der New York Times finden sich Hunderte von Diskussionsimpulsen, die jeweils auf Zeitungsartikeln oder Bildern basieren, aber auch ohne diese funktionieren. Eine übersetzte Auswahl solcher Denkanstöße befindet sich als Lose in einem Gefäß. Die Schülerinnen und Schüler ziehen eines dieser Lose und tauschen sich in Gruppen zwischen zwei und sechs Personen darüber aus. Sinnvoll ist eine minimale Zeitvorgabe (z. B. fünf Minuten), damit im Gespräch auch weniger offensichtliche Aspekte des Themas an die Oberfläche gelangen können. (Idee: www.nytimes.com)

Streitgespräch (Material: Videowiedergabe)
Eine anspruchsvolle Analyseaufgabe: Die Schülerinnen und Schüler sehen zusammen ein Streitgespräch zu einem aktuellen Thema (sehr ergiebig ist eine Talksendung mit Jörg Thadeuz und Maja Göpel;

QR10: Talk aus Berlin

siehe QR-Code 10). Im Mittelpunkt steht dabei nicht die eigene Position zum Thema, sondern die Art und Weise, wie sie im Gespräch verhandelt wird. Dafür können verschiedene Aspekte mündlichen Sprachhandelns als Beobachtungsschwerpunkte auf Gruppen verteilt werden:

- Wer hat im Gespräch welche Rolle?
- Welche Themenaspekte werden (von wem) angesprochen?
- Welche Zugzwänge finden sich?
- Wie kann man den sprachlichen Stil beschreiben? Verändert er sich im Laufe des Gesprächs?
- Welche Emotionen kann man erkennen? Woran? Wie verändern sie sich?
- Gibt es Auffälligkeiten bei Körperhaltung, Stimmführung, Sprechgeschwindigkeit?
- An welchen Stellen gerät jemand ins Stocken? Warum?

5.4 Das große Solo: Vortrag, Rede, Präsentation

Dass mündliches Handeln grundsätzlich dialogisches Handeln ist, gilt auch für solche Formen, in denen einem Sprecher oder einer Sprecherin für einen längeren – gefühlt manchmal sehr langen – Zeitraum ein exklusives Rederecht zugestanden ist. Insbesondere in schulischen oder akademischen Situationen steht ein solcher Fall solistischen Sprechens besonders im Fokus, nämlich der Vortrag, die Rede, die Präsentation, das Referat und ähnliche Formate. Sie stellen gewissermaßen die ultimative Herausforderung mündlicher Leistungen dar, und das aus zwei Gründen:

- *Quantitativ* ist der Zeitraum, der typischerweise für einen solchen Beitrag vorgesehen ist und damit auch gestaltet werden muss, sehr viel länger als

ÜBRIGENS: VORTRAG – REDE – PRÄSENTATION

Die gängigen Bezeichnungen Rede, Vortrag, Referat, Präsentation usw. sind nicht trennscharf; jedes Format betont aber einen Aspekt besonders:

- Die *Rede* ist ein Oberbegriff aus der klassischen Rhetorik; sie kann laut Cicero zu unterschiedlichen Anteilen belehren, erfreuen, bewegen. Heute denken wir v. a. an feierliche Anlässe.
- Im sachlichen *Vortrag* steht die Weitergabe von (eigenem) Wissen im Vordergrund.
- *Vortragen* kann man aber auch literarische Texte; darin, wie man sie zum Klingen bringt, liegt immer auch ein Stück Inszenierung und Interpretation (zum lebendigen Vorlesen und Vortragen vgl. Hillegeist/Pabst-Weinschenk 2021).
- Beim *Referat* werden eher Inhalte aus anderen Quellen aufbereitet und wiedergegeben.
- Die *Präsentation* impliziert zumeist den begleitenden Medieneinsatz zur Unterstützung und Illustration des Gesagten.

bei den meisten alltäglichen Sprechanlässen. Es geht also um umfangreiche mündliche Äußerungen. Damit steigert sich die Schwierigkeit aller schon genannten Anforderungen, denn sie müssen über diesen längeren Zeitraum hinweg gestaltet und kontrolliert werden.
- *Qualitativ* erwächst aus der herausgehobenen Rolle des oder der Vortragenden eine gewisse Verantwortung: Um die zur Verfügung stehende Zeit, Aufmerksamkeit und Konzentration der Zuhörenden zu rechtfertigen, ergeben sich besondere Ansprüche an die Bedeutung, Verständlichkeit, Interessantheit, aber auch die sinnvolle Strukturierung des Gesagten.

Aus beiden Gründen, dem quantitativen wie dem qualitativen, sind mündliche Vorträge keine spontanen Äußerungen, sondern sie werden geplant und vorbereitet. Insofern liegen Präsentationen und Vorträge von ihrer Konzeption her tatsächlich näher am distanzsprachlichen, konzeptionell schriftlichen Pol des Modells von Koch und Oesterreicher (s. Kapitel 4.4): Rückfragen können nicht beliebig gestellt werden, der Wortlaut ist „textartiger“ und das Gesagte ist auch weniger stark an die einzelne Situation gebunden als spontane mündliche Beiträge.

Obwohl eingehende Vorbereitung also nicht nur akzeptiert, sondern im Regelfall erwartet wird, ist damit das verbreitete Idealbild des freien Sprechens auch bei längeren Vorträgen nicht außer Kraft gesetzt: Als besonders gelungen gelten gemeinhin solche Reden, die „nicht abgelesen“ wirken. Entsprechend muss mit den schriftlichen Produkten der Vorbereitung (Präsentationsfolien, Notizen oder Manuskript als Sprechvorlage) in der eigentlichen Vortragssituation souverän umgegangen werden. Sie stellen damit nicht nur eine Entlastung dar, sondern bringen ggf. auch eine zusätzliche Komplikation ins Spiel.

Hinzu kommt, dass auch bei dem, was in den Bildungsstandards noch unter „monologischem Sprechen“ gefasst wird, immer auch das Publikum mit-

ÜBRIGENS: STILL-FACE-PARADIGMA

Der Entwicklungspsychologe Edward Tronick untersuchte in den 1970er und 80er Jahren die Bindung zwischen Kleinkindern und ihren Müttern mithilfe von *still-face-Experimenten*: Babys reagieren sehr schnell mit Stress, wenn sie von ihrer Bezugsperson keine Reaktion erhalten (Video: s. QR-Code 11). Aber nicht nur für Babys bedeutet das Ausbleiben von Zuhörerreaktionen eine erhebliche Belastung: Eine der häufig eingesetzten Aufgaben, die (natürlich nur zu Forschungszwecken) bei Kindern, Jugendlichen oder Erwachsenen Stress auslösen sollen, ist der Trier Social Stress Test (TSST): Eine „Jury“ hört den Bewerbungsvortrag einer Versuchsperson um eine fiktive Stelle. Dabei sind die Jury-Mitglieder dazu angehalten, keinerlei mimische Reaktion zu zeigen.

spielt, indem es permanent Interesse, Verstehen, Zustimmung signalisiert – oder auch (gewollt oder ungewollt) das Gegenteil. Selbst erfahrene Rednerinnen und Redner berichten, welch starke Effekte ein ablehnendes, kritisches, wohlwollendes oder enthusiastisches Publikum auf die Qualität der eigenen Darbietung haben kann. In der Forschung zeigt sich, dass dieses *still face paradigm* Stress hervorruft (s. QR-Code 11).

QR11: still face paradigm

Aus all diesen Gründen stellen längere Vorträge und Präsentationen sowohl an Sprecherinnen und Sprecher als auch an die Zuhörenden besondere Anforderungen. Um im Orchester-Bild zu bleiben: Das große Solo ist aufregender, riskanter, anspruchsvoller und braucht mehr Übung und Vorbereitung als das Mitspielen im Orchester und auch als die kleineren solistischen Beiträge, die in Kapitel 5.3 beschrieben wurden. Zu den „großen Soli" in der Schule gehören beispielsweise

- die mediengestützte Präsentation (anhand von digitalen Folien, Plakaten oder Tafel ...)
- das Referat, die Buchvorstellung
- die Rede bei der Abschlussfeier

und darüber hinaus:

- der Vorlesewettbewerb
- der gestaltende Vortrag eines lyrischen Textes
- das szenische Spiel, die Theateraufführung

In all diesen Formaten kommen zahlreiche Anforderungen an Stimme, Mimik, Gestik, Bewegung im Raum, Berücksichtigung des Publikums, Strukturierung, Verwendung sprachlicher Mittel, Selbstdarstellung usw. zusammen, die von den Vortragenden parallel prozessiert, also gedanklich bearbeitet und praktisch umgesetzt werden müssen.

Das Management dieser vielfältig untereinander verflochtenen und voneinander abhängigen Anforderungen kann man sich vorstellen wie die Kunst eines Tellerjongleurs: Viele Teller müssen gleichzeitig auf ihrem Stab gehalten werden; braucht ein Teller besonders viel Aufmerksamkeit, kann es leicht sein, dass ein anderer zu trudeln beginnt oder herunterfällt. So kann es passieren, dass man beim Sprechen aus dem Konzept kommt, weil einem ein Name entfallen ist, ein unpassender Gedanke dazwischenfunkt, die anderen offenbar nicht mehr richtig zuhören oder einem plötzlich auffällt, dass man schon zum vierten Mal „gewissermaßen" gesagt hat, ein Füllwort, das man sich doch eigentlich abgewöhnen wollte. Sich die Komplexität dieser Anforderung bewusst zu machen, ist eine entscheidende Voraussetzung, wenn im

Unterricht Vorträge, Präsentationen, Referate etc. gehalten werden sollen. Umgekehrt gilt aber auch: Jeder Teller, der fast wie von selbst oben bleibt und keine besondere Aufmerksamkeit beansprucht, erlaubt eine höhere Konzentration auf andere Teilaspekte. Wenn man eine Anekdote schon oft zum Besten gegeben hat, gewinnt sie vielleicht gerade dadurch, dass man durch Übung das Timing und die Ausgestaltung der Pointe verbessert hat, während man über die Geschichte selbst nicht mehr groß nachdenken muss. Wer über einen flexiblen und umfangreichen Wortschatz verfügt, braucht weniger Ressourcen für die Suche nach einem treffenden Ausdruck. Wenn man bereits häufiger Erfahrungen als Referent oder Referentin sammeln konnte, wird man müheloser in diese Rolle hineinschlüpfen und sie leichter ausfüllen können.

Zusätzlich zu den erforderlichen Übungsgelegenheiten kann man bei der Gestaltung einer Aufgabenstellung für ein Referat oder eine Präsentation dafür sorgen, dass einzelne „Teller" fixiert sind,

- dass die Schülerinnen und Schüler also beispielsweise über ausreichendes thematisches Weltwissen verfügen,
- dass sie Materialien erhalten, auf die sie in der Vorbereitung zurückgreifen können,
- dass ihnen eine Struktur vorgegeben wird, an die sie sich halten können oder
- dass sie im Vorfeld Prozeduren für wichtige Schaltstellen einüben („Habt ihr euch schon einmal gefragt, warum ...?", „Ich möchte auf drei Punkte eingehen: Erstens ..."; „Ich komme zum Schluss"; „Vielen Dank fürs Zuhören"). Solche sprachlichen Routinen empfiehlt Karin Aguado insbesondere auch für Lernende mit nichtdeutscher Erstsprache:

> „Solche Routinen erfüllen gleichzeitig mehrere Funktionen: Sie verhelfen den Sprecher/innen zur Bildung grammatisch korrekter und idiomatisch angemessener Äußerungen, geben ihnen Formulierungssicherheit und unterstützen sie auf diese Weise beim Erwerb der erforderlichen Handlungsfähigkeit." (Aguado 2015, S. 1)

Zusätzlich müssen aber zwingend ausreichend Zeit und Möglichkeiten zur Vorbereitung, Übung und Reflexion hinzutreten, damit etwas aus dem großen Solo gelernt werden kann.

Große Soli brauchen Vorbereitung

Sich bei einer Feier oder Versammlung spontan zu erheben, das Mikro zu nehmen und eine Rede zu halten, die alle mitreißt, zu Tränen rührt und tosenden Beifall erntet – so etwas gibt es vermutlich nur in Hollywoodfilmen. Im richtigen Leben gilt, dass längere Vorträge vorbereitet werden müssen.

Im Rahmen dieser Vorbereitung kommen typischerweise *schriftbasierte* Praktiken zum Tragen (recherchieren, lesen, exzerpieren, ordnen, ggf. illustrieren).

Abbildung 15 zeigt die Anforderungen, die eine softwaregestützte Schülerpräsentation mit sich bringt, und zwar aufgeteilt in zwei getrennte Produktionssituationen. *Situation I* umfasst die zahlreichen Leistungen, die im Vorfeld zu erbringen sind: Informationen finden, auswählen, sortieren und anordnen, Folien oder andere Präsentationsmedien gestalten, eine Sprechvorlage erstellen usw. Ein Großteil dieser Handlungen findet im Medium der Schriftlichkeit statt. Nicht nur die Recherche, auch das Erstellen von Postern, Folien, eines Redemanuskripts oder einer Sprechvorlage ist ja zunächst schriftliches Handeln. Allerdings muss hier auch schon die mündliche Präsentationssituation bedacht und berücksichtigt werden. Dazu gehören die Berücksichtigung der Bedürfnisse von Zuhörerinnen und Zuhörern, die Vorbereitung auf eine auch konzeptionell mündliche Redeweise, die Schriftgröße auf einer Sprechvorlage („Spickzettel") usw.

In der *Situation II*, der eigentlichen mündlichen Präsentationssituation, müssen nun die thematischen Inhalte, die schriftlichen Medien, das Sprechdenken (vgl. Kapitel 3.3) und Sprachhandeln, die Selbstdarstellung, die eigenen Emotionen (Lampenfieber) mitsamt ihren körperlichen Anzeichen, die Publikumsreaktionen und einiges mehr koordiniert und kontrolliert wer-

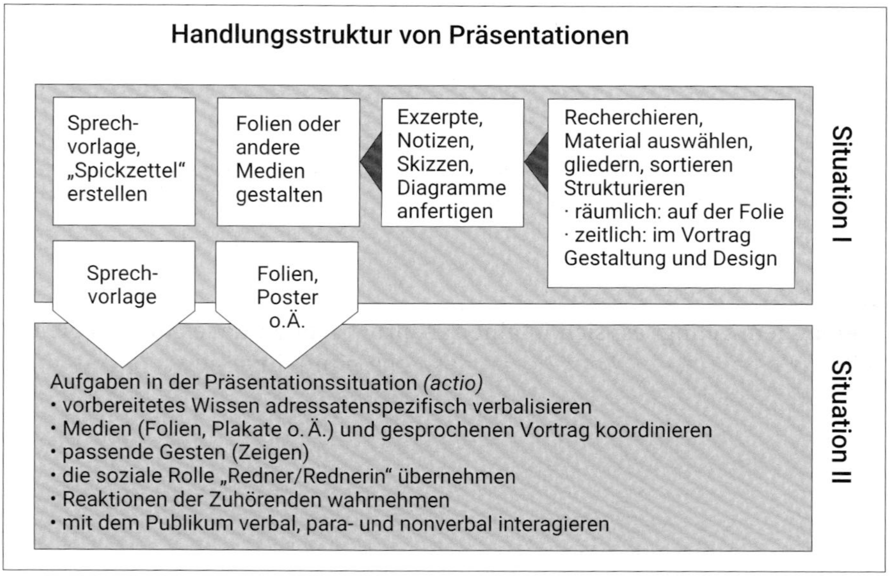

Abbildung 15: Eine Präsentation vorbereiten und halten (nach Gätje u. a. 2016, S. 8)

den. Je besser es dabei in der Vorbereitung gelungen ist, sich die mündliche Situation vorzustellen, desto unproblematischer dürfte diese anspruchsvolle Koordination gelingen. Wer aber beispielsweise während eines Vortrags schriftsprachlich ausformulierte Sätze im Kopf noch umstellen muss, um sie an die Bedürfnisse von Zuhörenden anzupassen, und wer dabei noch versucht, den Blick von der Sprechvorlage zu heben, macht es sich selbst besonders schwer.

Große Soli brauchen Übung

Ob die Passung zwischen *Situation I* und *II* gelingt, ob also zum Beispiel eine Sprechvorlage, ein Vortragsskript, ein Poster oder Plakat oder die Präsentationsfolien sich als geeignet für einen flüssigen und weitgehend freien Vortrag erweisen, zeigt sich oft erst in der konkreten Umsetzung. Das gleiche gilt auch für die zeitliche Dimension: Auch erfahrenen Rednerinnen und Rednern passiert es, dass sie ihren Zeitbedarf falsch einschätzen. Und auch sie vergessen „im Eifer des Gefechts", ein Blatt auszuteilen, einen Gegenstand zur Illustration hochzuhalten oder zur nächsten Folie weiterzublättern.

Das Jonglieren mit Medien, Anschauungsmaterial und Sprache ist eine herausfordernde Aufgabe. Deswegen sollte für das große Solo ausreichend Raum und Zeit zum Üben zur Verfügung stehen (z. B. zu Hause vor einer Versammlung von Sofakissen oder auch in einer Kleingruppe). Zudem sollten Teilfertigkeiten wiederholt trainiert werden. Zum Beispiel kann man sich beim PowerPoint-Karaoke vornehmen, gerade die Übergänge zwischen zwei Folien flüssig zu gestalten. Oder man macht regelmäßig Stimmübungen (s. Kapitel 3.2), mit denen man schnell zu einer gesunden Sprechlage zurückfindet. Darüber hinaus erproben Schülerinnen und Schüler auch mit jedem ausgebauten Beitrag zum Unterrichtsgespräch ihre mündlichen Fähigkeiten. Je häufiger solche „kleinen" Übungen im Unterricht eingesetzt werden, umso geläufiger und auch umso weniger „peinlich" werden die entsprechenden Teilkompetenzen.

Große Soli brauchen Reflexion

Niemandem gelingt es, sich in einer anspruchsvollen Redesituation gleichzeitig selbst zu beobachten (wenn das doch einmal passiert, ist man auch ganz schnell „raus"). Um also das Reden, Präsentieren, Vortragen, Aufführen zu lernen, gehört zu jeder Übungssituation eine Reflexion.

Gerade dann, wenn vor einem größeren Publikum, damit verbunden auch in größeren Räumen, gesprochen werden soll, müssen wir auf das, was uns natürlich und normal erscheint, bewusst „eine Schippe drauflegen". Häufig kommt das nicht nur Kindern, stärker noch Jugendlichen, sondern auch Erwachsenen peinlich und übertrieben vor.

> „Weil wir uns selten so hören und sehen, wie andere uns wahrnehmen, hat jeder Einzelne einen blinden Fleck in der Selbstwahrnehmung, der vor allem Stimme, Sprech- und Körperausdruck betrifft." (Pabst-Weinschenk 2016, S. 27)

Ein Gefühl dafür, welche Art des Sprechens in welcher Situation passend und wirksam ist (und wie sich diese beim Sprechen „anfühlen" muss), stellt sich aber wiederum nicht durch eine gelegentliche Rückmeldung ein, sondern nur durch häufige Wiederholung. Hilfreich sind dabei Videofeedbacks. Auch hier muss in aller Regel zunächst eine gewisse Befangenheit überwunden werden: Manche ertragen es kaum, wenn sie sich das erste Mal selbst in einer Aufnahme sehen und hören. Die Chance der Selbstwahrnehmung und der Abgleich mit den Wahrnehmungen anderer ist aber für die selbstbewusste Übernahme der Rolle als Sprecher oder Sprecherin so wertvoll, dass es sich lohnt, diese Verlegenheit zu überwinden und daran gezielt zu arbeiten.

Entscheidend ist dafür neben der regelmäßigen Wiederholung ein respektvolles, wertschätzendes und angstfreies Klima sowie ein aktiver Schutz der Persönlichkeitsrechte. Kleine Videomitschnitte können beispielsweise mit dem jeweils eigenen Handy gemacht werden, um so möglichen Missbrauch zu vermeiden.

Anders als beispielsweise bei Schauspielerinnen und Schauspielern (oder auch bei einer logopädischen Behandlung) ist es übrigens nicht unbedingt ratsam, Gewohnheiten separat ändern zu wollen: Körpersprache, Sprechausdruck und Wortsprache bilden– im wahrsten Sinne – ein organisches Ganzes.

> „Gesten werden nicht gemacht, um der Äußerung etwas hinzuzufügen, sondern sie sind fundamental an der Konzeptualisierung beteiligt. [...] Körpersprache darf also nicht als additiv missverstanden werden (sie wird nicht nur aus optischen Gründen hinzugefügt!), sondern sie ist elementar an der Sprachproduktion beteiligt und erleichtert oder behindert das Sprechdenken." (Pabst-Weinschenk 2016, S. 30)

Das Zusammenspiel von verbalen, para- und nonverbalen Aspekten einer Äußerung ist weitgehend automatisiert und unbewusst; wer schon einmal versucht hat, (besonders in einer aufregenden Situation) bewusst bestimmte Füllwörter oder Bewegungen zu vermeiden, kennt das: Die Konzentration auf einen einzelnen Aspekt des eigenen Sprechens führt dazu, dass auch alles andere aus dem Fluss gerät. Möglich und sinnvoll sind aber Übungen und Spiele, bei denen sich die Schülerinnen und Schüler anhand von kürzeren Äußerungen experimentierend auf die Suche nach dem passenden Sprechausdruck begeben. Viele Anregungen und Spiele stammen aus dem Theatersport bzw. Improvisationstheater. Oft bieten Theatergruppen oder theaterpädagogische Einrichtungen auch Workshops dazu an, die von Schulen gebucht werden können.

Deutlich wertvoller als eine Kritik an stimmlichen und sprecherischen Angewohnheiten, verbunden mit der expliziten oder impliziten Aufforderung, „es anders zu machen“, ist die Verstärkung von gelungenen, ansprechenden und wirkungsvollen Sprechleistungen. Wenn jemand dauernd an den Haaren herumspielt oder die Hände in den Taschen vergräbt, wird ein Hinweis darauf wenig nützen, wenn man nicht weiß, wo die Hände stattdessen hinsollen. Besser ist es, nach gelungenen Momenten zu suchen und die Bedingungen dafür zu ergründen („Als du euer Baumhaus beschrieben hast, hast du ganz locker gewirkt“). Hilfreich ist auch die Suche nach Alternativen – ggf. auch nur als Übergangslösung – so kann es zum Beispiel helfen, einen Stift oder ein paar Karten mit beiden Händen vor dem Körper zu halten.

Dabei sollte nicht ein idealer Vortrag (oder gar eine Ansammlung idealer Vortragsmerkmale) im Mittelpunkt stehen, sondern zunächst das Ziel, die Außenwirkung und die Selbstwahrnehmung in Einklang zu bringen:

- Wie kräftig muss ich meine Stimme einsetzen, um von allen gut verstanden zu werden?
- Wie hören sich meine Planungspausen an (still oder mit *ähm*, *mmh*, langgezogenen Vokalen oder Wortwiederholungen) und wie hat das auf die Zuhörenden gewirkt?
- Wie „groß“ dürfen meine Gesten sein, ohne übertrieben zu wirken?
- Wie viel Bewegung wirkt lebendig und dynamisch, ohne beim Zuhören zu irritieren?
- Welche „Ableitungsbewegungen“ (nervöse Gesten, Spielen mit Gegenständen) habe ich gemacht und wie störend waren diese tatsächlich?
- Wie ansprechend war mein Einstieg ins Thema? Hat er die Zuhörenden angesprochen? usw.
- Wie durchschaubar war auch für andere die Gliederung meines Themas?
- Wie lange habe ich gesprochen? Wie lang kam es mir vor?
- Wie überzeugt war ich von mir und meiner Leistung und wie überzeugend wirke ich auf andere?

ÜBRIGENS: MERKEL-RAUTE

Ex-Bundeskanzlerin Angela Merkel wurde bekannt für ihre charakteristische Handhaltung. Sie selbst äußerte dazu 2013: „Es war immer die Frage, wohin mit den Armen. Und daraus ist das entstanden.“ Und in einem anderen Interview: „Diese Haltung ist die Position, in der ich automatisch den Oberkörper aufrecht halte.“

Nicht nur für Vortragende ist es kaum möglich, alle oder auch nur die Mehrzahl dieser Aspekte im Blick zu behalten – auch Zuhörende wären damit vollkommen überfordert. Zudem verändert die gezielte Beachtung einzelner Beobachtungsschwerpunkte die Wahrnehmung: Ein eigentlich unauffälliger „Tick" oder Lieblingsausdruck kann sehr schnell störend wirken, wenn man ihn erst einmal als solchen entdeckt hat. Für Reflexion und Feedback bietet sich deswegen eine Mischung aus verschiedenen Strategien an:

- **Tipp und Top:** Am Ende einer Präsentation schreibt jeder Zuhörer und jede Zuhörerin auf einen Zettel zwei positive Beobachtungen (Top) und zwei kritische Rückmeldungen (Tipp) auf. Die Zettel werden eingesammelt und können – mit oder ohne Begleitung durch die Lehrperson – in Ruhe gelesen und ausgewertet werden. Auf diese Weise erhält man ein authentisches Bild von der Wirkung auf ein Publikum, von der unterschiedlichen Wahrnehmung, aber auch von Hinweisen, die sich häufen.
- **Mit der Lupe:** Im Vorfeld werden einzelne Schülerinnen und Schüler beauftragt, auf einen bestimmten Aspekt besonders zu achten. Sie können zusätzlich andere Zuhörerinnen und Zuhörer im Anschluss an eine Präsentation zu ihren Wahrnehmungen in dieser einen Hinsicht befragen und eine Art Kurzgutachten erstellen, das sie im persönlichen Gespräch mitteilen.
- **Videofeedback:** Unverzichtbar ist der Einsatz von Videoaufzeichnungen, die im Anschluss an einen Vortrag besprochen werden. Nur so können Schülerinnen und Schüler einen Blick „von außen" auf sich selbst werfen. Ein Feedbackgespräch sollte idealerweise moderiert werden und in drei Schritten erfolgen: 1. Selbsteinschätzung und Fragen an die Aufzeichnung, 2. Abgleich der Selbstwahrnehmung mit dem Videomaterial, 3. Zusammenfassung und Zielsetzung. (Grzella u. a. 2018, S. 138).

Und schließlich: Große Soli brauchen Publikum

Das Publikum ist das eigentliche Ziel großer Soli: Die Zuhörenden sollen unterhalten oder berührt werden (z. B. beim Vorlesen, bei einer Theateraufführung), neues Wissen erwerben oder Zusammenhänge verstehen (z. B. bei der Vorstellung von Sportarten oder einem Fachvortrag) – im Idealfall beides und noch mehr. Zu diesem Zweck hören sie zu, und deswegen steht im Mittelpunkt immer zunächst die Frage, *ob* (und nicht *wie*) dieses Ziel erreicht wurde.

Gibt man aber der gesamten Klasse die Aufgabe, die Leistung des oder der Vortragenden zu beurteilen, so fällt dieser eigentliche Zweck weg – mit problematischen Folgen für die Konzeption (in der Situation I), denn: Wenn es niemanden interessiert, was ich *inhaltlich* zu sagen habe, dann entfällt der kommunikative Fluchtpunkt für die gesamte Vorbereitung. Es ist schon allein deswegen nicht sinnvoll, Schülerinnen und Schüler in Lernarrangements Präsentationen vorbereiten zu lassen, die (nur) die Präsentation und deren Bewertung zum Ziel haben. Das sollte Prüfungssituationen vorbehalten sein, in denen die Kandidatinnen und Kandidaten tatsächlich ihre Präsentationsfähigkeiten unter Beweis stellen sollen. Solche Präsentationsprüfungen sind inzwischen in allen Bundesländern Teil der Prüfungsleistung im Abitur; sie werden auch beim Mittleren Schulabschluss eingesetzt.

Im Unterricht würde man zudem einen wichtigen Aspekt großer Soli vernachlässigen, nämlich die Leistung beim Zuhören in Lehr-Lern-Situationen, wie sie auch in den Bildungsstandards thematisiert sind (KMK 2004, S. 10). Um die Perspektive der Zuhörenden geht es im folgenden Kapitel.

A

Aufgaben und Ideen für den Unterricht

Königliche Haltung (kein Material nötig)
Alle gehen in ihrer normalen Alltagshaltung durch den Raum. Auf ein Zeichen sollen sie sich vorstellen, dass auf ihrem Brustbein eine Blume erblüht. Sie legen eine Hand auf die Brust und gehen nun anders, nämlich aufrechter, langsamer und bewusster. Im nächsten Schritt sollen sich die Schülerinnen und Schüler noch vorstellen, einen Umhang zu tragen. Das verstärkt die Wirkung zusätzlich. Die Schultern werden gerader, der Gang „königlicher". Die Lernenden erkennen, dass sich solche inneren Bilder auf ihre Ausstrahlung auswirken. Die Übung können sie im Alltag wiederholen, zum Beispiel auf dem Nachhauseweg oder beim Einkaufen, aber auch bei einer Präsentation. (Idee: Stephanie Höll)

Buchvorstellung (Material: eigene Bücher oder Klassenbibliothek, Planungsvorlage, s. M12)
Die Schülerinnen und Schüler erhalten die Aufgabe, in Gruppen eine kleine Auswahl von Büchern zu sichten, die als Klassenlektüre infrage kommen. Jede Gruppe soll „ihr" Buch vor der Klasse vorstellen und sich dabei an eine vorgegebene Struktur halten, zum Beispiel:

- Buchtitel, Autor bzw. Autorin, ggf. andere Werke von ihm oder ihr, die die Klasse kennen könnte (Wir stellen heute das Buch ... von ... vor. Einige kennen vielleicht schon ...)
- Genre und Thema (Es ist ein ... und es geht um ...)
- Gestaltung (Schriftgröße, Abbildungen)
- technische Daten wie Seitenzahl, Preis
- begründete Leseempfehlung (In unserer Gruppe waren wir uns einig, dass ..., Wir würden uns freuen, wenn ihr ..., Wir glauben eher nicht, dass ...)

Bei der Vorstellung sollen alle Gruppenmitglieder sprechen. Ziel ist es, der Klasse eine begründete Auswahl einer Lektüre zu ermöglichen. Die nicht gewählten Bücher sollten dennoch in der Klassenbibliothek zur Verfügung stehen. Dasselbe Format funktioniert auch bei anderen realen Entscheidungsfragen (Vorstellung von Ausflugszielen, Kommunalwahl).

Präsentieren: Murmel-Referat (Material: vorbereitete Referate)
Ein Referat wird von einem/einer oder mehreren Vortragenden nicht am Stück, sondern in mehreren kürzeren Abschnitten präsentiert. Nach jedem Teil finden sich die Zuhörenden in kleinen „Murmel-Gruppen" zusammen, paraphrasieren und tauschen sich über das aus, was gesagt wurde. Währenddessen können die Referentinnen bzw. Referenten herumgehen und zuhören. Mögliche Unklarheiten können im folgenden Abschnitt direkt aufgegriffen werden. Auf diese Weise verarbeiten die Zuhörenden die Inhalte aktiver und intensiver; die Vortragenden erhalten eine direkte Rückmeldung über das, was beim Publikum „ankommt". Diese Methode eignet sich selbstverständlich auch für Vorträge der Lehrperson. (Idee: Stefan Schäfer)

Lieblingsprodukt und Traumjob (Material: Planungshilfe für Präsentationen, s. M13)
Eine spielerische und unterhaltsame Variante ist die Präsentation von ausgedachten Produkten (Öffner für klemmende Reißverschlüsse, leuchtendes Badesalz, Knetgummi mit Farbwechsel-Funktion, automatisches Fahrradschloss ...) oder Traumjobs (Jojo-Freestylerin, Raumfahrt-Steward, Vorkoster bei Twix, Traum-Protokollantin). Auch hier sollen sich die Vortragenden an einen vorgegebenen Aufbau halten, der ggf. mit passenden Formulierungen versehen wird. Das entlastet nicht nur die Planung im Vorfeld und das Sprechdenken im Moment der Präsentation. Es schärft auch die Aufmerksamkeit für die Bedeutung der strukturellen Ordnung und versorgt die Schülerinnen und Schüler mit konkretem sprachlichem Material, an dem sie sich künftig orientieren können.

5.5 Zuhören im Vortrag

Zuhören ist in der Schule nicht nur ein Lerngegenstand, sondern auch das wesentliche Lern*medium*: Viel mehr als aus schriftlichen Texten lernen Kinder und Jugendliche im Unterricht aus mündlichen Darstellungen, Erklärungen und Präsentationen von Lehrerinnen und Lehrern, von Mitschülerinnen und Mitschülern, aber auch aus audio-visuellen Quellen wie beispielsweise Lehrfilmen, Podcasts, Hörbüchern und vielen weiteren medialen Formen. Das Zuhören (und Zuschauen) dient dazu, Informationen zu gewinnen und Inhalte zu verstehen. Solche Lernsituationen leben davon, dass die Lernenden ihre Aufmerksamkeit gezielt auf die jeweiligen Inhalte richten können.

Gute Zuhörerinnen und Zuhörer kennen und beherrschen folglich Strategien und Techniken, wie sie ihr eigenes Zuhören gezielt steuern können, d. h. zum Beispiel Ablenkungen und Störungen möglichst zu ignorieren oder auszuschalten, unterstützende Emotionen und Gedanken wahrzunehmen und für das Verstehen zu nutzen, das Gehörte mit dem Vorwissen in Beziehung zu setzen, das eigene Verständnis zu überwachen und ggf. Nichtverstehen zum Ausdruck zu bringen usw. In der Psychologie wird diese metakognitive Fähigkeit (also das Nachdenken über das eigene Denken) mit dem Begriff der *Selbstregulation* bezeichnet.

Selbstregulation beim Zuhören bedeutet, all das, was im Modell von Margarete Imhof (s. Kapitel 5.1) als „individuelle Lage und Befindlichkeit" charakterisiert wurde, im Blick zu haben und ggf. auch zu verändern, um sich selbst möglichst gute Voraussetzungen für das Lernen aus mündlichen Darstellungen zu verschaffen.

Die Fähigkeit zur Selbstregulation erweist sich auch in vielen anderen Lernbereichen als zentral. Studien zeigen beispielsweise, dass ein Selbst-regulationstraining helfen kann, bessere Texte zu verfassen (vgl. Philipp 2014) oder Leseprozesse zu optimieren (Philipp/Schilcher 2012). Sie zeigen auch: Selbstregulation kann erlernt werden. Für das Zuhören schlägt Margarete Imhof vor, die einzelnen Teilprozesse der Intentionsbildung, der Selektion, Organisation und Integration ihres S-O-I-Modells insbesondere in Lehr-/Lernsituationen bewusst und auf verschiedenen Ebenen anzusteuern. In Tabelle 5 sind zahlreiche Möglichkeiten aufgelistet, geordnet nach kognitiven, metakognitiven und Selbstregulations-Kompetenzen.

Kognitive Kompetenzen sind solche, die sich auf Wissensinhalte und Denkprozesse beziehen. Im Kompetenzmodell aus Kapitel 5.1 sind solche Fähigkeiten auf der Prozessebene angesiedelt. Im Kern geht es darum, das Gesagte sowohl sprachlich als auch inhaltlich zu verstehen und mit Bedeutung zu versehen. Lokale und globale Kohärenzen müssen hergestellt und Zusammenhänge nachvollzogen werden. Das geschieht sehr wesentlich auch, indem man die Informationen mit dem abgleicht, was man über ein Thema bereits weiß. Konkrete kognitive Strategien sind beispielsweise

- vor dem Zuhören Lernziele oder Fragen formulieren,
- sich überlegen, was man zu einem Thema schon weiß,
- das Gehörte für sich strukturieren, beispielsweise in Mindmaps, Concept-Maps oder Diagrammen,
- die Inhalte mit eigenen Erfahrungen und konkreten Vorstellungen verbinden.

Selbstregulation in den Phasen des Zuhörens				
	Intention	**Selektion**	**Organisation**	**Integration**
kognitive Kompetenz	• Ziele formulieren	• Konzentration ausrichten • Vorwissen aktivieren • Sprache kennen	• Strukturieren • Kategorisieren • Zusammenfassen • Worte und Sinneinheiten erfassen	• mit Vorwissen verknüpfen • Visualisieren • Wiederholen • Gehörtem Bedeutung zuweisen
metakognitive Kompetenz	• Schwierigkeiten antizipieren • Störungen kontrollieren	• Input prüfen und kontrollieren • mehrere Reizquellen beachten	• Perspektive beachten • Lücken feststellen • Vollständigkeit und Konsistenz prüfen	• Evaluieren und bewerten • Emotionen beachten • Einstellungen und Informationen trennen
Regulation des Selbst: Wahl der Ressourcen	• Wem? Wann? Wie lange? • Anstrengungsbereitschaft aufbauen	• Notizen machen • Form der Notizen bestimmen • Umfang der Notizen festlegen	• Prozess überwachen • Kanalkontrolle durchführen • Interaktion und Feedback steuern	• Quellen wechseln • Situationsmodell prüfen, ergänzen und verstehen • Konsequenzen: Was ist zu tun?

Tabelle 5: Selbstregulation beim Zuhören (vgl. Imhof 2010, S. 20)

Metakognitive Kompetenz meint die Fähigkeit, über das eigene Wissen und Denken zu reflektieren. Auch Metakognitionen sind Denkprozesse (Prozessebene). Sie beziehen sich ihrem Inhalt nach aber stark auf die Subjektebene, nämlich auf das Wissen über sich selbst, das eigene Sprach-, Text- und Weltwissen, die eigene Konzentrationsfähigkeit, Motivation, Interessen usw. Auch die Erfahrung mit Zuhörstrategien, die sich in der Vergangenheit bewährt haben, oder das eigene Selbstkonzept können metakognitiv reflektiert werden. Metakognitive Zuhörstrategien sind zum Beispiel

- mögliche Störungen ausschalten,
- sich eigene Vorurteile zum Thema bewusst machen,
- das Gehörte mit den eigenen Fragen abgleichen, um zum Beispiel fehlende Informationen zu entdecken,
- sich emotionale Reaktionen auf das Gehörte bewusst machen und darüber nachdenken.

Kompetenzen der *Selbstregulation* schließlich umfassen die erfolgreiche Steuerung von Bedingungen des Zuhörens, die in der eigenen Person liegen. Auch Selbstregulation ist eine metakognitive Kompetenz, wenn man beispielsweise bewusst Bedingungen schafft, unter denen man besser zuhören kann, oder ein funktionierendes Verfahren zum Mitschreiben nutzt. Aber auch die Fähigkeit, emotionale Zustände zu regulieren (sich aktivieren, sich beruhigen, sich konzentrieren können), fällt in diesen Fähigkeitsbereich. Im Mittelpunkt selbstregulativer Strategien steht laut Imhof die angemessene Wahl der Ressourcen, beispielsweise

- sich bereit machen, sich für längere Zeit auf eine Sache konzentrieren,
- passende Vorgehensweisen wählen wie etwa Mitschreiben, sich zurücklehnen,
- Ablenkungen bemerken und damit umgehen,
- das Gehörte in anderer Form, z. B. in eigenen Worten, wiedergeben und mit den eigenen Vorstellungen abgleichen.

Der mündliche Vortrag ist ein Spezialfall: In ihm kommen sowohl für die Sprechenden als auch für die Zuhörenden Anforderungen zusammen, die auch in alltäglichen Gesprächssituationen von Bedeutung sind. Anders als in Alltagsgesprächen werden diese Rollen aber in der Regel nicht in schnellem Wechsel getauscht, sondern verbleiben für längere Zeit bei denselben Personen: Sie sind entweder Vortragende oder Zuhörende. Beides stellt erhebliche Anforderungen an die Konzentrationsfähigkeit, den Überblick und die sprachliche Kontrolle. Zudem eröffnet die Vorbereitungssituation für Vortragende ein weiteres Feld, in dem zusätzlich zu mündlichen Fähigkeiten auch weitere aus den Bereichen Lesen, Schreiben, Gestaltung, Umgang mit Medien bis hin zu technischen Fertigkeiten zum Tragen kommen.

Alle Teilkompetenzen können und sollten nicht nur im Rahmen einer einzelnen komplexen Aufgabenstellung abgefordert werden. Sie können einzeln in zahlreichen sich wiederholenden Übungen und Spielen erprobt und reflektiert werden, um so das „große Solo" für Sprechende und Zuhörende angemessen vorzubereiten.

A

Aufgaben und Ideen für den Unterricht

Wie Gesten wirken (Material: Redemanuskript, s. M14)
Die Schülerinnen und Schüler erhalten das Manuskript einer berühmten Rede, die sie – nach individueller Vorbereitung – möglichst überzeugend vortragen sollen. Nach einem ersten Durchgang soll die Rede erneut gehalten werden. Dabei sollen aber die Hände hinter dem Rücken verschränkt werden. Die Zuhörenden tauschen sich anschließend über die Wirkung beider Versionen aus: Wie wirkt ein Text mit bzw. ohne Gestik? Welche Mittel nutzen Vortragende, wenn ihnen sprichwörtlich die Hände gebunden sind? Transkriptionen und Manuskripte berühmter Reden finden sich in vielen Schulbüchern für die Oberstufe oder im Internet, beispielsweise unter http://www.rhetorik-netz.de/beruehmte-reden/. (Idee: Gregor Adamczyk)

Bingo (Material: Erklärvideos, Bingokarten, s. M15, Schreibzeug)
Die Klasse teilt sich in zwei Gruppen auf. Jede Teilgruppe bekommt ein anderes, etwa 10-minütiges Video (z. B. ein Erklärvideo zum nächsten Unterrichtsthema). Als Hausaufgabe soll jeder und jede ein bis zwei Bingo-Karten mit Wörtern vorbereiten, die im Video vorkommen. Im Unterricht werden beide Videos geschaut und jede Gruppe spielt das Bingo der anderen. Die Schülerinnen und Schüler, die das Video bereits gut kennen, erstellen währenddessen aus den Wörtern eine Mindmap, indem sie weitere Begriffe ergänzen, Verbindungslinien ziehen, diese beschriften usw. Im Anschluss wird die Klasse gefragt, welche Wörter sie gehört haben und in welchem Kontext diese vorkamen. Es zeigt sich, dass der Fokus auf einzelne Wörter dem Verstehen von Zusammenhängen im Wege steht. Inhaltliche Fragen können aber anhand der Mindmaps geklärt und ggf. in der anschließenden Unterrichtseinheit vertieft werden.

6 Mündliche Fähigkeiten beurteilen

Mündliche Fähigkeiten zu beurteilen ist nicht leicht. Für Präsentationen, beispielsweise als Abiturprüfung, aber auch bei Wettbewerben wie *Jugend präsentiert* kann man sich zumindest an ausformulierten Beurteilungskriterien orientieren. Schwieriger wird es bei solistischen Äußerungen, die stärker in Gespräche eingebunden sind. In Kapitel 4 sind die Merkmale mündlicher Kommunikation dargestellt, die es besonders anspruchsvoll machen, mündliche Leistungen fair zu bewerten.

Wegen der *Interaktivität* ist jede Äußerung in einen Gesprächskontext eingebettet. Das bedeutet beispielsweise, dass Langeweile im Publikum nicht nur auf eine uninteressante Präsentation zurückzuführen ist: Eine unaufmerksame Zuhörerschaft macht es Vortragenden besonders schwer, eine brillante Präsentation zu halten. Und ob eine Äußerung im Gespräch „funktioniert", ist extrem abhängig von den vorausgehenden Äußerungen. Dabei spielt auch die *Multimodalität*, also das Zusammenspiel von verbalen, para- und nonverbalen Signalen eine wichtige Rolle: Sie ist zwar in linguistischen Untersuchungen klar nachweisbar, in der konkreten Gesprächssituation ist aber das Ganze mehr als die Summe seiner Teile: Es ist der spezifische „Mix", der in einem Fall äußerst zurückhaltendes, im anderen Fall sehr extrovertiertes kommunikatives Handeln besonders ansprechend und passend wirken lässt. Hinzu kommt die *Flüchtigkeit* mündlicher Äußerungen. Sie erzwingt auch bei beurteilenden Lehrpersonen eine Verdichtung des Gehörten zu größeren sinngemäßen Einheiten. Schnell wird nur noch das Verstandene, nicht mehr aber das Gesagte oder das Gemeinte erinnert. Ohne Videoaufnahmen ist es unmöglich, eine Leistung mehrfach und gegebenenfalls im Vergleich mit anderen zu beurteilen, und selbst Mitschnitte zeigen immer nur einen Ausschnitt des Ganzen.

Als Konsequenz daraus sind viele Lehrpersonen (und vermutlich auch ihre Schülerinnen und Schüler) besonders skeptisch, was die Bewertung mündlicher Leistungen betrifft. Gleichzeitig wäre es problematisch, darauf zu verzichten. Zu groß wäre die Gefahr einer Geringschätzung von mündlichen Leistungen, wenn sie nicht auch in Zeugnissen oder Lernberichten in angemessener Weise dokumentiert würden.

In diesem Abschnitt soll es also darum gehen, wie man mündliche Leistungen beurteilen kann. Dabei fragen wir zunächst, wie dieses Problem in großen Leistungsstudien (wie beispielsweise Vergleichsarbeiten oder Bildungstrends) gelöst wird. Diese Untersuchungen müssen ja möglichst den wissenschaftlichen Testgütekriterien der *Validität* (Gültigkeit), *Reliabilität* (Verlässlichkeit) und *Objektivität* und noch einigen anderen Anforderungen genügen.

Anschließend wird mit dem SKIR-Diamanten ein Modell vorgestellt, anhand dessen sich Lehrpersonen ihre Kriterien einer Beurteilung mündlicher Leistungen bewusst machen und zusammenstellen können. Dieses Kapitel schließt mit einigen Anmerkungen zu einem erwerbsförderlichen Unterricht im Bereich mündlicher Kommunikation.

6.1 Zuhörtests in Leistungsstudien

Dass „Sprechen und Zuhören" seit Einführung der Bildungsstandards als eigener Kompetenzbereich des Faches Deutsch ausgewiesen ist, zieht einige Konsequenzen nach sich: Erstens ist mündliche Kommunikation nun ausdrücklich nicht mehr nur Medium des Lernens (z. B. bei der Wissensvermittlung im Lehrervortrag, im Unterrichtsgespräch oder in der Kleingruppenarbeit), sondern auch Lerngegenstand. Damit geraten aber mündliche Fähigkeiten – zweitens – auch in den Fokus der Überprüfung von Lernerfolgen. Wie gelingt es also, in größeren Leistungsstudien das Erreichen der Bildungsstandards (s. dazu auch Kapitel 7) zu überprüfen? Und kann man sich für den Unterricht eine Scheibe davon abschneiden?

Das Institut für Qualitätsentwicklung im Bildungswesen (IQB), das mit der Planung dieser Studien beauftragt ist, stellt auf seiner Homepage (https://www.iqb.hu-berlin.de) umfassende Informationen zu den geplanten und zurückliegenden Testungen zur Verfügung. Dort heißt es beispielsweise für die Bildungstrend-Studie:

> „Im Einzelnen werden im Fach Deutsch Testaufgaben zu den drei in den Bildungsstandards definierten Kompetenzbereichen ‚Lesen – mit Texten und Medien umgehen', ‚Sprechen und Zuhören' sowie ‚Schreiben' eingesetzt. Überprüft wird dabei jedoch nicht die ganze Breite dieser Kompetenzbereiche, vielmehr beschränkt sich die Erhebung auf die Teilbereiche ‚Lesen', ‚Zuhören' und ‚Orthografie'." (IQB o.J.)

Die Beschränkung auf „Zuhören" hat technische Gründe: Bei Testungen im Klassenverband ist eine Überprüfung der Sprach*produktion* nur schriftlich, nicht aber mündlich möglich. Im Zuhörtest hören die Schülerinnen und Schüler einen erzählenden oder sachbezogenen Text, der von einer CD abgespielt wird, und beantworten anschließend dazu Verständnisfragen.

Wie Abbildung 16 zeigt, ist dabei die Bauweise von Lese- und Zuhöraufgaben fast identisch: Die Schülerinnen und Schüler lesen oder hören einen

Text. Anschließend finden sie in einem Testheft Fragen dazu vor, die sie entweder im Multiple-Choice-Verfahren oder mit selbst formulierten Kurzantworten bearbeiten. Die Testaufgaben zielen in beiden Fällen auf eine ganz spezifische Fähigkeit, nämlich das nicht-dialogische Wahrnehmen, Verarbeiten und Verstehen von Textinhalten, wobei der Text einmal optisch (zum Lesen), einmal akustisch (zum Zuhören) präsentiert wird.

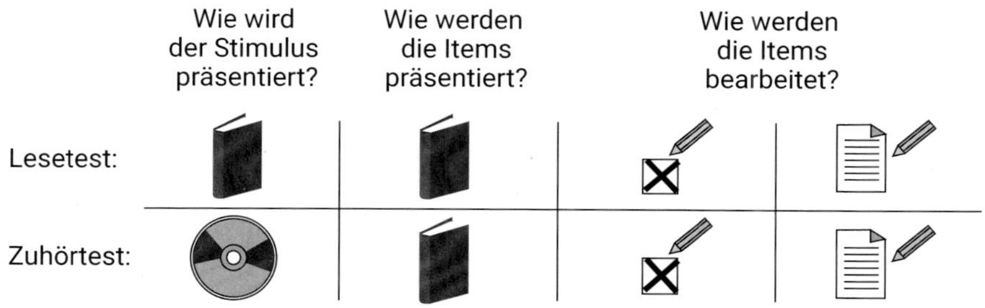

Abbildung 16: Konstruktion von Lese- und Zuhörtest im Vergleich

Neben der testtechnischen Begründung gibt es durchaus auch ein fachliches Argument für diese analoge Bauweise: Wie sich im Kapitel 3.1 und an dem Prozessmodell von Imhof (Kapitel 5.1) zeigte, geht eine gehörte Information einen langen Weg von der akustischen Wahrnehmung bis hin zur Speicherung im Kurz- oder Langzeitgedächtnis. Auf diesem Weg finden mehrere Selektions- und Organisationsschritte statt, bevor eine Information in die eigenen Wissensbestände integriert wird. Sie wird dabei so angepasst und zugerichtet, wie es die derzeitige Befindlichkeit und Interessenlage nahelegt oder erfordert.

Dasselbe passiert auch mit gelesenen Informationen. Nach einem Modell von Kürschner und Schnotz (s. Abbildung 17) besteht nämlich zwischen Lese- und Hörtexten zwar ein Unterschied in der Wahrnehmung und grundlegenden Verarbeitung, nicht aber auf den höheren Verarbeitungsebenen: Wenn es, so könnte man sagen, eine Information erst einmal in unser mentales Modell (z. B. von einem Text) geschafft hat, dann ist es für unser Gedächtnis unerheblich, ob wir die Information gelesen oder gehört haben.

Auf der anderen Seite wird zu Recht bemängelt, dass eine Testung des Zuhörens nach dem Vorbild von Lesetests gerade das außer Acht lässt, was für das Zuhören *charakteristisch* ist.

Diese Kritik war Ausgangspunkt für das Projekt „stịm·mig" (vgl. Behrens u. a. 2020). Eine fünfköpfige deutsch-schweizer Arbeitsgruppe hatte es sich zum Ziel gesetzt, eine neue Art von Testaufgaben zu entwickeln. Dabei sollte es darum gehen, Bedeutungen zu verstehen, die ausschließlich in der *Proso-*

die von Äußerungen transportiert werden. So hängt es beispielsweise von der Betonung ab (hier jeweils kursiv markiert), ob der folgende Satz nach einem Ort, einem Zeitpunkt oder nach einer Person(enkonstellation) fragt:

- Wollen wir gleich zusammen ins *Kino* gehen?
- Wollen wir *gleich* zusammen ins Kino gehen?
- Wollen *wir* gleich zusammen ins Kino gehen?
- Wollen wir gleich *zusammen* ins Kino gehen?

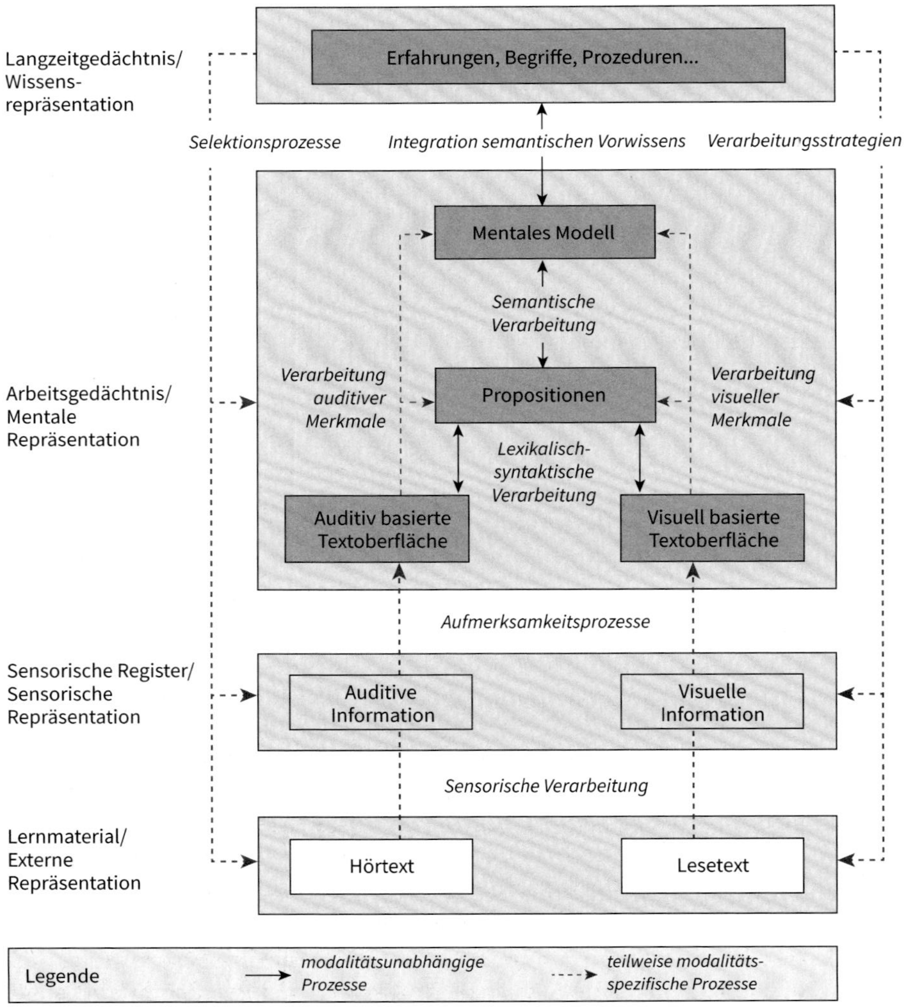

Abbildung 17: Integriertes Modell des Hör- und Leseverstehens (Kürschner/Schnotz 2008, S. 144)

In der Evaluation mit über viertausend Schülerinnen und Schülern zeigte sich, dass das Verstehen von prosodisch kodierten Informationen tatsächlich eine Fähigkeit ist, die sich empirisch vom „herkömmlichen“ Zuhör- und Leseverstehen unterscheidet. Es wird allerdings noch einige Entwicklungsarbeit brauchen, bis Items dieser Art in den regelmäßigen Leistungsstudien auftauchen können.

Aber auch wenn dies ein vielversprechender Ansatz zu einer valideren Überprüfung von Zuhörfähigkeiten ist: Bedingt durch die Testsituation bleibt es dabei, dass nur ein sehr spezifischer Ausschnitt dessen gemessen werden kann, was Zuhörfähigkeiten von Kindern, Jugendlichen und Erwachsenen ausmacht. Auch deswegen ist ein *teaching to the test* (also ein Unterricht, der ausschließlich vermitteln möchte, was im Test erfasst werden kann) fatal, denn: Ziel von Bildung ist nicht das Bestehen von Prüfungen, sondern das Bestehen in einer komplexen Lebenswelt und die gleichberechtigte Teilhabe an Gesellschaft.

6.2 Tests für Sprechkompetenzen

Während in Deutschland die Formulierung der Bildungsstandards der empirischen Überprüfung vorausging, ging die Schweiz einen umgekehrten Weg: Dort sollten die Bildungsstandards auf Grundlage empirischer Studien ausgearbeitet werden. Unter anderem für das *zusammenhängende Sprechen* liegen deswegen kleinere Untersuchungen vor. Die Anforderungen an Sprechfähigkeiten aus Sicht von elf ausführlich befragten Lehrpersonen fasst Brigit Eriksson so zusammen:

> „1. Strukturierung des Textes: Eine gute Sprecherin strukturiert ihren Text angemessen.
> 2. Reichhaltigkeit des Textes: Ein guter Sprecher gestaltet seinen Text reichhaltig.
> 3. Gestaltung des Textes: Eine gute Sprecherin spricht fliessend, deutlich, gut betont.
> 4. Adressatenbezug: Ein guter Sprecher bezieht sich auf die Adressatinnen und Adressaten.“
>
> (Eriksson 2006, S. 102)

Einen ersten Versuch, auch Sprechfähigkeiten in eine landesweite Bildungsstandards-Überprüfung einzubeziehen, startete Österreich 2015. Auf Grundlage der Erfahrungen wurden die Aufgabenstellungen und Testsettings in den Jahren 2018 bis 2020 überarbeitet und erneut erprobt (pilotiert). Aus dieser Pilotierung stammen einige der Aufgaben sowie die Erklär-Transkripte aus Kapitel 5.3.

Auch hier war natürlich keine Durchführung in größeren Gruppen möglich; die Testung fand stattdessen paarweise statt und wurde jeweils von einer Moderatorin geleitet. Dabei ist stärker als in allen anderen Kompetenzbereichen zu berücksichtigen, dass das soziale Setting inklusive der Zuhörsignale der Moderatorin ein integrativer Teil des interaktiven kommunikativen Settings ist. Es muss deswegen eine Situation geschaffen werden, in der die Schülerinnen und Schüler *in der Situation* möglichst so agieren, wie es ihren tatsächlichen Fähigkeiten entspricht. Bewährt haben sich unter anderem die folgenden Maßnahmen:

- Testpersonen und Moderatorin sitzen gemeinsam in einem Stuhlkreis statt an zwei Seiten eines Tisches. Schon diese räumliche Veränderung führte dazu, dass die Kinder und Jugendlichen die Aufgaben freudiger und interessierter aufnahmen und insgesamt offener und lebendiger mit der Moderatorin kommunizierten. Auch produzierten sie im Schnitt längere Gesprächsbeiträge.
- Die Moderatorin hält sich nur sinngemäß, aber nicht wörtlich an die vorgegebenen Instruktionen und passt ihre Sprechweise an die Bedürfnisse der jeweiligen Testperson an. Ein gewisser Verlust an Durchführungsobjektivität wird dabei in Kauf genommen zugunsten einer natürlicheren Gesprächssituation und damit auch höheren Validität der Leistungsüberprüfung.
- Sogenannte *repair questions*, also Formulierungen, die den Testpersonen helfen sollen, falls sie ins Stocken geraten, sind nicht wörtlich vorgegeben. Die Moderatorin hat die Aufgabe, möglichst situationsspezifisch passende Impulse zu setzen.
- Die Aufgabenstellungen selbst sind nach Möglichkeit in eine Spiel- oder auch Wettbewerbssituation eingebunden: Im Vordergrund steht der Spaß an einer interessanten und ggf. herausfordernden Aufgabe, nicht das Wissen um die Testsituation.
- Wer spricht, soll auch ein Publikum haben. Deswegen hat nicht nur die Moderatorin die Aufgabe, aufmerksam zuzuhören; auch der jeweilige Partner bzw. die Partnerin bekommt ein plausibles Zuhörziel (gegen das innerliche Abschalten und für ein möglichst authentisches Zuhörverhalten).
- Die Aufgaben selbst sind von leistungsschwächeren Testpersonen zu bewältigen, bieten aber auch Leistungsstärkeren die Möglichkeit, ihr Potenzial auszuschöpfen.
- Das Beurteilungsraster, mit dem die Sprechleistungen schließlich eingeschätzt wurden, enthält nur maximal neun Kriterien. Nach einer gewissen Einarbeitungszeit ist es Beurteilerinnen und Beurteilern möglich, einen Sprechbeitrag parallel oder direkt im Anschluss anhand dieser Kriterien zu bewerten.

Aufgaben und Ideen für den Unterricht

Diagramme präsentieren (Material: Grafiken oder Diagramme aus der Tageszeitung oder s. M16)
Die Schülerinnen und Schüler erhalten einen Zeitungs- oder Zeitschriftenausschnitt mit einer Grafik, einem Diagramm oder einer Tabelle mit statistischen Daten zu einem lebensweltlich relevanten bzw. aktuellen Thema. Sie sollen über ausreichend Vorwissen verfügen, um die Inhalte nachvollziehen und einordnen zu können.

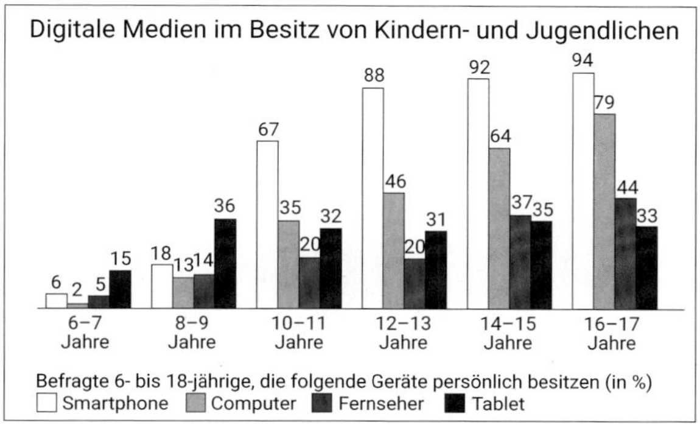

Eigenes Diagramm auf der Basis von Daten von Bitcom, 2017

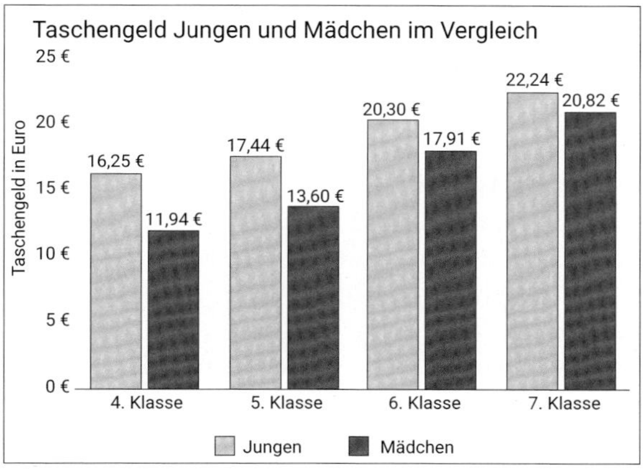

Eigenes Diagramm auf der Basis von Daten von Statista, 2022

Die Aufgabe ist es, die Informationen aus dieser Grafik vor anderen zu präsentieren. Dafür erarbeiten die Schülerinnen und Schüler zunächst die Inhalte der Grafik und deren Bedeutung. Anschließend setzen sie sie in geeigneter Form um (z. B. an der Tafel, als digitale Folie oder als Plakat). Dabei ist es möglich, aber nicht erforderlich, eine andere Darstellungsform (z. B. einen anderen Diagrammtyp) zu entwerfen. In jedem Fall müssen aber die Entfernungsverhältnisse im Raum berücksichtigt werden. Vor der Klasse sollen dann die Grafik und ihre Inhalte in einem Kurzvortrag verständlich und sprachlich angemessen dargestellt werden.

(Idee: Jasmin Merz-Grötsch)

Beschreiben (Material: ausgedruckte Bilderpaare, s. M 17)
Die Schülerinnen und Schüler erhalten paarweise ausgedruckte Kopien mit Bildern, die sie einander nicht zeigen sollen. Die Gemälde ähneln sich zwar, sind aber nicht identisch. Solche Bilder findet man leicht per Bildersuche im Internet („ähnliche Bilder"). Die Aufgabe besteht darin, einander das eigene Bild zu beschreiben. Wer jeweils zuhört, soll anschließend Gemeinsamkeiten und Unterschiede zwischen dem eigenen Bild und dem Gehörten benennen. Ob solch eine Leistung Gegenstand der Bewertung genauen Zuhörens sein soll, kann von Fall zu Fall entschieden werden. Sie ist aber nicht unabhängig von der jeweils realisierten Beschreibung.

Pierre A. Renoir: Das Frühstück der Ruderer

Vincent van Gogh: Die Kartoffelesser

6.3 Ein Diamant als Modell für mündliche Gesprächsfähigkeit

Ein wesentlicher Ertrag der Sprechen-Testung in Österreich ist das schon in Kapitel 1 angekündigte Diamant-Modell in Abbildung 18. Es beschreibt verschiedene Dimensionen (gelungener) Gesprächs-Soli und kann so zur vergleichenden Leistungsbeurteilung genutzt werden.

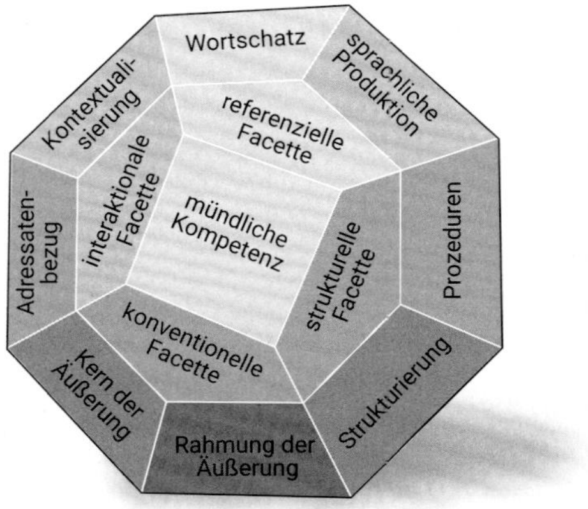

Abbildung 18: SKIR-Diamant (Behrens u. a. 2021, S. 28)

Der Diamant entsteht durch verschiedene Schliffe. Im ersten Schritt werden vier Facetten unterschieden, die ihrerseits in je zwei weitere Facetten aufgebrochen sind:

- Eine *strukturelle* Facette. Sie bezieht sich auf die innere Ordnung eines Re-

debeitrags, also auf die Fähigkeit zur Vertextung (s. Kapitel 5). Dazu gehört:
  - die Struktur des Beitrags selbst, wie sie sich aus der Perspektive der Zuhörenden rekonstruieren lässt und
  - die Markierung dieser Ordnung durch den Sprecher bzw. die Sprecherin mithilfe sprachlicher Routinen bzw. Prozeduren (vgl. Kapitel 5.3).
- Eine *konventionelle* Facette. Sie beschreibt die Realisierung einer solistischen Äußerung passend zur Aufgabe. In der Aufgabenstellung sollte das soziale Setting und der globale Zugzwang deutlich werden. Dazu gehört:
  - das Realisieren einer bestimmten Gattung (z. B. einer Beschreibung, einer Begründung, eines Berichts) und
  - ggf. eine eigenständige Rahmung, mit der diese Gesprächsgattung angezeigt wird (beispielsweise erkennt man eine Erzählung mit konventioneller Geschichtenstruktur daran, dass zu Beginn Protagonisten und Situation vorgestellt werden).
- Eine *interaktionale* Facette. Sie umfasst das Gesprächsverhalten, das in der beschriebenen Situation angemessen ist. Anders als in vielen alltäglichen Gesprächen sind in Testsituationen die globalen Zugzwänge ausgesprochen explizit. Es geht also weniger darum, eine Gesprächsanforderung zu erkennen, sondern sie angemessen zu bedienen. Dazu gehört:
  - die Fähigkeit zur Kontextualisierung, in Kapitel 5.3 auch die Fähigkeit zum Mitspielen genannt. Sie zeigt sich beispielsweise darin, dass eigenständig und weitgehend ohne Unterstützung eine längere Äußerung platziert und realisiert wird, und
  - insbesondere die erkennbare Berücksichtigung der Zuhörenden (Adressatenorientierung) mit ihren möglichen Interessen, Wissensbeständen etc.
- Eine *referenzielle* Facette. Hier geht es um die passenden sprachlichen Mittel, um die Äußerung laut Aufgabenstellung produzieren zu können. Dazu gehört:
  - ein funktionaler Wortschatz (vgl. Kapitel 5.2), mit dem auf die Gegenstände, Haltungen, inneren Zustände etc. verwiesen (referiert) wird, und
  - die flüssige sprachliche Produktion als Hinweis auf die sichere Verfügbarkeit dieser sprachlichen Mittel (hierzu zählen ggf. neben den verbalen auch para- und nonverbale Zeichen).

Die Abkürzung SKIR (*skir* ist schwedisch für klar, hell) dient als Gedächtnisstütze für die vier Hauptfacetten strukturell, konventionell, interaktional, referenziell. Je nachdem, von welcher Facette aus man den Diamanten betrachtet, werden alle anderen ebenfalls durchscheinen und das Gesamtbild beeinflussen. Das Bild vom Diamanten betont damit die Interaktion aller Facetten untereinander – nach heutigem Stand der Dinge gelingt es nicht einmal in einer Laborsituation, einzelne der Facetten zu isolieren.

Geht es aber darum, mündliche Sprechfähigkeiten auch im Unterricht transparent und fair zu beurteilen, dann kann der Diamant helfen, sich die Anforderungen, den Fokus und auch den eigenen Blickwinkel als Lehrperson zu vergegenwärtigen und aus ausgewählten Facetten Aufgabenstellungen und Beurteilungskriterien abzuleiten. Eine Beurteilung soll sich dabei immer auf solche Fähigkeiten beziehen,

- die zuvor im Unterricht von den Schülerinnen und Schülern erworben werden konnten (beispielsweise im Rahmen einer Unterrichtsreihe, aber auch als regelmäßig eingesetzte Übungen),
- die anhand einer spezifischen Aufgabenstellung, einem Gesprächs- oder Redeanlass realisiert werden können und
- für die die Anforderungen im Zusammenhang mit der gestellten Aufgabe möglichst klar eingegrenzt sind.

Bei Bedarf ist es auch möglich, Facetten in der Bewertung unterschiedlich zu gewichten. Das kann auch im Rahmen eines individuell differenzierenden Unterrichts geschehen. In jedem Fall ist es wertvoll, Beurteilungskriterien im Kollegium zu diskutieren. Dabei können, müssen aber keine gemeinsamen Formulierungen entstehen – schon der gemeinsame Austausch über Erwartungen und Standards sensibilisiert für die höchst komplexen Anforderungen mündlicher Kommunikation.

A

Aufgaben und Ideen für den Unterricht

Beurteilungsraster selbst entwickeln (Material: Vorlage für Beurteilungsraster, s. M18)

Wenn man – mithilfe des SKIR-Diamanten – ein Beurteilungsraster selbst erstellen möchte, empfehlen sich die folgenden Schritte:

- Notizen machen: Was haben die Schülerinnen und Schüler im Unterricht gelernt? Bei welcher Aufgabenstellung oder praktischen Anforderung (übernommen oder selbst entwickelt) können sie das gut zeigen?
- Was genau sollen sie zeigen? Wie sähe eine ideale Leistung aus? Wie würden zum Beispiel sprachkompetente Erwachsene mit dieser Aufgabe umgehen? Was davon ist bei den Schülerinnen und Schülern erwartbar?
- Welche Facetten stehen bei dieser Beurteilung im Mittelpunkt? Für welche gibt es eine Vorentlastung? Welche dürfen vernachlässigt werden?
- Wie lässt sich diese Leistung aus der Perspektive der verschiedenen Facetten beschreiben? Und was wäre eine nicht mehr ausreichende Leistung?

Beurteilungsraster „Erklären"

Die Tabelle 6 zeigt beispielhaft ein Beurteilungsraster zur Alien-Aufgabe aus Kapitel 5.3 (Erklären). Die Ausformulierung der Anforderungen hängt von den Schwerpunkten des vorausgehenden Unterrichts ab. Zudem ist es möglich, auch weitere Abstufungen vorzusehen und zu beschreiben (z. B. sehr gelungen – gelungen – teilweise gelungen – noch nicht gelungen).

		gelungen	noch nicht gelungen
Strukturelle Facette	Strukturierung	Die Erklärung folgt durchgängig einem erkennbaren Aufbau (z. B. vom Prototypischen zum Spezifischen). Sie lässt dadurch eine gewisse übergeordnete Planung erkennen.	Die Erklärung besteht aus einer Auflistung von allgemeinen und spezifischen Elementen ohne erkennbare Anordnung oder Hierarchisierung. Eine Planung ist nicht erkennbar.
	Prozeduren	Die Versprachlichung von Hierarchieverhältnissen, (funktionalen) Zusammenhängen etc. ist durchweg treffend und gut verständlich.	Es gelingt kaum, Hierarchieverhältnisse, (funktionale) Zusammenhänge etc. treffend und nachvollziehbar zu versprachlichen.
Konventionelle Facette	Gattung	Die Erklärung beinhaltet (ggf. ausgebaute) Äußerungen zur grundlegenden Funktion, zum Verwendungskontext, zu prototypischem Aussehen.	Die Erklärung beinhaltet Merkmale, Funktionen etc., die sich aber (ohne Vorkenntnisse) nicht zu einem Gesamtbild zusammenfügen.
	Rahmung	entfällt: Durch das Aufgabensetting ist die Erklärung in einen kommunikativen Zusammenhang eingebettet; eine Rahmung der Erklärung erübrigt sich daher.	
Interaktionale Facette	Kontextualisierung	Es wird entsprechend der Aufgabenstellung eine Erklärung produziert.	Die Äußerung gehört in Gänze oder überwiegend einer anderen Gattung an (z. B. Beschreibung).
	Adressatenorientierung	Auf das Wissen des Adressaten wird Bezug genommen (z. B. Rückfragen zur Verständnissicherung, ggf. wird die Erklärung korrigiert oder ergänzt).	Die Erklärung erfolgt aus dem eigenen Wissenshorizont heraus; vermeintliche Selbstverständlichkeiten werden nicht hinterfragt.
Referenzielle Facette	Wortschatz	Es werden treffende Bezeichnungen für Bestandteile, Zusammenhänge, Funktionalitäten, Ober- und Unterbegriffe verwendet.	Es werden eher unspezifische oder wenig treffende Ausdrücke verwendet oder es zeigen sich nennenswerte Wortfindungsprobleme.
	flüssige Produktion	Der Sprecher/die Sprecherin formuliert flüssig und lexikalisch und syntaktisch variabel.	Der Sprecher/die Sprecherin gerät auffällig ins Stocken; der Satzbau ist sehr einfach (gereihte Hauptsätze).

Tabelle 6: Beurteilungsraster „Erklären"

6.4 Mündliche Beteiligung am Unterrichtsgespräch

Was auch mit einem noch so gut begründeten Instrument nicht erfasst werden kann, ist alles, was gemeinhin unter „mündlicher Mitarbeit" verstanden wird, also die Beurteilung dessen, was die einzelnen Lernenden sprechend und zuhörend zum Unterricht beitragen. Zu komplex ist das Gesamtgeschehen, zu stark sind die zahlreichen Abhängigkeiten und Interaktionen zwischen den Gruppenmitgliedern und ihren Äußerungen, zu unsichtbar ist der Beitrag derer, die zuhören oder bewusst auf einen Beitrag verzichten, zu gering ist die durchschnittliche Sprechzeit pro Schüler oder Schülerin, wenn man die Beiträge der Lehrperson abzieht.

Zudem: Wenn man die Kommunikation im Unterricht als wertvollen Erwerbskontext begreift (vgl. Kapitel 5.2), erscheint es auch wenig sinnvoll, diese Lerngelegenheiten unter die Perspektive der Benotung zu stellen. Ziel muss es stattdessen sein, mündliche Formen der Leistungserbringung zu finden, die analog zu schriftlichen Arbeiten funktionieren: Als Ergebnisnachweis von (möglicherweise länger andauernden) Lernprozessen im Rahmen einer gut definierten Leistungsaufgabe.

Der *Erwerb* der Kompetenzen sollte vielmehr in einem entspannten und lernförderlichen Klima stattfinden. Ein wesentlicher Aspekt eines solchen Unterrichtsklimas ist laut Helmke

> „die Art und Weise, wie mit Fehlern umgegangen wird, wobei naturgemäß Schülerfehler im Mittelpunkt stehen. Die Nutzung von Fehlern als Lernchance und ein durch wechselseitige Unterstützung gekennzeichnetes Klima der Kooperation gelten als besonders förderlich für die Entwicklung der Lernmotivation und damit indirekt für die Kompetenzentwicklung." (Helmke 2007, S. 8)

Knapp auf den Punkt gebracht: In einer Leistungssituation sind Fehler unbedingt zu vermeiden. Beim Lernen und Üben gewähren Missverständnisse, Irrwege, Verständnisschwierigkeiten und Wissenslücken dagegen wichtige Einblicke in den Verstehensprozess. Gerade bei komplexen Problemstellungen sind kaum taugliche Versuche wertvoll, zeigen sie doch, wie (und vielleicht auch warum) etwas nicht funktioniert. Wenn aber schon die Lernsituation unter der Maxime der Fehlervermeidung steht, kann ein solches Klima kaum entstehen.

Wenn man bedenkt, dass die mündliche Kommunikation eine Doppelfunktion hat, weil sie nicht nur das Medium, sondern auch der Gegenstand des Lernens (nicht nur) im Deutschunterricht ist, muss sie auch so behandelt werden wie alle anderen Lerngegenstände auch. Es ist also immer klar zu trennen zwischen

- dem Unterrichtsgespräch als Lernmedium und Erwerbskontext,
- allen Arten von Aufgabenstellungen zum mündlichen Sprachhandeln als Lern- oder Übungsaufgaben und
- mündlichen Leistungsaufgaben (ggf. auch als Zwischen-Check) mit klar kommunizierter Zielsetzung.

A

Aufgaben und Ideen für den Unterricht

Kartenabfrage „Zuhören" (Material: Schreibzeug, Liste mit Kategorien)
Als Hausaufgabe notieren die Schülerinnen und Schüler jeweils drei Fragen, z. B. zu folgendem Impuls: Wir beschäftigen uns demnächst mit dem Zuhören. Darüber wisst ihr schon Einiges und habt bestimmt auch Fragen, die euch interessieren. Ihr könnt zu Hause auch eine Umfrage machen, was eure Familie gerne wissen würde. Schreibt dazu die drei wichtigsten Fragen auf Zettel.
Die Zettel werden eingesammelt und die Fragen von der Lehrperson aufgelistet. Kommt eine Frage doppelt vor, stehen in der Liste zwei Fragezeichen dahinter, bei drei gleichen Fragen drei Fragezeichen usw. Die unsortierte Liste bekommen die Schülerinnen und Schüler als Arbeitsblatt zusammen mit passenden Kategorien. In Kleingruppen ordnen sie die Fragen den Kategorien zu.

Definition	gut zuhören	Gehör	Zuhören lernen	Zuhör-signale	Aufmerk-samkeit	Sonstiges
1 ...		16, 22 ...				44, 60 ...

Mit dieser Aufgabe verschafft sich nicht nur die Lehrperson einen Überblick über Interessen, Vorwissen und Vorstellungen der Schülerinnen und Schüler zum Themenfeld. Sie kann über die vorgegebenen Kategorien auch einen Bezug zur geplanten Unterrichtseinheit herstellen. Zudem stellt sie mit den Kategorien sowohl eine Strukturierungshilfe als auch die passenden Fachbegriffe zur Verfügung, mit denen man sich über den Gegenstand austauschen kann. (Idee: Josef Leisen)

Wo fängt dein Himmel an? (Material: Abspielgerät, Karteikarten)
Die Aufgabe schult das eigenständige Koordinieren einer vielschichtigen Gesprächssituation durch die Lernenden. Sie schärft die Aufmerksamkeit für verschiedene Gesprächsebenen. Als Gesprächsanlass dient ein Song, z. B. „Wie sieht dein Himmel aus?" (siehe Youtube). Die Klasse hört den Song gemeinsam und schaut (sofort oder erst später) auch das Musikvideo dazu. Anschließend eröffnet die Lehrperson mit einer offenen Impulsfrage („Was haltet ihr davon?") und moderiert das anschließende Klassengespräch.

Wie bei jedem Song können sehr viele unterschiedliche Dinge auffallen, ge- oder missfallen, z. B.:

- der Sänger Philipp Poisel und das, was Einzelne über ihn wissen oder gehört haben,
- der Stimmklang, die Artikulation (nicht alle werden den gesamten Text verstehen),
- die Rekonstruktion der erzählten Situation (Orte, Beziehungskonstellation, Emotionen),
- die autobiografische Bedeutung: Unterschied zwischen Sänger und lyrischem Ich
- musikalische Aspekte, Instrumentierung, Genre,
- Rhythmus und Reime, Wortwahl, markante Formulierungen, Metaphern,
- das Verhältnis von Song und Video usw.

Bewusst wartet die Lehrkraft nicht auf die Nennung bestimmter „Lösungen“, sondern konzentriert sich auf das, was im Gespräch passiert. An geeigneter Stelle setzt sie Gesprächsimpulse (Zugzwänge) mit dem Ziel, dass Schülerinnen und Schüler ausgebaute Beiträge liefern, an die die anderen gut anschließen können. Gefragt sein können Beschreibungen (einer bestimmten Stelle im Lied), Nachfragen (bei Nichtverstehen), Begründungen oder Erklärungen (für Höreindrücke), Einwände (gegen Argumente anderer), Erzählungen (einer möglichen Vorgeschichte) und Vieles mehr. Wenn Lernende Formulierungsnöte haben, werden diese kurz thematisiert und möglichst gemeinsam gelöst.
Auf Wunsch hört die Klasse den Song ein zweites Mal (z. B. um einzelne Wahrnehmungen zu überprüfen oder das Video hinzuzunehmen). Bewusst soll der Text aber nicht schriftlich fixiert werden – es geht um das, was zu hören ist.
Um parallel die Aufmerksamkeit auch auf Aspekte der Gesprächsführung zu lenken, werden einige Schülerinnen und Schüler mit der Berichterstattung beauftragt. Sie beteiligen sich nicht am Gespräch, sondern achten zum Beispiel gezielt auf

- die angesprochenen Themen: Was sind die Themenbereiche? Wie könnte man die Themen sortieren und ordnen? Welche (Fach-)Wörter eignen sich als Oberbegriffe?
- die Beteiligung: Haben sich eigentlich alle geäußert? Wer nicht? Warum nicht?
- den Gesprächsverlauf: Welche Aspekte wurden zu Beginn genannt, welche weiterverfolgt, welche nicht? Kann man das erklären?
- gelungene Formulierungen (Wörter, Fachbegriffe, sprachliche Routinen): Was könnte man in ein Sprech-Lexikon aufnehmen?

Die Beobachtungen werden auf Karten festgehalten. Die Notizen können für eine gemeinsame Rekonstruktion des Gesprächsverlaufs und dessen Reflexion genutzt werden.

7 Bildungsstandards und Didaktik mündlicher Kommunikation

Für ein didaktisches Lehrbuch ist es ungewöhnlich, nicht mit den Bildungsstandards der Kultusministerkonferenz zu beginnen. Schließlich werden dort doch die länderübergreifend verbindlichen Lernziele bzw. Kompetenzerwartungen ausformuliert, auf die sich alle unterrichtlichen Bemühungen in einem Fach auszurichten haben.

Dieses Buch geht anders vor, indem es versucht, die notwendigerweise sehr knappen und stichwortartigen Formulierungen in Standards und auch in den Kernlehrplänen der Bundesländer zuerst mit sprachlichem Leben zu füllen. Die zurückliegenden Kapitel haben deswegen zunächst einige *Überzeugungen* über Mündlichkeit im Deutschunterricht thematisiert. Anschließend wurde der Gegenstand *Sprechen und Zuhören* von der Seite des *Fachwissens* her betrachtet, wie es die verschiedenen Wissenschaftsdisziplinen beizutragen haben.

Dabei ging es zuerst um physiologische, danach um psychologische und psycholinguistische Erkenntnisse. Die Merkmale und Eigenschaften sprachlicher Äußerungen standen anschließend im Mittelpunkt, wie sie sich in der Gesprochene-Sprache-Forschung, der Konversations- und Interaktionslinguistik gezeigt haben. Im fünften Kapitel ging es dann aus *fachdidaktischer* Perspektive um das sprachliche Handeln, insbesondere im Unterricht, und um den Erwerb von Kompetenzen in den verschiedenen Domänen. Das sechste Kapitel thematisierte das Beurteilen.

Die Bildungsstandards im Bereich *Sprechen und Zuhören* im Fach Deutsch sind für den Mittleren Schulabschluss (MSA) und die Allgemeine Hochschulreife (Abitur) auf den folgenden Seiten in Kästen am Seitenende abgedruckt (die Standards für den Hauptschulabschluss sind annähernd identisch mit denen des MSA). Wenn Leserinnen und Leser nach der Lektüre der vorigen sechs Kapitel jede einzelne Standardformulierung mit einem fachlichen Detail oder Modell, einem Beispiel oder einer konkreten Aufgabenidee verbinden könnten, wäre die wichtigste Zielsetzung dieses Buches erreicht.

Fachdidaktisches Wissen baut zwar auf den sachlichen und fachlichen Grundlagen auf, fällt aber nicht mit ihnen zusammen, denn: Zusätzlich zur Struktur der sprachlichen Lerngegenstände fragt die Fachdidaktik auch nach typischen Erwerbsmechanismen und Erwerbsverläufen, um daraus Handlungswissen und Konzepte für die Unterrichtspraxis ableiten zu können.

Dieses Kapitel soll deswegen abschließend dazu dienen, jenseits der zahlreichen Aspekte mündlicher Kommunikation und Gesprächskompetenzen einige prinzipielle Orientierungen für Lehrkräfte zu bieten, um bei aller Komplexität das eigentliche Ziel didaktischen Handelns nicht aus dem Blick zu verlieren.

Es beginnt – ausgehend von den Kompetenzerwartungen in den Bildungsstandards für die Sekundarstufen – mit zentralen Mechanismen (oder „Motoren“) für den Erwerb mündlicher Fähigkeiten: Interaktion, Modellieren, Instruktion und Aufgaben (Kapitel 7.1). Im Anschluss wird für diese Aufgaben eine „Sortierhilfe“ bereitgestellt: Es wird unterschieden zwischen den Ebenen des konkreten Handelns, des bewussten Reflektierens und der systematischen Analyse von mündlichem Sprachhandeln (Kapitel 7.2). Kapitel 7.3 schließlich listet sieben mündlichkeitsdidaktische Maximen auf, die als Orientierung auch für den alltäglichen Unterrichtsdiskurs dienen sollen.

ÜBRIGENS: BILDUNGSSTANDARDS FÜR DEN MITTLEREN SCHULABSCHLUSS (KMK 2004, S. 10 f.)

zu anderen sprechen

- sich artikuliert, verständlich, sach- und situationsangemessen äußern,
- über einen umfangreichen und differenzierten Wortschatz verfügen,
- verschiedene Formen mündlicher Darstellung unterscheiden und anwenden, insbesondere erzählen, berichten, informieren, beschreiben, schildern, appellieren, argumentieren, erörtern,
- Wirkungen der Redeweise kennen, beachten und situations- sowie adressatengerecht anwenden: Lautstärke, Betonung, Sprechtempo, Klangfarbe, Stimmführung; Körpersprache (Gestik, Mimik),
- unterschiedliche Sprechsituationen gestalten, insbesondere Vorstellungsgespräch/Bewerbungsgespräch; Antragstellung, Beschwerde, Entschuldigung; Gesprächsleitung.

vor anderen sprechen

- Texte sinngebend und gestaltend vorlesen und (frei) vortragen,
- längere freie Redebeiträge leisten, Kurzdarstellungen und Referate frei vortragen: ggf. mit Hilfe eines Stichwortzettels/einer Gliederung,
- verschiedene Medien für die Darstellung von Sachverhalten nutzen (Präsentationstechniken): z. B. Tafel, Folie, Plakat, Moderationskarten.

mit anderen sprechen

- sich konstruktiv an einem Gespräch beteiligen,
- durch gezieltes Fragen notwendige Informationen beschaffen,
- Gesprächsregeln einhalten,
- die eigene Meinung begründet und nachvollziehbar vertreten,
- auf Gegenpositionen sachlich und argumentierend eingehen,
- kriterienorientiert das eigene Gesprächsverhalten und das anderer beobachten, reflektieren und bewerten.

7.1 Sprechen und Zuhören im Unterricht

Die Schülerinnen und Schüler sollten sich in der Schule sprachreflexive und kommunikative Fähigkeiten aneignen, um für die Teilhabe an den verschiedensten gesellschaftlichen Kommunikationssituationen gerüstet zu sein. Im gleichen Sinne sind auch die Kompetenzziele in den Bildungsstandards für das Fach Deutsch formuliert.

> „Alltägliches Sprechen zu Menschen und mit Menschen, wie es seit der ‚Kommunikativen Wende' als fachdidaktische Zielgröße gilt, wird zum reflexiven Sprechen in einem kompetenzorientierten Deutschunterricht, der geeignete Anforderungssituationen dafür schafft, dass die Schüler/-innen sich nicht nur ausdrücken können, sondern zuallererst ausdrücken wollen, und der darauf achtet, dass ihre eigenen Ausdrucksmöglichkeiten und -bedürfnisse ihnen dabei bewusst werden." (Abraham 2008, S. 170)

---

verstehend zuhören

- Gesprächsbeiträge anderer verfolgen und aufnehmen,
- wesentliche Aussagen aus umfangreichen gesprochenen Texten verstehen, diese Informationen sichern und wiedergeben,
- Aufmerksamkeit für verbale und nonverbale Äußerungen (z. B. Stimmführung, Körpersprache) entwickeln.

szenisch spielen

- eigene Erlebnisse, Haltungen, Situationen szenisch darstellen,
- Texte (medial unterschiedlich vermittelt) szenisch gestalten.

Methoden und Arbeitstechniken

- verschiedene Gesprächsformen praktizieren, z. B. Dialoge, Streitgespräche, Diskussionen, Rollendiskussionen, Debatten vorbereiten und durchführen,
- Gesprächsformen moderieren, leiten, beobachten, reflektieren,
- Redestrategien einsetzen: z. B. Fünfsatz, Anknüpfungen formulieren, rhetorische Mittel verwenden,
- sich gezielt sachgerechte Stichwörter aufschreiben,
- eine Mitschrift anfertigen,
- Notizen selbstständig strukturieren und Notizen zur Reproduktion des Gehörten nutzen, dabei sachlogische sprachliche Verknüpfungen herstellen,
- Video-Feedback nutzen,
- Portfolio (Sammlung und Vereinbarungen über Gesprächsregeln, Kriterienlisten, Stichwortkonzepte, Selbsteinschätzungen, Beobachtungsbögen von anderen, vereinbarte Lernziele etc.) nutzen.

Mit der Orientierung an „kommunikative[n] Situationen in persönlichen, beruflichen und öffentlichen Zusammenhängen“ (KMK 2004, S. 8) kommt das Ganze alltäglicher Gesprächsführung in den Blick. Es geht nicht mehr nur um spezifische, stilisierte Formen oder gar um solche, die eigentlich nur im Unterricht vorkommen, sondern auch um alltägliches Sprachhandeln. Nicht nur der große Auftritt beim „Aufsagen“ (besser natürlich: gestaltenden Vortragen) von Gedichten, beim Vorlesewettbewerb oder bei der mediengestützten Präsentation soll beherrscht werden, sondern auch das angemessene Agieren im Unterrichtsgespräch, in der Gruppenarbeit oder eben bei (simulierten) Situationen wie Prüfungs- und Bewerbungsgesprächen oder im Umgang mit Ämtern.

Dafür beginnen die Schülerinnen und Schüler nicht bei null, sondern sie bringen ihre bereits erworbenen mündlichen Fähigkeiten mit, praktizieren sie auch außerschulisch Tag für Tag und üben sie damit auch weiterhin ein. Die Interaktion mit anderen ist damit einer der wichtigsten Motoren für den Erwerb und die Weiterentwicklung sprachlicher Fähigkeiten im außerschulischen Handlungsfeld. Auch in der Schule spielt Interaktion als Lehr- und

ÜBRIGENS: BILDUNGSSTANDARDS FÜR DIE ALLGEMEINE HOCHSCHULREIFE (KMK 2012, S. 15 f.)

Die Schülerinnen und Schüler handeln in persönlichen, fach- und berufsbezogenen und öffentlichen Kommunikationssituationen angemessen und adressatengerecht. Diese Situationen sind in ihrer Mündlichkeit durch Interaktivität, Unmittelbarkeit, Flüchtigkeit und die Nutzung para- und nonverbaler Zeichen gekennzeichnet.

Die Schülerinnen und Schüler können

- in ihren Gesprächen auf Verständigung zielen und respektvolles Gesprächsverhalten zeigen,
- in verschiedenen Gesprächsformen und in unterschiedlichen Rollen kommunikativ handeln und dabei nonverbale sowie stimmliche Mittel bewusst nutzen,
- zur Analyse mündlicher Kommunikationssituationen exemplarisch auditive und audiovisuelle Aufzeichnungen sowie Mitschriften nutzen,
- den Verlauf fachlich anspruchsvoller monologischer und dialogischer Gesprächsformen konzentriert verfolgen, um Argumentation und Intention der Gesprächspartner wiederzugeben bzw. zusammenzufassen sowie ihr Verständnis durch Mitschriften und Notizen zu sichern.

Dialogische Gesprächsformen: mit anderen sprechen

Die Schülerinnen und Schüler können

- während des Zuhörens parallel eigene Äußerungen planen und diese in ihrer Wirkung einschätzen
- sich in eigenen Gesprächsbeiträgen explizit und zielführend auf andere beziehen

Lernprinzip eine zentrale Rolle. Hinzu kommt das Lernen von sprachlichen Modellen sowie die direkte Instruktion. Diese drei Prinzipien werden im Folgenden genauer erläutert.

Interaktion

Im aktiven Austausch mit anderen erlernen Kinder und Jugendliche kommunikative Praktiken, indem sie sie anwenden *(learning by doing)* und konkrete Erfahrungen damit sammeln. Sie erleben also durch Ausprobieren, wie sie sich Gehör verschaffen, wie ein Argument funktioniert oder wie sie wirkungsvoll einen Witz erzählen. Um ihre Möglichkeiten auszuweiten, brauchen sie möglichst viele Kommunikationssituationen, in denen sie erfolgreich agieren und sich selbst als kompetent erleben können.

> Hierfür bietet Unterricht eine Vielzahl von Anlässen. Er kann den sprachlich-kommunikativen Erfahrungsraum auch derjenigen Kinder erweitern, denen in ihren Familieninteraktionen solche Gelegenheiten nur eingeschränkt zur Verfügung stehen."
>
> (Morek 2012, S. 282)

- in Kontroversen Strittiges identifizieren und eigene Positionen vertreten
- auf konstruktive Weise eigenes und fremdes Gesprächsverhalten beobachten, reflektieren und besprechen
- nach Geboten der Fairness kommunizieren und Strategien unfairer Kommunikation erkennen
- Diskussionen, Debatten und Präsentationen selbstständig moderieren
- in Simulationen von Prüfungs- und Bewerbungsgesprächen angemessen verbal und nonverbal handeln

Monologische Gesprächsformen: vor anderen sprechen

Die Schülerinnen und Schüler können

- anspruchsvolle Fachinhalte Verständnis fördernd referieren, auch unter Verwendung selbst verfasster stützender Texte
- literarische und pragmatische Texte sinngebend und der Form entsprechend vortragen
- einzeln und gemeinsam mit anderen argumentierende und erklärende Beiträge präsentieren
- kontextangemessen, funktional, kreativ verschiedene Medien und Präsentationstechniken einsetzen und das eigene Vorgehen erläutern
- umfangreiche Redebeiträge zu komplexen Sachverhalten selbstständig und adressatengerecht präsentieren

Wie insbesondere die Forschung zum Erzählerwerb herausgestellt hat, funktioniert schon bei kleinen Kindern das Lernen dadurch, dass erwachsene Bezugspersonen den Kindern helfen, ihre noch lückenhaften Äußerungen zu vervollständigen. Beispielsweise geben sie an wichtigen Schaltstellen Impulse zum Weitererzählen oder sie helfen durch Nachfragen dabei, fehlende Informationen zu ergänzen.

Damit ist die vollständige und strukturierte Erzählung im Grunde das Produkt einer Ko-Konstruktion, an dem das Kind jeweils so viel Anteil hat, wie es seine aktuellen Fähigkeiten erlauben. Solche individuellen Unterstützungsprozesse sind im Klassengespräch höchstens punktuell möglich. Deswegen ist es wichtig, im Unterricht und bei der Gestaltung von Aufgabenstellungen möglichst viel Interaktions-Zeit für alle Schülerinnen und Schüler zu organisieren. Wenn Lehrpersonen verstärkt Formen von selbstgesteuerter Lernorganisation einsetzen, verschaffen sie sich dadurch auch selbst die Freiräume, die sie brauchen, um sich mit einzelnen Schülerinnen und Schülern eingehender zu beschäftigen.

Modellieren

Wenn Kinder und Jugendliche mit sprachlich kompetenten Anderen interagieren, so lernen sie – dies ein zweiter Entwicklungsmotor – auch an diesen Modellen. Sie nutzen sie als Vorbilder und übernehmen beispielsweise kommunikative Verhaltensweisen, Formulierungen, aber auch para- und nonverbale sprachliche Mittel für ihr eigenes Sprachhandeln. Dass das Lernen an Modellen funktioniert, zeigt sich beispielsweise an den rasanten Karrieren bestimmter jugendsprachlicher Ausdrücke und Sprechweisen. Im Unterricht nutzt man dieses Modelllernen, indem man Muster und Beispiele auch gezielt einsetzt und bewusst nutzt. So können beim Erzählen Themenideen, populäre Erzählwelten oder -strukturen aus der Medienrezeption für das eigene Erzählen adaptiert werden.

Gerade für schultypische Gattungen wie Erklärungen, Präsentationen oder Begründungen kommt der Lehrperson als Modell eine wichtige Rolle zu. Wenn sie sich dieser Rolle bewusst ist, dann kann sie ihr eigenes sprachliches Handeln explizieren und damit zum Beispiel komplexe Vertextungsmuster leichter durchschaubar und zugänglich machen („Ich erkläre jetzt zuerst zwei wichtige Begriffe und danach, was sie miteinander zu tun haben").

Vorbilder können aber auch in Übungssettings genutzt werden. So können Schülerinnen und Schüler mündliche Paralleltexte erstellen, indem sie versuchen, ein Gedicht oder eine Romanpassage ähnlich wie in einer professionellen Aufnahme vorzutragen – oder absichtlich ganz anders. Sie lenken damit ihre Aufmerksamkeit vor allem auf paraverbale Mittel zur Strukturierung und Gestaltung von gesprochenen Texten.

Instruktion

Schließlich lernen Kinder und Jugendliche auch mithilfe von expliziten Anleitungen. Gerade im Bereich mündlicher Leistungen besteht eine Tendenz dazu, auf eher intuitive, beiläufige Erwerbsprozesse zu vertrauen, wie sie im Alltag sicher bei Weitem überwiegen. Im Unterricht liegt aber in der expliziten Instruktion möglicherweise ein wichtiges Potenzial für das Lernen, und zwar insbesondere für Schülerinnen und Schüler, denen ihr außerschulisches Umfeld weniger Gelegenheiten bietet, Arten mündlicher Beteiligung zu reflektieren und zu erproben. Für das Erzählen schlagen Sören Ohlhus und Juliane Stude (2009) vor, Strukturen und sprachliche Merkmale gelungener oder auch misslungener Beispiele zum Gegenstand metasprachlicher Betrachtungen zu machen. Man kann dabei zwei entgegengesetzte Wege gehen: Entweder orientieren sich die Schülerinnen und Schüler anhand von allgemein formulierten strukturellen und sprachlichen Vorgaben, um eigene Beiträge zu gestalten. Das setzt ein gewisses metasprachliches Niveau und ein gutes Verständnis der verwendeten Begriffe voraus. Oder die Klasse analysiert vorgegebene Beispiele und präpariert deren Struktur und sprachliche Mittel heraus. Für eine solche Analyse von Gesprächssequenzen eignen sich neben Erzählungen beispielsweise auch Streitgespräche aus Talkshows (argumentieren), Lernvideos (erklären) oder auch aufgezeichnete Vorträge oder Reden (präsentieren).

7.2 Mündliche Kompetenzen fördern – Aufgaben gestalten

Wer mit offenen Augen durch die Welt geht oder in Zeitschriften blättert, findet eine schier unendliche Menge an Ideen für Übungen und Aufgaben zum mündlichen Sprachhandeln. Anders als in anderen Lernbereichen (zum Beispiel Lese- und Schreibförderung) sind sie bislang noch nicht gut systematisiert. Das liegt sicher auch daran, dass wertvolle Impulse und Anregungen aus so vielen unterschiedlichen Arbeitsbereichen kommen, die sich mit Aspekten von mündlicher Kommunikation, mit Hören und Zuhören, mit Sprechen und Stimme, mit Gestik, Mimik, darstellendem Spiel, mit Kommunikation und Interaktion befassen.

Der Großteil der Übungen und Aufgaben in diesem Buch war also schon in der Welt; sie wurden nicht extra entwickelt. Sofern eine Quelle angegeben ist, stammt zumindest die Anregung oder Grundidee von dort, und in der Regel finden sich an den angegebenen Stellen auch noch viele weitere Anregungen und Übungen.

Bewusst sind die Aufgaben nicht in einem separaten Block am Ende des Buches versammelt, sondern den einzelnen Teilkapiteln zugeordnet. Das soll dazu dienen, die theoretischen Kapitelinhalte zu illustrieren und zu konkretisieren und so eine engere Verbindung zwischen fachlichem und fachdidaktischem Wissen und konkretem unterrichtlichen Handeln zu schaffen. Zudem findet man vielleicht etwas leichter eine Übung für einen bestimmten Zweck.

Niemals kann es sich aber um eine abgeschlossene Liste von unveränderbaren Aufgaben handeln. Viele der Ideen aus der Literatur sind für diesen Band angepasst oder ausgebaut worden. Sie sind in Teilen auch empirisch erprobt, erst selten konnte der erfolgreiche Einsatz aber repliziert, d. h. in zusätzlichen Studien und unter anderen Rahmenbedingungen überprüft werden. Hier birgt die Kooperation zwischen Schulen und Hochschulen als Motor für die Entwicklung ein riesiges Potenzial.

Genauso werden auch Lehrerinnen und Lehrer immer wieder Ideen aufgreifen und an die speziellen Bedürfnisse ihrer Klassen oder an ein ganz bestimmtes Lernziel anpassen. Fachdidaktisches Wissen, wie es dieses Buch vermitteln soll, ist ja nicht erforderlich, um eine Aufgabe, eine Übung oder ein Arbeitsblatt zu finden und im Unterricht einzusetzen. Es ist aber sehr wohl nötig, um entscheiden zu können, ob diese Aufgabe, diese Übung oder dieses Arbeitsblatt eigentlich *diese* Schülerinnen und Schüler sinnvoll in ihrem nächsten, jetzt anstehenden Lernschritt unterstützt. Bewusst gibt es deswegen auch keine Hinweise auf bestimmte Klassenstufen: Zum einen sind Klassen, Schulen und Schularten, Wohnumfelder, Ressourcen, Lebenswirklichkeiten usw. derart heterogen, dass es ohnehin nicht *die* siebte oder *die* elfte Klasse gibt. Zum anderen setzen die Aufgaben gerade auf Anpassung, Variation und Weiterentwicklung als Kernkompetenz professioneller Lehrkräfte.

Beim aufmerksamen Lesen (oder spätestens beim Ausprobieren) fällt sicherlich auf, dass die Aufgaben auf ganz unterschiedliche Weisen funktionieren, von denen jede im Erwerbsverlauf eine wichtige Funktion hat. Diese Funktionsweisen lassen sich zur besseren Orientierung drei Ebenen zuordnen, auf denen Mündlichkeit im Unterricht thematisiert werden kann, nämlich dem *Handeln,* dem *Reflektieren* und dem *Analysieren.*

Was jede dieser Ebenen bedeutet, kann man sich an einem Beispiel deutlich machen: Wenn man ein Brot backen möchte, kann man sich das von jemandem zeigen lassen und es im konkreten *Handeln* erlernen. Beim Kneten bekommt man – nicht beim ersten Mal, aber nach und nach – ein Gespür dafür, ob sich der Teig schon richtig anfühlt oder ob vielleicht noch etwas Wasser oder Mehl fehlt. Dieses Gefühl wird man – fast automatisch oder auch ganz bewusst als „Regel“ zum Brotbacken abspeichern fürs nächste Mal: Man *reflektiert* also – etwas allgemeiner – was man tut oder tun muss, damit das Brot gelingt. Solche Regeln nutzt man auch, wenn man nach Rezept backt: Man hält sich an die Anweisungen und setzt sie in konkretes Handeln um. Darüber hinaus kann man aber auch abstrakteres Wissen über die Zutaten erwerben (z. B. die Eigenschaften verschiedener Mehle und Backtriebmittel) und sie – quasi *analytisch* – nutzen, um zum Beispiel das Backergebnis zu verbessern oder eigene neue Rezepte zu kreieren.

Alle drei Ebenen, das Handeln, das Reflektieren und das Analysieren, sind wichtig für den Erwerb von Gesprächskompetenzen. Sie sind aber unterschiedlich abstrakt und stellen damit auch verschiedene kognitive Anforderungen an die Schülerinnen und Schüler.

- Aufgaben, bei denen die Schülerinnen und Schüler in konkreten Handlungssituationen angemessen und adressatengerecht *handeln* sollen: Hier steht das Ausprobieren und Einüben von kommunikativen Praktiken im Vordergrund, die die Kinder oder Jugendlichen „im Repertoire" haben sollen (beispielsweise jemanden begrüßen, sich einander vorstellen, eine Kritik anbringen, Kindern vorlesen, interessiert zuhören und Zuhörsignale geben, bei einem Vortrag mitschreiben)
- Aufgaben, bei denen die Schülerinnen und Schüler kommunikative Situationen, deren Merkmale und Auffälligkeiten *reflektieren* sollen: Hier geht es in erster Linie um die bewusste Aufmerksamkeit für Anlässe, Rollen, Gattungen und die entsprechenden sprachlichen Mittel (zum Beispiel Fragen und Erklären, implizite Zugzwänge erkennen, para- und nonverbale Zeichen wahrnehmen und verstehen, über Sprachwandel und Sprachgebrauch nachdenken, kulturelle Varianten von Höflichkeitsformen vergleichen). Generell gilt aber, dass zumindest kurze Reflexionsphasen (z. B. in Form eines „Blitzlichts") bei allen Lernarrangements eingeplant werden sollten.
- Aufgaben, bei denen die Schülerinnen und Schüler kommunikative Situationen systematisch untersuchen und *analysieren* sollen. Hier kommen theoretische Modelle und wissenschaftliche Methoden zum Einsatz, die einen systematischen Blick auf Aspekte mündlicher Kommunikation erlauben (z. B. verschiedene Äußerungen zwischen den Polen medialer und konzeptioneller Mündlichkeit/Schriftlichkeit einordnen; Audio- oder Videoaufnahmen an Transkripten untersuchen, Meilensteine kindlichen Spracherwerbs kennenlernen).

Lehrerinnen und Lehrer sollten sich jeweils möglichst darüber im Klaren sein, auf welche Ebene eine Aufgabe oder Übung vor allem abzielt.

Im Folgenden sollen die drei Ebenen genauer vorgestellt und abschließend anhand von drei Beispielen für Aufgabensequenzen illustriert werden. Bewusst sind alle Beispiele aus möglichst unterschiedlichen kommunikativen Situationen gewählt. Das soll zeigen, dass die Ebenen als Sortier- und Planungshilfe unabhängig von einer einzelnen Gattung oder Aufgabenstellung funktionieren.

7.2.1 Die Ebene des konkreten Handelns

Wenn von „Sprechen und Zuhören als Bildungsaufgabe“ die Rede ist, dann ist damit *Bildung* in einem umfassenden Sinne gemeint. Es geht also nicht nur um Wissensinhalte, sondern zuallererst darum, in konkreten Situationen angemessen und adressatengerecht handeln zu können. Das ist eine zentrale Voraussetzung für gesellschaftliche Teilhabe als zentralem Bildungsziel. Wer in variablen Situationen des persönlichen und öffentlichen Lebens alltägliche Angelegenheiten regeln kann und sich ohne Scheu mit anderen auseinandersetzt, verfügt über eine wichtige Grundlage für ein selbstbestimmtes Leben.

Viele Aufgaben stellen deswegen konkrete Handlungen und Interaktionen mit anderen in den Mittelpunkt. Hier geht es im wahrsten Wortsinn darum, Erfahrungen am eigenen Leib zu machen, Handlungsweisen, Haltungen, Rollen auszuprobieren, einzuüben und zu trainieren. Das legt schon nahe, dass bei solchen Aufgaben die regelmäßige Wiederholung eine wichtige Rolle spielt. Ein paar Beispiele:

- Viele Lehrerinnen und Lehrer setzen auf bestimmte Begrüßungsrituale. Gerade in höheren Klassen oder auch ab der zweiten Stunde eines Schultages erscheint es allerdings unpassend, die Klasse aufstehen und ihr „Guten Morgen“ im Chor aufsagen zu lassen. Eine Begrüßung hat aber die wichtige Funktion, sich gegenseitig wahrzunehmen und aufeinander einzustimmen. Eine kurze, interessierte Erkundigung vermittelt das gute Gefühl, „gesehen“ zu werden. Darauf sollte man im Sinne einer guten Arbeitsatmosphäre nicht verzichten. Wenn es nicht möglich ist, dass die Lehrperson alle Schülerinnen und Schüler persönlich begrüßt, kann ein „Konversationstraining“ zu Beginn jeder Deutschstunde eingebaut werden: Die Schülerinnen und Schüler haben die Aufgabe, wie Teilnehmerinnen und Teilnehmer einer Konferenz zwei bis drei Klassenmitglieder freundlich zu begrüßen und ein kurzes Gespräch zu führen, bevor man – nach einer festgelegten Zeit und evtl. einem Ton- oder Lichtsignal – mit dem Thema der Stunde beginnt.
- Schülerinnen und Schüler der Sekundarstufen sollen in der Lage sein, Vortragsnotizen anzufertigen, um die Inhalte für spätere Gelegenheiten strukturiert festhalten zu können. Das Notizenmachen ist eine Fertigkeit, die man einüben kann und muss. Besonders funktional sind individuelle Kürzel und Symbole für wiederkehrende Bedeutungen:
  - !! bedeutet *wichtiger Gedanke*;
  - ??? bedeutet *nochmal nachfragen*;
  - ==> bedeutet *folglich*;

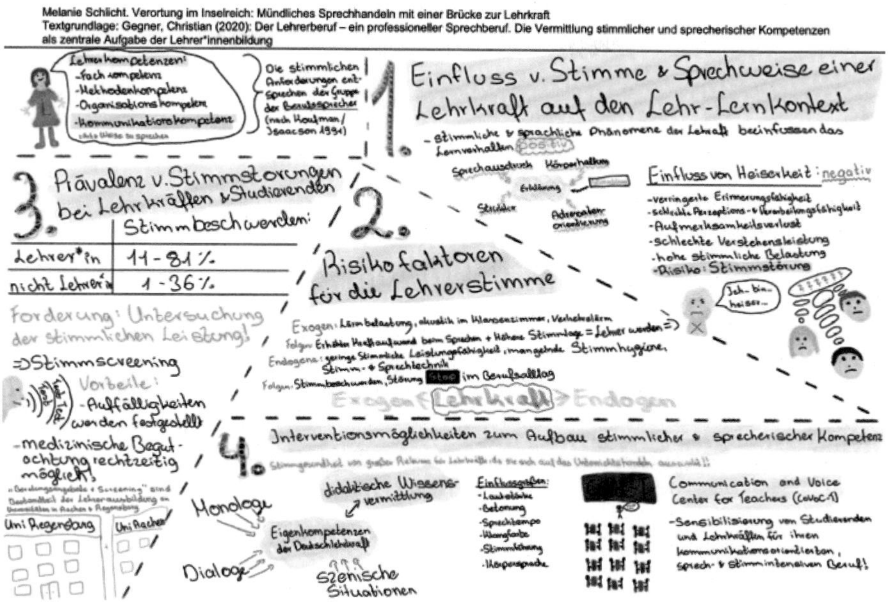

Abbildung 19: Beispiel für eine „Visual summary“ (Melanie Schlicht)

- GROẞSCHREIBUNG bedeutet: *wichtigwichtig*
- ↯ bedeutet: *Einspruch!* usw.

Diese müssen aber erfunden und individuell erprobt werden, um zu einer echten Entlastung beim Zuhören und bei der Rekonstruktion des Gehörten zu werden (vgl. Behrens/Sabi 2016). Besonders freudvoll und attraktiv ist das gestalterische Format der *visual summary* (s. Abbildung 19). Mit wenig Übung (z. B. anhand entsprechender youtube-Tutorials) können Schülerinnen und Schüler lernen, das Gehörte eigenständig zu strukturieren und tiefer zu verarbeiten als in einer ausschließlich verbalsprachlichen Form. Auch hier spielen Symbole und Zeichen eine wichtige Rolle.

- Aufmerksames Zuhörverhalten ist nicht nur ein innerer Prozess, sondern muss auch *verkörpert* werden. Viele Gelegenheiten im Unterricht eignen sich dazu, ein solches Verhalten zu trainieren. Es sollte dabei nicht unterschätzt werden, wie anstrengend diese Aufgabe zunächst sein kann. Je nach Konzentrationsfähigkeit und Leistungsniveau ist es deswegen sinnvoll, das gezielte Einüben zeitlich zu begrenzen. Schülerinnen und Schüler können als Symbol beispielsweise ein „Erinnermich“ bekommen (einen schönen Stein, eine Glasmurmel, eine Kastanie als Handschmeichler oder auch eine Sanduhr), wenn sie sich gutes Zuhören gezielt vornehmen.

7.2.2 Die Ebene der bewussten Reflexion

Sprachliches Handeln ist immer das Handeln der ganzen Person. Was wir tun, wenn wir kommunizieren, tun wir als Individuen mit unseren jeweiligen Eigenarten, als Mitglieder unterschiedlicher sozialer Kontexte, in unseren verschiedenen beruflichen und privaten Rollen usw. Eine Veränderung bzw. Erweiterung unseres Kommunikationsverhaltens muss deswegen so erfolgen, dass sie die gesamte Person „mitnimmt", wenn sie nicht nur auf eine äußerliche Nachahmung von erwünschten Verhaltensweisen aus ist. Zudem ist gerade schulisches Lernen stark auf Transfer ausgelegt: Was in einem Kontext gelernt wurde, soll ja laut Weinert (2001, S. 28) „in variablen Situationen erfolgreich und verantwortungsvoll" genutzt werden können. Deswegen spielt die Reflexion über kommunikative Erfahrungen eine zentrale Rolle für alle sprachlichen Lernprozesse.

Das bedeutet: Erfahrungen und Entdeckungen müssen nicht nur gemacht, sondern auch in ihrer Bedeutung für das eigene Sprachhandeln bewusst wahrgenommen und reflektiert werden. „Aha-Effekte" können sich einstellen, wenn im Nachdenken über Erfahrungen mit mündlichen Kommunikationssituationen diese Erfahrungen auch auf den Begriff gebracht und damit besser eingeordnet werden können. Ein paar Beispiele:

- Insbesondere nach sprachpraktischen Übungen und Aufgaben lohnt es sich, die darin gemachten Erfahrungen gemeinsam zu bedenken: Was war leicht, was überraschend, was hatte man sich einfacher vorgestellt und warum? Gerade im Jugendalter stellen sich Fragen nach dem eigenen Selbst mit großer Dringlichkeit. Das erhöht zum einen die Fähigkeit der Selbstreflexion, kann aber auch zu teils tiefer Verunsicherung führen. Die Entdeckung, dass andere ähnliche Erlebnisse berichten wie man selbst, kann deswegen wertvoll und äußerst entlastend sein. In einem offenen, wertschätzenden Gesprächsklima sollten deswegen zumindest blitzlichtartige Auswertungen stattfinden. Im nächsten Schritt kann man sich auf die Suche nach Ursachen, Zusammenhängen oder auch treffenden Begriffen begeben.
- Laut Bildungsstandards sollen Schülerinnen und Schüler „Aufmerksamkeit für verbale und nonverbale Äußerungen (z. B. Stimmführung, Körpersprache) entwickeln." (KMK 2004, S. 10) und in der Sekundarstufe II auch „nonverbale sowie stimmliche Mittel bewusst nutzen" (KMK 2012, S. 14). Sie können dabei auf ein breites intuitives Wissen zurückgreifen, denn auch ohne es benennen zu können, sind die meisten Menschen in der Lage, die Bedeutung eines bestimmten mimischen Ausdrucks zu ver-

stehen (hochgezogene Augenbraue, gerümpfte Nase) oder charakteristische Gesten oder Haltungen einzelner Personen wiederzuerkennen (eine Voraussetzung für den Erfolg von Imitatorinnen und Imitatoren). Erfahrungs- und Beobachtungsmaterial ist auch während des Unterrichts reichlich vorhanden. Es kann eine gute, unterhaltsame und erhellende Übung sein, solche Beobachtungen im Gespräch zu thematisieren. Die Schülerinnen und Schüler erweitern dabei zugleich das Vokabular, mit dem man über Sprache sprechen kann.

- Heute gibt es kaum ein Lehrwerk, das ohne Watzlawicks Axiome der Kommunikation (Watzlawick u. a. 1969), speziell die Unterscheidung zwischen Inhalts- und Beziehungsaspekt, sowie das „Vier-Ohren-Modell" von Friedemann Schulz von Thun (1981) auskommt. Zwar können solche Modelle dabei helfen, sich über Missverständnisse, kommunikative Störungen und das schwierige Verhältnis zwischen Sagen, Meinen und Verstehen klarer zu werden. Allerdings besteht die Gefahr, dass man, wenn man nur vom Modell her denkt, die Deutung der Zuhörenden *über* das von den Sprechenden Gemeinte stellt. Aber auch die Zuhörenden können sich irren:

> „Zwischen *Meinen und Verstehen,* darauf hat Peter von Polenz (2008) hingewiesen, können oft beträchtliche Diskrepanzen bestehen. Dies aber weist dem Verständnis und der Verständnissicherung im Gespräch eine bedeutsame Rolle zu, insbesondere bei Gesprächsstörungen oder -irritationen." (Neuland/Peschel 2013, S. 56)

Es bietet sich deswegen an, die Interpretationsangebote von Kommunikationsmodellen in aller Vorsicht an konkrete Interaktionserfahrungen herantragen und auf deren Tauglichkeit für das Verstehen zu überprüfen. Umgekehrt bieten sie aber durchaus ein Begriffsinventar an, um individuelle Erfahrungen zur Sprache bringen zu können (wenn es beispielsweise um die Frage geht, welche Kleidung für eine Prüfung angemessen ist oder wenn in einer Diskussion unfaire Argumentation enttarnt werden soll).

7.2.3 Die Ebene der systematischen Analyse

Eine dritte Ebene ist die der Analyse von sprachlichem Material. Es wird in dieser Perspektive zum Untersuchungsgegenstand mit dem Ziel, mündliche Sprache als System und in ihrer Funktionsweise besser zu verstehen. Analyseaufgaben zielen darauf ab, Ordnung in ein verflochtenes Ganzes zu bringen. Dabei können durchaus – zumindest in Ansätzen – wissenschaftliche Forschungsmethoden erprobt und linguistische Modelle erarbeitet werden. Ein paar Beispiele:

- In der (auch sprach- und kulturübergreifenden) Arbeit an Redewendungen und ihren spezifischen Bedeutungen wird der Unterschied zwischen Zeichen- und Bedeutungsebene deutlich: „Das ist nicht mein Bier“ bedeutet: Das geht mich nichts an – wie drückt man das gleiche in anderen Sprachen aus (engl.: *That's not my business,* frz.: *C'est pas mes oignons,* portug.: *Não é da minha conta*)?
- Ein höchst interessanter Arbeitsbereich ist das weite Feld der Interjektionen (lat. für: Einwürfe). Sie sind charakteristisch für den mündlichen Sprachgebrauch. In schriftlichen Texten treten sie nur auf, um Mündlichkeit anzuzeigen (beispielsweise in literarischen Texten), aber auch, um eine gewisse sprachliche Nähe in der Schriftlichkeit herzustellen. Auch in diesem Buch finden sich einige Beispiele dafür. In Wörterbüchern wird die Funktion von Interjektionen schon lange beschrieben (beispielsweise *igittigitt, oje, oha, uh* im Duden) und inzwischen auch interaktionslinguistisch erforscht. Ein Beispiel bildet

> „die Gruppe der ‚Erkenntnisprozessmarker‘ (Imo 2009a), zu denen Ausdrücke wie oh, aha, ah ja, oh ja, ach, ach so u. Ä. gehören. [...] Sie heißen ‚Erkenntnisprozessmarker‘, weil mit ihnen der Erhalt von Informationen angezeigt wird (dies ist die Basisfunktion) und je nach Interjektionstyp diese Information als schon einmal bekannt und nur vergessen (ach ja), überraschend (oh), skeptisch (ach) etc. markiert wird (Imo 2009a). Wie immer gilt, dass diese Interjektionen keine Aussagen über tatsächliche kognitive Prozesse zulassen. Wenn ich auf eine Information mit Oh! reagiere, zeige ich für die Interaktionspartner/innen an, dass ich eine neue und überraschende (und eventuell für mich positive oder negative) Information erhalten habe – ob dies tatsächlich der Fall war, oder ob ich die Überraschung nur spiele, bleibt dagegen unbeobachtbar.“
>
> (Imo/Lanwer 2019, S. 228)

- Dramatische Texte sind Stücke für das Theater, also für die Mündlichkeit. Sie werden im Deutschunterricht allerdings häufig gelesen und büßen damit gelegentlich ihre eigentliche Spannung und Faszination ein. Neben dem Königsweg der selbst umgesetzten oder besuchten Bühneninszenierung bietet es sich auch an, mit analytischen Mitteln Schlüsselszenen hinsichtlich der kommunikativen Prozesse zwischen den Figuren unter die Lupe zu nehmen: Gerade wo es um Intrigen oder Missverständnisse geht, lässt sich die Doppelbödigkeit der Kommunikation oft auch auf der Ebene einzelner Äußerungen nachweisen.
- Erhellend ist auch die analytische Arbeit mit Transkripten mündlicher Äußerungen, wie sie hier auch an mehreren Stellen vorgeführt wurde. Die Anfertigung eigener Transkripte nach einer vorgegebenen Konvention (vgl. z. B. Kapitel 1; Selting u. a. 2009) kann dabei propädeutischen, also studi-

envorbereitenden Charakter haben. Weil dabei ein Audio- oder Videomitschnitt immer wieder angehört und möglichst alle verbalen, para- und nonverbalen Zeichen verschriftet werden, wird durch die extreme Verlangsamung das eigentlich flüchtige Material wie unter einem Mikroskop untersucht. Durch die Rekonstruktion erkennt man Aspekte des Zusammenspiels der sprachlichen Ebenen deutlicher.

Die drei Ebenen, auf die konkrete Aufgabenstellungen abzielen, stehen nicht in Konkurrenz zueinander. Im Gegenteil: In den meisten Fällen werden sie – wie beim Brotbacken – einander stützen und verstärken. Sie sind deshalb auch nicht misszuverstehen im Sinne von Erwerbsstufen, auch wenn sie die Fähigkeit zu immer abstrakteren Denkoperationen erfordern. Mit Blick auf die Leistungsfähigkeit der Schülerinnen und Schüler ist also gut abzuwägen, auf welcher Ebene der Schwerpunkt der Arbeit liegen kann. So liegt es nahe, bei Kindern zunächst das konkrete Handeln in den Mittelpunkt zu stellen, um eine Grundlage für die Reflexion eigener Erfahrungen zu schaffen. Mit zunehmendem Lernalter können abstraktere, kognitiv anspruchsvollere Aufgaben hinzukommen. Es kann aber unter Umständen auch entlastend sein, analytisch zunächst an „fremdem“ Material zu arbeiten und sich von dieser Seite den persönlichen Erfahrungen und Betroffenheiten zu nähern.

Die folgenden Aufgaben sind kleine Arrangements, an denen man erkennen kann, wie die drei Ebenen im Unterricht miteinander interagieren können.

A

Aufgaben und Ideen für den Unterricht

Handeln: Freundliche Begegnung (kein Material nötig)
Alle gehen durch den Raum. Wenn sie sich begegnen, bleiben sie für einen kurzen Dialog stehen: Eine Person sagt etwas Freundliches, die andere bedankt sich für das Kompliment. Als nächstes wird die Übung außerhalb des Klassenzimmers wiederholt, zum Beispiel während der Pause mit anderen Schülerinnen und Schülern, mit Lehrkräften, ggf. auch als „Hausaufgabe“ für den Nachmittag. Gemeinsam werden Erlebnisse und Erfahrungen ausgetauscht.

Vom Handeln zur Reflexion zur Analyse
(Material: vorbereitete Kurzvorträge)
Die Aufgabenstellung kann in ihrer Komplexität so variiert werden, dass sie sowohl für die Sekundarstufe I als auch für die höheren Klassen der Sekundarstufe II hinreichend anspruchsvoll ist.

Die Schülerinnen und Schüler bereiten kurze Vorträge zu einem Thema ihrer Wahl vor und präsentieren sie nach Art eines Galerierundganges mehrmals vor jeweils 2-3 Mitschülerinnen und Mitschülern. Im Anschluss notieren sie zuerst individuell (z. B. in einem kurzen Fragebogen), wie sich in ihrer Wahrnehmung der Vortrag verändert hat.
Die Ergebnisse kann man dann mit einer analogen oder auch digitalen Punktabfrage zusammenführen und sich anschließend über die Effekte des mehrfachen Übens austauschen. Möchte man eine analytische Ebene hinzunehmen, kann man den jeweils ersten und letzten Vortrag aufzeichnen lassen und – ggf. in Forschungsteams differenziert nach verschiedenen sprachlichen Ebenen (Wortschatz, Flüssigkeit der Darstellung, Struktur, Adressierung der Zuhörenden usw.) – die beobachtbaren Veränderungen untersuchen.

Von der Reflexion über die Analyse zum Handeln (kein Material nötig)
Die Klasse sitzt im Kreis. Reihum sollen alle sagen, was sie besonders gut und was sie nicht so gut können. Es fällt auf, dass es viel schwerer fällt, die eigenen Fähigkeiten herauszustellen als über Inkompetenzen zu sprechen (wenn wir über andere sprechen, ist es übrigens genau umgekehrt – auch das kann man ausprobieren). Dieser Unterschied zeigt sich auch auf der sprachlichen Ebene: Das „Eigenlob" geht typischerweise mit zahlreichen Abschwächungen einher (z. B.: Also, ich kann vielleicht ..., eigentlich finde ich ..., manchmal kann ich ganz gut ..., naja, es gibt natürlich viele, die ... usw.). Die „Selbstkritik" wird hingegen eher verstärkt (z. B.: Was ich überhaupt nicht/ gar nicht kann ..., ich bin total unfähig, ... ist eine Katastrophe usw.). Diese Unterschiede können auf verschiedenen Ebenen reflektiert werden:

- Selbstkonzept: Warum fällt es so schwer, eigene Stärken zu benennen? Sollte man das lernen und wenn ja: wie? Was würde sich dadurch an der Selbst- und Fremdwahrnehmung ändern?
- Sprache: Welche sprachlichen Mittel (häufig sind es sogenannte Abtönungspartikeln) nutzen wir für die Abschwächung bzw. Verstärkung von Aussagen?

In Gruppenarbeit machen die Schülerinnen und Schüler dann die Umkehrprobe, indem sie mit denselben sprachlichen Mitteln ihre Stärken sprachlich steigern und Schwächen herunterspielen. Die Übung fördert die Selbst- und Sprachaufmerksamkeit. Der Spagat zwischen sozial erwünschtem Verhalten (nicht angeben!) und dem Bewusstsein der eigenen Stärken ist eine Entwicklungsaufgabe, die auch über sprachliches Handeln bearbeitet wird.
Das Gleiche funktioniert auch als kleines Forschungsprojekt: Die Lernenden interviewen Passantinnen und Passanten und stellen ihnen die gleichen Fragen. Die Antworten werden aufgezeichnet, transkribiert und auf die sprachlichen Mittel hin untersucht.

Von der Analyse über die Reflexion zum Handeln (kein Material nötig)

Das Beispiel zeigt, dass auch für jüngere Schülerinnen und Schüler ein analytischer Zugang zu einem Thema praktikabel und sinnvoll ist. Die Methode erfordert zwar konkretes Handeln, Ausgangspunkt ist aber nicht das angezielte mündliche Sprachhandeln: Die Schülerinnen und Schüler benutzen eine App zur Schallmessung, die es kostenlos für Handys gibt. Sie sammeln und dokumentieren systematisch Lärmdaten an verschiedenen Orten im Schulgebäude oder außerhalb. Im Auswertungs- und Reflexionsgespräch tauschen sie sich darüber aus, an welchen Stellen und bei welchen Gelegenheiten Geräusche eine Belastung darstellen und an welchen sie unproblematisch sind. Dabei kann es zu unterschiedlichen Wahrnehmungen kommen. Grundsätzlich ist Lärm vor allem im Klassenzimmer problematisch und vor allem dann, wenn er länger anhält und man sich konzentrieren möchte. Gemeinsam werden passende Maßnahmen zum Lärmschutz erörtert und praktisch umgesetzt (Klassenregeln, Vereinbarung über Stoppsignale, Lärmampel, veränderte Einrichtung).

7.3 Sieben Maximen für eine Didaktik der Mündlichkeit

Mündliche Kommunikation, das ist bis hierher deutlich geworden, hat eine kaum überschaubare Zahl von Aspekten und Facetten; sie passiert immer und überall und mündliche Fähigkeiten lassen sich nicht in einem linearen Prozess wie in einem Lehrgang erlernen. Immerhin kann man aber beschreiben, wie Erwerbsprozesse ablaufen und welche Teilaspekte und Ebenen sich unterscheiden lassen. Das passiert nicht nur in gezielt arrangierten Aufgaben und Übungen, sondern in jeder mündlichen Gesprächssituation. Deswegen kommt auch dem Unterrichtsgespräch - ebenso wie dem Kommunikationsstil im persönlichen Austausch mit Schülerinnen und Schülern - eine hohe Bedeutung für das Lernen zu. Die folgenden sieben Maximen für didaktisches Handeln im Bereich mündlicher Kommunikation gelten unabhängig vom konkreten Unterrichtsgegenstand und auch fächerübergreifend als Leitideen für einen erwerbsförderlichen Unterricht im Bereich Mündlichkeit.

Erste Maxime: Mündlichkeit lernen im Medium der Mündlichkeit

In Schulbüchern und anderen Lehrmaterialien, die wegen ihrer Materialität stark an das Medium der Schriftlichkeit gebunden sind, finden sich im Bereich *Sprechen und Zuhören* nicht selten Vorübungen oder auch Überprüfungsaufgaben, die schriftlich zu absolvieren sind (etwa zum mündlichen

Argumentieren: Sammle Gründe, sortiere nach Pro und Contra, strukturiere deine Argumentation vom schwächsten zum stärksten Argument). Solche Formate führen angesichts der (interaktiven, multimodalen und sequenziellen) Funktionsweise mündlicher Kommunikation in die Irre. Mündliches Sprachhandeln beim Diskutieren sollte, ebenso wie beim Erklären, Beschreiben, Erzählen usw., im Medium des Mündlichen passieren und auch im Medium des Mündlichen evaluiert werden.

Zweite Maxime: Interaktion ermöglichen

Echte Lernzeit *(time on task)* gilt als wichtigste Bedingung für Lernerfolg. Wenn Sprechen und Zuhören beim Sprechen und Zuhören gelernt wird, dann muss Unterricht so organisiert sein, dass für jede Schülerin und jeden Schüler ein Maximum an Zeit mit aktiver Kommunikation zur Verfügung steht. Wann immer es möglich ist, sollten Übungen deswegen in kleineren Gruppen umgesetzt werden.

Die Steuerung durch die Lehrperson muss in solchen Phasen durch eine gut strukturierte Aufgabenstellung ersetzt werden (beispielsweise durch eine klare Vorgabe von Arbeitsschritten, vorstrukturiertes Arbeitsmaterial oder vorangehendes Modellieren und Einüben der geplanten Vorgehensweise). Idealerweise ist das Lernarrangement so gestaltet, dass sich Gelingen oder Misslingen „automatisch" zeigt.

Im Unterrichtsgespräch hat die Länge der Wartezeit zwischen dem Impuls durch die Lehrperson und einer Reaktion aus der Klasse einen empirisch nachweisbaren Effekt:

> „Tobin hat 1986 die empirischen Studien re-analysiert, die sich auf Wartezeiten beziehen und stellt fest, dass sich erweiterte Wartezeiten auf Schüleräußerungen folgendermaßen auswirken: ausführlichere Antworten – Zuwachs an Schülerbeteiligung – höhere Komplexität der Schülerantworten – höherer Anteil der Initiation der Interaktion durch Schüler – bessere Lern- und Schulleistungen. Festgestellt wurde auch eine Veränderung im Diskurs- und Interaktionsverhalten der Lehrkräfte: Senkung ihres Sprechanteils – Reduktion der einfachen Frageimpulse etc." (Thürmann 2012, S. 12)

Es lohnt sich also für Lehrkräfte, das Warten zu trainieren, damit die Schülerinnen und Schüler Zeit haben, vollständige und inhaltlich gehaltvolle Sprechbeiträge zu konstruieren (vgl. auch Kleinschmidt-Schinke 2018). Empirisch liegt die untere Schwelle bei 3 bis 5 Sekunden; je nach Anspruch und Leistungsfähigkeit der Schülerinnen und Schüler kann auch ein Vielfaches dieser Zeit benötigt werden. Hilfreich sind auch kurze „Murmelphasen", in denen im Zweiergespräch gewissermaßen Vorentwürfe entstehen und erprobt werden können.

Dritte Maxime: Unterrichtsgespräche als Erwerbsressource erkennen und nutzen

Gerade Kinder und Jugendliche mit wenig anregungsreichen Diskurserfahrungen in Familie und Freundeskreis brauchen besondere Unterstützung im Unterricht, um ihre sprachlichen Fähigkeiten auszubauen.

> „Es ist Aufgabe der Lehrpersonen, Anknüpfungspunkte im Unterrichtsgespräch zu schaffen, bei denen sich den Schülerinnen und Schülern der kommunikative Zweck zu produzierender Diskurseinheiten möglichst deutlich erschließt. Nur so kann der Einsicht Rechnung getragen werden, dass situationsangemessenes Kommunizieren von SchülerInnen ganz wesentlich Kontextualisierungskompetenz bezogen auf kommunikative Gattungen bedeutet." (Morek 2016, S. 67)

Es gilt also, Schülerinnen und Schüler darin zu unterstützen, dass sie zum nächsten Denk-, Arbeits- oder Argumentationsschritt im Unterricht substanziell beitragen können, statt sie nur als „Stichwortgeber" einzubinden. Dafür müssen Lehrkräfte ggf. stärker als bisher nicht nur die eine erwartete Antwort gedanklich vorformen, sondern auch die Funktion berücksichtigen, die ein eingeforderter Schülerbeitrag für den Fortgang des Unterrichtsdiskurses haben soll oder könnte. So besteht die Chance, umfangreichere und sinnhaftere Beiträge auszulösen.

B

Beispiel: Schüler als Stichwortgeber

Der folgende Ausschnitt stammt aus dem Geschichtsunterricht einer 9. Berufsschulklasse:

Lehrer: Man hatte Angst;
Dass die Russen (-) auch in Österreich (- -) einmarschieren.
Wisst's eh (- -)
Es war jetzt nie die Gefahr; (-)
Aber die Leute (-) haben eben darüber
gesprochen. (-)
Angst gehabt.
Wei:l die Russen waren 1968 eben;
Sind mit Panzern (-) in (-) Tschechoslowakei (-) hineingefahren.
Warum? (- -)
Schüler: Erobern.
Lehrer: Na erobern;
Ham sie's noch erobern müssen?
Schüler: Nein.
Lehrer: Nein.

	Warum was,
Schüler:	Wegen dem kalten Krieg.
Lehrer:	Genau.

(aus: Schmölzer-Eibinger/Fanta 2014, S. 160)

Vierte Maxime: Zugzwänge explizieren

Unterrichtsgespräche bieten authentische Anlässe für solistische Äußerungen von Schülerinnen und Schülern. Solche Gesprächs-Soli können verschiedenen mündlichen Gattungen wie zum Beispiel dem Begründen, Erzählen oder Beschreiben zugeordnet werden, die auf jeweils charakteristische Weise strukturiert sind (z. B. in sachlogischer, zeitlicher oder räumlicher Abfolge). Lehrpersonen haben hier die wichtige Aufgabe, die kommunikative Anforderung an einen Schülerbeitrag möglichst klar zu artikulieren, also verstärkt auf explizite Zugzwänge zu setzen (*„Fass doch bitte für Melda mal in ein paar Sätzen zusammen, was wir letzte Stunde gemacht haben, damit sie wieder auf dem Laufenden ist.“; „Was hältst du denn von diesem Text? Mit Begründung.“; „Ich erkläre das jetzt nochmal anders, hört mal gut zu, und guckt, ob ihr das auch so verstanden hattet.“*). Sie geben damit den Schülerinnen und Schülern Hinweise, welche Art von Beitrag von ihnen erwartet wird (z. B. eine Zusammenfassung, eine Begründung, ein Abgleich zwischen Wissen und Gehörtem ...), und erleichtern ihnen so den jeweils angemessenen Zuschnitt des eigenen Gesprächsbeitrags. Das bedeutet konkret:

- Die Lehrkraft setzt *explizite* Zugzwänge, d. h. sie benennt möglichst die erwartete Gattung (beispielsweise Erklären oder Begründen).
- Die Zugzwänge sind so formuliert, dass eine Einwortäußerung als Antwort nicht funktioniert (z. B. Warum-Frage, Bitte um einen Bericht).

ÜBRIGENS: IRF- ODER IRE-SCHEMA

Schon 1979 beschrieb der kalifornische Soziologe Hugh Mehan ein Gesprächsmuster, das charakteristisch für Gespräche zwischen Lehrpersonen und ihren Schülerinnen und Schülern ist: Auf einen lehrerseitigen Anstoß (I für initiation) folgt die Schülerantwort (R für reply), die wiederum von der Lehrperson bewertet wird (F für feedback bzw. E für evaluation). Dieses Muster dominiert bis heute die Unterrichtsdiskurse bei Weitem. Ein Beispiel von Mehan (1979, S. 285) macht das Charakteristische deutlich:

Speaker A: What time is it, Denise?	Speaker A: What time is it, Denise?
Speaker B: 2:30	Speaker B: 2:30
Speaker A: Thank you, Denise	Speaker A: Very good, Denise

- Die Aufforderung wird neu formuliert, falls der Zugzwang noch nicht erkannt wurde.
- Die Beiträge von Schülerinnen und Schülern werden durch sehr aufmerksames Zuhörverhalten (non- und paraverbale Bestätigung, Nachfragen) unterstützt.
- Die Lehrkraft verzichtet bewusst auf abschließende Bewertungen von Schülerbeiträgen und durchbricht damit das unterrichtstypische Ablaufschema von lehrerseitiger Initiation, Schülerantwort und Feedback (IRF).

Fünfte Maxime: Strategien modellieren

Als eine der wirksamsten Formen von Instruktion erweist sich das Zeigen. Insbesondere, wenn Schülerinnen und Schüler kognitive Strategien (zum Beispiel zum gezielten Zuhören oder zur Reflexion über einen bestimmten Adressatenkreis) erlernen sollen, müssen ihnen die Prozesse, die „im Kopf" ablaufen sollen, vorgeführt werden. Maik Philipp verdeutlicht das (für Lese- und Schreibstrategien) mit einem Schema, bei dem die Schülerinnen und Schüler schrittweise mehr Verantwortung übernehmen. Die einzelnen Schritte des Schemas zeigt Abbildung 20:

- die Strategie erläutern und erklären, wann man sie gebrauchen kann,
- die Strategie durch lautes Denken („Veröffentlichung innerer Monologe"; Thürmann 2011) vorführen und gemeinsam einüben,
- die Schülerinnen und Schüler alleine und wiederholt üben lassen.

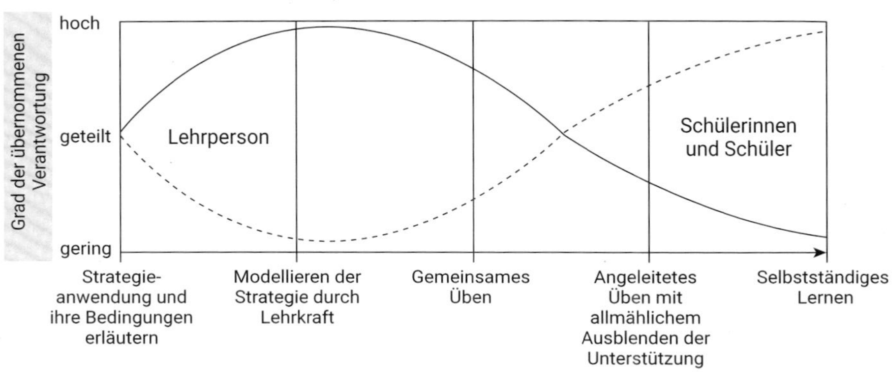

Abbildung 20: Verlaufsschema der Strategievermittlung (Philipp 2015, S. 11)

Sechste Maxime: Aufgaben mit Profil gestalten

Gelungenes mündliches Sprachhandeln bemisst sich nicht an der Beachtung von Merkmalslisten für bestimmte Gattungen. Gelungen sind Äußerungen dann, wenn sie – aus Sicht der Beteiligten – sinnvoll in das Gesprächsganze eingebettet werden und ihre bewusst oder unbewusst angezielte Funktion erfüllen. Ob das der Fall ist, entscheidet sich situativ.

Wertvoll sind deshalb Aufgaben und Übungen, die nach Möglichkeit die jeweilige kommunikative Zielsetzung in den Mittelpunkt stellen. Als „Aufgaben mit Profil“ (Bachmann/Becker-Mrotzek 2010) sind sie idealerweise so angelegt, dass

- Gesprächsbeiträge eine erkennbare Funktion haben,
- die Schülerinnen und Schüler über das erforderliche Welt- und Sprachwissen verfügen oder es sich im Rahmen des Lernarrangements aneignen können,
- die Äußerung in einen sozialen Kontext eingebettet ist und
- die Schülerinnen und Schüler selbst überprüfen können, ob ihre Äußerung im Sinne der Zielsetzung „funktioniert“.

Die Aufgabe, einem „Alien“ Alltagsgegenstände zu *erklären* (vgl. Kapitel 5.3), ist ein Beispiel für eine solche Profilierung – das Erklären kann in Partnerarbeit geübt werden, wobei die Person in der „Alien“-Rolle es in der Hand hat, wie groß die Herausforderung wird. Beim *Beschreiben* kann es darum gehen, z. B. in einem „Fundbüro“ einen bestimmten Gegenstand zu identifizieren, eine *Anleitung* muss so angelegt sein, dass sie von dem Zuhörenden korrekt umgesetzt werden kann usw.

Siebte Maxime: Erfahrungen und Entdeckungen reflektieren

Schließlich spielt bei allen mündlichen Sprachhandlungen wegen ihrer Flüchtigkeit die angeleitete Reflexion sämtlicher Erfahrungen und Beobachtungen eine zentrale Rolle. Dabei geht es bei Weitem nicht nur um persönliche Befindlichkeiten. Ziel ist es vielmehr, mit Interesse und Spaß Verhaltensweisen, Prozesse, Funktionszusammenhänge, soziale Kontexte usw. zu untersuchen und zu entdecken. Reflexionsfragen können sich auf ganze Gespräche beziehen (z. B. eine Blitzrunde, in der alle sagen, was sie gern noch vertieft hätten und warum).

Um beispielsweise die Fähigkeit zu einer jeweils passenden Strukturierung von längeren Sprechbeiträgen zu unterstützen, ist nicht nur das Wissen, sondern insbesondere auch die Reflexion über unterschiedliche Gattungen und ihre kommunikativen Funktionen zentral. Dasselbe gilt für die Zuhörenden: Auch beim Zuhören profitiert man von einem Gattungswissen, anhand dessen die Erwartungen gesteuert werden können.

Auf diese Weise kann das Unsichtbare bzw. das Unwillkürliche sichtbar werden und die Schülerinnen und Schüler gewinnen einen bewussteren Zugriff auf ihr eigenes Sprachhandeln.

A

Aufgaben und Ideen für den Unterricht

Support-Bingo (für Lehrkräfte) (Material: Bingo-Karte, s. M 16)
Die Lehrperson druckt sich eine Bingo-Karte aus und legt sie auf ihren Tisch. Nutzt sie im Unterrichtsgespräch eine der Formulierungen, darf sie das entsprechende Feld durchstreichen. Ziel ist es, dass bis zum Ende der Stunde eine Zeile, Spalte oder Diagonale vollständig gestrichen ist. Sie wiederholt das Spiel mit sich selbst, bis sie darin immer sicherer wird. Im nächsten Schritt beachtet sie, wie sich die Beteiligung der Schülerinnen und Schüler verändert. Wer sich traut, kann die Bingo-Karte in höheren Klassen auch an die Schülerinnen und Schüler austeilen. So ergibt sich ein wertvoller Anlass zur Reflexion des Gesprächsverhaltens im Unterricht.

Zuhörstrategien modellieren (kein Material nötig)
Die Lehrperson führt vor, wie sie sich auf das Zuhören im Vortrag vorbereitet, indem sie ihre Gedanken laut ausspricht: „Also, gleich geht es los mit dem Vortrag. Wie war nochmal der Titel? Ach ja: ‚Kooperatives Arbeiten im Klassenzimmer mit dem Padlet'. Das ist super, weil ich mir wirklich wünsche, dass sich in meiner Klasse möglichst alle Schülerinnen und Schüler aktiv beteiligen und ihre Ideen einbringen. Von Padlet habe ich auch schon mal was gehört, ich glaube, eine Kollegin benutzt das auch, aber ich habe noch nicht verstanden, wie das genau funktioniert. Hoffentlich führt der Redner uns das an einem Beispiel mal vor. Ich schreibe mir mal die Fragen auf, die ich gerne beantwortet hätte …" usw.
Solche Gedanken vor dem Zuhören dienen dazu,

- sich das Interesse am Thema und das eigene Vorwissen zu vergegenwärtigen,
- Erwartungen auszubilden,
- Fragen und Ziele zu formulieren,
- ggf. auch konkrete Verstehensstrategien zu aktivieren.

Im nächsten Schritt schreibt die Lehrperson Titel für mehrere fiktive oder tatsächlich bevorstehende Sachvorträge an die Tafel. In Zweierteams sollen sich die Schülerinnen und Schüler einen dieser Titel aussuchen und sich nach dem Vorbild selbst vorbereiten.
Strategien während des Zuhörens, die in gleicher Weise modelliert werden können, sind:

- vorbereitete Diagramme oder Tabellen ergänzen,
- Mindmap oder Visual Summary erstellen,
- Begriffe in Beziehung setzen, Notizen machen.

Nach dem Zuhören kann die Lehrperson zeigen, wie sie

- die Mitschriften vervollständigt,
- Antworten auf ihre Fragen in eigenen Worten formuliert,
- das wichtigste Anliegen des Vortrags in einem Satz festhält,
- eine To-do-Liste mit ihren konkreten nächsten Schritten erstellt.

8 Zum Schluss

Über mündliche Kommunikation ein *Buch* zu schreiben, ist seltsam. So viele Aspekte dessen, was Mündlichkeit ausmacht, lassen sich in Schriftzeichen nur unzureichend transportieren. Ich habe es trotzdem versucht, mit möglichst transparenten Beschreibungen, vielen alltäglichen Beispielen, mit Abbildungen, einigen Links zu Videos, mit transkribierten Gesprächsausschnitten. Die große Stärke der Schriftlichkeit ist aber ihre Dauerhaftigkeit. Sie erlaubt es, vor- und zurückzublättern, wiederholt nachzulesen, zu vergleichen. Während das gesprochene Wort flüchtig ist und dauerhaft nur als das gespeichert bleibt, was der oder die Zuhörende *verstanden* hat, hat man mit dem schriftlichen Text eine materiale Grundlage für das Verstehen, auf die man immer wieder zurückgreifen kann. Ich hoffe, dass sich dies aus Sicht meiner Leserinnen und Leser als erstrebenswert erweist.

Über mündliche Kommunikation *ein* Buch zu schreiben, ist fast noch seltsamer. Man beachte die Betonung (hier durch Kursivdruck gekennzeichnet), die dem Satz eine ganz andere Bedeutung verleiht. Mündliche Kommunikation, so ist mir selbst beim Schreiben immer wieder klar geworden, ist ein derart komplexes, vielschichtiges und umfangreiches Gebiet, dass eine umfassende Darstellung innerhalb einer einzelnen Publikation ein Ding der Unmöglichkeit bleiben muss. Mein Anspruch war es, einen breiten und fundierten Überblick über das Arbeitsgebiet zu geben, der es (künftigen) Lehrkräften im Deutschunterricht ermöglicht, Aspekte mündlichen Sprachhandelns zu erkennen, einzuordnen und gezielt in Aufgabenstellungen und im eigenen Sprachhandeln zu adressieren. An ungezählten Stellen musste ich mit Bedauern darauf verzichten,

- in die Tiefe zu gehen und zum Beispiel spannende Studien in ihrer Methodik und ihren Ergebnissen im Detail vorzustellen,
- Erkenntnisse der Fremdsprachendidaktik, insbesondere bezüglich des Hörverstehens bzw. Hör-Seh-Verstehens einzuarbeiten und auf ihre Übertragbarkeit auf den erst- oder zweitsprachlichen Unterricht zu untersuchen,
- die spezifische Spracherwerbssituation von Kindern und Jugendlichen mit nicht-deutscher Erstsprache und die wichtigen Einsichten aus der DaZ-Forschung vorzustellen,
- einen eigenen Blick auf das Feld der Wortschatzarbeit zu werfen (s. dazu aber die kompakte Einführung von Ulrike Haß, 2021)
- die interessanten Potenziale von Sprachvergleichen und sprachkontrastivem Arbeiten im Deutschunterricht aufzuzeigen, insbesondere auch im Bereich der Pragmatik,

- die Relevanz bestimmter Funktionen und Zusammenhänge insbesondere aus der Inklusionsperspektive und mit Blick auf verschiedene Förderschwerpunkte (beispielsweise *Hören und Kommunikation, emotional-soziale Entwicklung*) zu beleuchten,
- die Querverbindungen mündlichen Sprachhandelns zu allen anderen Arbeitsbereichen des Deutschunterrichts zu ziehen (Leseflüssigkeit und Leseverstehen, Schreiben inklusive Rechtschreibung, Nachdenken über Sprache und Sprachsystem, speziell auch über die Grammatik des Deutschen, Umgang mit Medien aller Art),
- die spezielle Rolle zu beleuchten, die das Mündliche im Rahmen des Literaturunterrichts spielen kann und sollte (zum lebendigen Vorlesen und Vortragen ist 2021 in dieser Reihe ein Band von Kerstin Hillegeist und Marita Pabst-Weinschenk erschienen),
- den wichtigen Beitrag genauer zu thematisieren, den die Sachfächer, aber auch die musischen Unterrichtsfächer zur Förderung der mündlichen Fähigkeiten von Schülerinnen und Schülern leisten können (vgl. hierzu beispielsweise die zahlreichen Anregungen von Joseph Leisen, 2013),
- das Feld der Kommunikation in den sozialen Medien oder Messengerdiensten auszuloten, die mit ihrem permanenten Changieren zwischen konzeptioneller und medialer Mündlichkeit bzw. Schriftlichkeit einen wesentlichen Anteil an der sprachlichen Erfahrungs- und Reflexionswelt von Jugendlichen hat,
- die immense Rolle in den Blick zu nehmen, die digitale Medien und Formate künftig auch für den Deutschunterricht spielen werden und schon spielen und noch vieles mehr.

Ich habe versucht, all diese Dimensionen an jeweils passender Stelle zumindest anzureißen; die Liste mag als Anregung fürs Weiterlesen, aber auch als Wunschzettel für künftige Lehrwerke dienen.

Zum Schluss möchte ich allen danken, die mich beim Schreiben unterstützt haben, allen voran meinem Mann Achim Schattmann, der mich sogar dann freundlich ertragen und gut verpflegt hat, wenn ich mal wieder feststeckte. Meine Kollegen und Kolleginnen aus dem wunderbaren Sprachdidaktik-Team an der Universität Duisburg-Essen (Markus Grzella, Lea Hoffmann, Valerie Lemke, Miriam Morek, Jan Röhrig, Valentin Schneider) und auch darüber hinaus (Ulrike Haß, Judith Kreuz, Nadine Nell-Tuor) haben alle das Manuskript gelesen und mit motivierendem Lob und teils strenger Kritik dazu beigetragen, dass es besser wurde, als es vorher war. Margarete Imhof hat mir gestattet, ihr I-O-S-Modell weiterzuführen und Magdalena Koch hat Bibliotheken und Internet nach Anregungen für interessante Aufgabenideen durchstöbert.

Herzlichen Dank auch an die beiden Herausgeber der Reihe, Jürgen Baurmann und Clemens Kammler, die diesen Band überhaupt erst angeregt haben, und Gabriela Holzmann sowie Daniela Brunner für die großartige Unterstützung von Verlagsseite.

Und schließlich habe ich meinen Studentinnen und Studenten zu danken: Seit dem Sommersemester 2020 mussten sie alle zum Einstieg ein zum Seminarthema passendes Lehrbuch lesen[1]. Mit ihren durchweg sehr positiven Buchrezensionen haben mir über 500 angehende Lehrerinnen und Lehrer gezeigt, was ihnen das Lesen erleichtert und was sie an einer Lektüre besonders schätzen. Ich habe versucht, mir diese Rückmeldungen als Empfehlungen zu Herzen zu nehmen.

1 *Lesen kann man lernen* von Andreas Gold,
Wie Kinder lesen und schreiben lernen von Ursula Bredel, Nanna Fuhrhop und Christina Noack,
Überall steckt Sprache drin von Tanja Jungmann, Ulrike Morawiak und Marlene Meindl.

Literatur

Im Buch zitierte Quellen für wissenschaftliche Befunde und Modelle

Abraham, Ulf 2008: Sprechen als reflexive Praxis. Mündlicher Sprachgebrauch in einem kompetenzorientierten Deutschunterricht. Freiburg

Aguado, Karin 2015: Sprachliche Routinen als Wegbereiter für den Erwerb bildungssprachlicher Handlungsfähigkeit im schulischen DaZ-Kontext. In: Klages, Hana/Pagonis, Giulio (Hg.): Linguistisch fundierte Sprachförderung und Sprachdidaktik: Grundlagen, Konzepte, Desiderate. Berlin

Augst, Gerhard/Disselhoff, Katrin/Henrich, Alexandra/Pohl, Thorsten/Völzing, Paul-Ludwig 2007: Text-Sorten-Kompetenz. Eine echte Longitudinalstudie zur Entwicklung der Textsortenkompetenz im Grundschulalter. Frankfurt a. M.

Bachmann, Thomas/Becker-Mrotzek, Michael 2010: Schreibaufgaben situieren und profilieren. In: Thorsten Pohl/Torsten Steinhoff (Hg.): Textformen als Lernformen. Köln

Baumert, Jürgen/Kunter, Mareike 2006: Stichwort: Professionelle Kompetenz von Lehrkräften. In: Zeitschrift für Erziehungswissenschaft H. 9/2006. S. 469 – 520

Becker, Tabea 2002: Mündliches und schriftliches Erzählen. Ein Vergleich unter entwicklungstheoretischen Gesichtspunkten. In: Didaktik Deutsch 12 (2002). S. 21 – 38

Behrens, Ulrike 2013: Zuhörkompetenzen und ihre Förderung in Primar- und Sekundarstufe. In: Steffen Gailberger/Frauke Wietzke (Hg.): Handbuch Kompetenzorientierter Deutschunterricht. Weinheim und Basel. S. 384 – 399

Behrens, Ulrike/Dix, Annika 2018: Berichten. Ein Tag im Betrieb als Anlass für sinnhaftes Berichten. In: Der Deutschunterricht 3/2018, S. 33 – 43

Behrens, Ulrike/Käser-Leisibach, Ursula/Krelle, Michael/Weirich, Sebastian/Zingg Stamm, Claudia 2020: stim·mig – Ergebnisse einer Studie zum Zuhören in der dritten Jahrgangsstufe. Münster

Behrens, Ulrike/Sabi, Anna-Maria 2016: Zuhören und Mitschreiben. Profitipps für Notizen. In: Deutsch 5–10, S. 8 – 12

Boueke, Dietrich/Schülein, Frieder/Büscher, Hartmut/Terhorst/Evamaria/Wolf, Dagmar 1995: Wie Kinder erzählen. Untersuchungen zur Erzähltheorie und zur Entwicklung narrativer Fähigkeiten. München

Breuer, Esther Odilia/Güngör, Nagihan/Klassen, Mareike/Riesenweber, Martin/Vinnen, Johanna 2021: Wissenschaftlich schreiben – gewusst wie! Tipps von Studierenden für Studierende. Bielefeld

Coninx, Frans 2006: Entwicklung und Erprobung des Adaptiven Auditiven SprachTests (AAST). Online verfügbar unter: http://www.uzh.ch/orl/ dga2006/programm/wissprog/Coninx.pdf

Cummins, Jim 2008: BICS and CALP: Empirical and theoretical status of the distinction. In: Brian Street/Nancy H. Hornberger (Hg.): Encyclopedia of language and education. New York, S. 71 – 83

Dausendschön-Gay, Ulrich/Gülich, Elisabeth/Krafft, Ulrich (Hg.) 2015: Ko-Konstruktionen in der Interaktion. Die gemeinsame Arbeit an Äußerungen und anderen sozialen Ereignissen. Bielefeld

DGPs (Deutsche Gesellschaft für Psychologie)(Hg.): Richtlinien zu Manuskriptgestaltung. Göttingen

Dietrich, Rainer/Gerwien, Johannes 2017: Psycholinguistik. Eine Einführung. Stuttgart

Ehlich, Konrad 1983: Text und sprachliches Handeln. Die Entstehung von Texten aus dem Bedürfnis nach Überlieferung. In: Aleida Assmann/Jan Assmann/Christof Hardmeier (Hg.):

Schrift und Gedächtnis. Beiträge zur Archäologie der literarischen Kommunikation. München. S. 24–43

Eriksson, Brigit 2006: Bildungsstandards im Bereich der gesprochenen Sprache. Eine Untersuchung in der 3., der 6. und der 9. Klasse. Tübingen

Feilke, Helmuth 2003: Beschreiben und Beschreibungen. In: Praxis Deutsch 182/2003, S. 6–14

Feilke, Helmuth 2012: Bildungssprachliche Kompetenzen – fördern und entwickeln. In: Praxis Deutsch, H. 39. S. 4–13

Fiehler, Reinhard 2009: Mündliche Kommunikation. In: Michael Becker-Mrotzek (Hg.): Mündliche Kommunikation und Gesprächsdidaktik. Baltmannsweiler. S. 25–51

Fiehler, Reinhard 2011: Mündliche Verständigung und gesprochene Sprache. In: Sandro M. Moraldi (Hg.): Deutsch aktuell 2. Einführung in die Tendenzen der deutschen Gegenwartssprache. Rom. S. 83–107

Friedrich, Gerhard/Bigenzahn, Wolfgang/Zorowka, Patrick 2013: Phoniatrie und Pädaudiologie. Einführung in die medizinischen, psychologischen und linguistischen Grundlagen von Stimme, Sprache und Gehör (2000). Bern

Gätje, Olaf/Krelle, Michael/Behrens, Ulrike/Grundler, Elke 2016: Präsentieren als literale Kompetenz? In: leseforum.ch 1/2016. Online verfügbar unter https://www.leseforum.ch/myUploadData/files/2016_1_Gaetje_et_al.pdf

Gogolin, Ingrid 2006: Bilingualität und die Bildungssprache in der Schule. In: Paul Mecheril/Thomas Quehl (Hg.): Die Macht der Sprachen: englische Perspektiven auf die mehrsprachige Schule. Münster. S. 79–85

Grundler, Elke 2009: Argumentieren lernen – die Bedeutung der Lexik. In: Michael Krelle/Carmen Spiegel (Hg.): Sprechen und Kommunizieren. Baltmannsweiler. S. 82–97

Grzella, Markus/Kähler, Kristina/Plum, Sabine 2018: Präsentieren und referieren. Stuttgart

Gschwend, Ruth 2014: Zuhören und Hörverstehen – Aspekte, Ziele und Kompetenzen. In: Elke Grundler/Carmen Spiegel (Hg.): Konzeptionen des Mündlichen. Wissenschaftliche Perspektiven und didaktische Konsequenzen. Bern. S. 143–160

Haidt, Jonathan 2012: The righteous mind. Why good people are divided by politics and religion. München

Haß, Ulrike 2021: Wortschatz und Wortschatzdidaktik oder Was Sie schon immer über Wörter wissen wollten. Eine Einführung. Duisburg

Hauser, Stefan/Luginbühl, Martin: Wenn Kinder argumentieren. Grundlagen und erste Befunde einer Studie zur mündlichen Argumentationskompetenz von Schulkindern. In: Iris Meissner/Eva Lia Wyss (Hg.): Begründen – Erklären – Argumentieren. Konzepte und Modellierungen in der Angewandten Linguistik. Tübingen. S. 89–105

Heller, Vivien/Quasthoff, Uta/Vogler, Anna/Prediger, Susanne 2017: Bildungssprachliche Praktiken aus professioneller Sicht: Wie deuten Lehrkräfte Erklärungen und Begründungen von Kindern? In: Bernt Ahrenholz/Britta Hövelbrinks/Claudia Schmellentin (Hg.): Fachunterricht und Sprache in schulischen Lehr-/Lernprozessen. Tübingen. S. 139–169

Helmke, Andreas 2007: Was wissen wir über guten Unterricht? Wissenschaftliche Erkenntnisse zu Unterrichtsforschung und Konsequenzen für die Unterrichtsentwicklung. Online verfügbar unter https://www.bildung.koeln.de/imperia/md/content/selbst_schule/downloads/andreas_helmke_.pdf

Hermanns, Fritz 1988: Schreiben als Denken. Überlegungen zur heuristischen Funktion des Schreibens. In: Der Deutschunterricht, H. 4/1988. S. 69–81

Hillegeist, Kerstin/Pabst-Weinschenk, Marita 2021: Lebendig vorlesen und vortragen. Konzepte und Impulse für den Deutschunterricht. Hannover

Holzkamp, Klaus 1983: Grundlegung der Psychologie. Frankfurt a. M.

Huber, Ludowika/Kahlert, Joachim/Klatte, Maria 2002 (Hg.): Die akustisch gestaltete Schule. Auf der Suche nach dem guten Ton. Göttingen

Imhof, Margarete 2003: Zuhören. Psychologische Aspekte auditiver Informationsverarbeitung. Göttingen

Imhof, Margarete 2008: What have you listened to in school today? International Journal of Listening, 22. S. 1 – 12

Imhof, Margarete 2010: Zuhören lehren und lernen. Psychologische Grundlagen zur Beschreibung und Förderung von Zuhörkompetenzen in Schule und Unterricht. In: Margarete Imhof/Volker Bernius (Hg.): Zuhörkompetenz in Unterricht und Schule. Göttingen. S. 15 – 30

Imo, Wolfgang/Lanwer, Jens 2019: Interaktionale Linguistik. Eine Einführung. Stuttgart

IQB (Institut zur Qualitätsentwicklung im Bildungswesen) o.J.: IQB-Bildungstrend 2022 in der Sekundarstufe I. Online verfügbar unter https://www.iqb.hu-berlin.de/bt/BT2022

Kleinschmidt-Schinke, Katrin 2018: Wait-time im Unterrichtsdiskurs – ein Forschungsüberblick. Online verfügbar unter: http://www.schuelergerichtete-sprache.de/2018.12/kks-wait-time.pdf

KMK 2004: Bildungsstandards im Fach Deutsch für den Mittleren Schulabschluss. Beschluss vom 4.12.2003. München

KMK 2005: Bildungsstandards im Fach Deutsch für den Hauptschulabschluss. Beschluss vom 15.10.2004. München

KMK 2012: Bildungsstandards im Fach Deutsch für die Allgemeine Hochschulreife. Beschluss vom 08.10.2012. München

Koch, Peter/Oesterreicher, Wulf 1985: Sprache der Nähe — Sprache der Distanz. Mündlichkeit und Schriftlichkeit im Spannungsfeld von Sprachtheorie und Sprachgeschichte. In: Romanistisches Jahrbuch H. 36. S. 15 – 43

Kotthoff, Helga 2009: Gesprächsfähigkeiten: Erzählen, Argumentieren, Erklären. In: Michael Krelle/Carmen Spiegel (Hg.): Sprechen und Kommunizieren. Baltmannsweiler. S. 41 – 63

Krelle, Michael 2014: Mündliches Argumentieren in leistungsorientierter Perspektive. Baltmannsweiler

Kröger-Bidlo, Hanna 2018: Zur Modellierung des auditiven Textverstehens und zu Perspektiven der Operationalisierung. Baltmannsweiler

Kühn, Peter 2007: Evaluation rezeptiver und produktiver Wortschatzkompetenzen. Plädoyer für textuelle und konstruktivistisch angelegte Wortschatzaufgaben. In: Heiner Willenberg (Hg.): Kompetenzhandbuch für den Deutschunterricht. Hohengehren. S. 159 – 167

Leisen, Josef 2013: Handbuch Sprachförderung im Fach. Sprachsensibler Fachunterricht in der Praxis. Stuttgart

Linell, Per 1982: The written language bias in linguistics. Linköping

Mehan, Hugh 1979: „What time is it, Denise?": Asking known information questions in classroom discourse. In: Theory into practice, 18 (4). S. 285 – 294

Mollenhauer, Klaus 1998: Vergessene Zusammenhänge. Weinheim

Morek, Miriam 2012: Kinder erklären. Interaktionen in Familien und Unterricht im Vergleich. Tübingen

Morek, Miriam 2016: Lernziel situationsangemessen kommunizieren. Schülerinnen und Schüler zwischen Unterrichtssprache und Jugendsprache. In: Carmen Spiegel/Daniel Gysin (Hg.): Jugendsprache in Schule, Medien und Alltag. Frankfurt a. M. S. 49 – 70

Nell-Tuor, Nadine 2014: Überzeugungen von Lehrpersonen zur Mündlichkeit - eine explorative Studie mittels Fragebogen, Interviews und Unterrichtsvideografie. Zürich

Neuland, Eva/Peschel, Corinna 2013: Einführung in die Sprachdidaktik. Stuttgart

Oertner, Monika/St. John, Ilona/Thelen, Gabriele 2014: Wissenschaftlich Schreiben. Ein Praxisbuch für Schreibtrainer und Studierende. Paderborn

Ohlhus, Sören/Stude, Juliane 2009: Erzählen im Unterricht der Grundschule. In: Michael Becker-Mrotzek (Hg.): Mündliche Kommunikation und Gesprächsdidaktik. Baltmannsweiler. S. 471 – 486

Ohlhus, Sören 2016: Narrative Verfahren und mediale Bedingungen. Überlegungen zur Analyse mündlicher und schriftlicher Erzählungen. In: Ulrike Behrens/Olaf Gätje (Hg.): Mündliches und schriftliches Handeln im Deutschunterricht. Wie Themen entfaltet werden. Berlin

Pabst-Weinschenk, Marita 2016: Sprechen, dass man gut zuhören und verstehen kann. Ein Synopse-Modell von Sprechen im Kontext. In: Sprache und Sprechen in der Erwachsenenbildung. 3/2016. S. 27–31

Peters, Jan Hendrik/Dörfler, Tobias 2019: Schreiben und Gestalten von Abschlussarbeiten in der Psychologie und den Sozialwissenschaften. München

Philipp, Maik 2014: Selbstreguliertes Schreiben. Schreibstrategien erfolgreich vermitteln. Weinheim

Philipp, Maik/Schilcher, Anita 2012: Selbstreguliertes Lesen. Ein Überblick über wirksame Leseförderansätze. Seelze

Philipp, Maik 2015: Als „kognitiver Fremdenführer" Lesestrategien aktiv vermitteln. In: Pädagogik / Leben 1/2015, S. 11–13. Online verfügbar unter https://bildung-rp.de/fileadmin/user_upload/p_files/Materialien/PL_Publikationen/15_1_PL/P_L_1-2015_S.11-13.pdf

Polz, Marianne 2009: Die Entwicklung des Lernbereichs: Von der Rhetorik zur Didaktik mündlicher Kommunikation, In: Michael Becker-Mrotzek (Hg.): Mündliche Kommunikation und Gesprächsdidaktik. Baltmannsweiler. S. 3–22

Quasthoff, Uta M. 2009: Entwicklung der mündlichen Kommunikationskompetenz. In: Michael Becker-Mrotzek (Hg.): Mündliche Kommunikation und Gesprächsdidaktik. Baltmannsweiler. S. 84–100

Quasthoff, Uta M./Morek, Miriam 2015: Abschlussbericht zum DFG-Projekt DisKo. Manuskript. TU Dortmund. Online verfügbar unter http://www.disko.tu-dortmund.de/

Reusser, Kurt/Pauli, Christine/Elmer, Anneliese 2011: Berufsbezogene Überzeugungen von Lehrerinnen und Lehrern. In: Ewald Terhart/Hedda Bennewitz/Martin Rothland (Hg.): Handbuch der Forschung zum Lehrerberuf. Münster. S. 478–495

Rosebrock, Cornelia/Nix, Daniel 2008: Grundlagen der Lesedidaktik und der systematischen schulischen Leseförderung. Baltmannsweiler

Rossig, Wolfram E./Prätsch, Joachim 2005: Wissenschaftliche Arbeiten. Weyhe

Ruberg, Tobias/Rothweiler, Monika 2012: Spracherwerb und Sprachförderung in der KiTa. Stuttgart

Ruhe, Carsten 2021: Schallabsorbierende Wandpaneele (Bastelanleitung. Online verfügbar unter https://www.carsten-ruhe.de/downloads/raumakustik/

Schmölzer-Eibinger, Sabine/Fanta, Johanna 2014: Erklären lernen. Ein prozedurorientiertes didaktisches Modell zur Förderung literaler Handlungskompetenz am Beispiel des Erklärens. In: Thomas Bachmann/Helmuth Feilke (Hg.): Werkzeuge des Schreibens. Beiträge zu einer Didaktik der Textprozeduren. Stuttgart. S. 157–175

Schneider, Jan Georg/Butterwort, Judith/Hahn, Nadine 2018: Gesprochener Standard in syntaktischer Perspektive. Theoretische Grundlagen – Empirie – didaktische Konsequenzen. Tübingen

Schulz von Thun, Friedemann (1981): Miteinander reden 1. Störungen und Klärungen. Allgemeine Psychologie der Kommunikation. Reinbek bei Hamburg

Selting, Margret/Auer, Peter/Barth-Weingarten, Dagmar/Bergmann, Jörg/Bergmann, Pia/Birkner, Karin/Couper-Kuhlen, Elizabeth/Deppermann, Arnuf/Gilles, Peter/Günthner, Susanne/Hartung, Martin/Kern, Friederike/Mertzlufft, Christine/Meyer, Christian/Morek, Miriam/Oberzaucher, Frank/Peter, Jörg/Quasthoff, Uta/Schütte, Wilfried/Stukenbrock, Anja/Uhmann, Susanne 2009: Gesprächsanalytisches Transkriptionssystem 2 (GAT 2). In: Gesprächsforschung – Online-Zeitschrift zur verbalen Interaktion, Ausgabe 10/2009. S. 353–402

Spiegel, Carmen 2006: Unterricht als Interaktion. Gesprächsanalytische Studien zum kommunikativen Spannungsfeld zwischen Lehrer, Schülern und Institution. Radolfzell

Steinhoff, Torsten 2009: Der Wortschatz als Schaltstelle des schulischen Spracherwerbs. Didaktik Deutsch 27. S. 33–52. Online verfügbar unter https://www.didaktik-deutsch.de/wp-content/uploads/2015/11/Steinhoff_27-2.pdf

Steinig, Wolfgang/Betzel, Dirk 2014: Schreiben Grundschüler heute schlechter als vor 40 Jahren? Texte von Viertklässlern aus den Jahren 1972, 2002 und 2012. In: Albrecht Plewnia/Andreas Witt (Hg.): Sprachverfall? Dynamik - Wandel - Variation. Berlin. S. 353 - 371

Thürmann, Eike 2011: Deutsch als Schulsprache in allen Fächern. Online verfügbar unter https://www.schulentwicklung.nrw.de/materialdatenbank/material/view/3827

Thürmann, Eike 2012: Lernen durch Schreiben? Thesen zur Unterstützung sprachlicher Risikogruppen im Sachfachunterricht. In: dieS-online. Online verfügbar unter: http://geb.uni-giessen.de/geb/volltexte/2012/8668/

Vogt, Rüdiger 2002: Im Deutschunterricht diskutieren. Zur Linguistik und Didaktik einer kommunikativen Praktik. Tübingen

Voigt-Zimmermann, Susanne 2011: Zum Einfluss gestörter Lehrerstimmen auf den Verstehensprozess von Schülern. In: Ines Bose/Baldur Neuber (Hg.): Interpersonelle Kommunikation: Analyse und Optimierung. Frankfurt. S. 269 - 275

Voigt-Zimmermann, Susanne 2017: Auswirkungen der heiseren Stimme von Pädagogen auf die Leistungen von Kindern. In: Michael Fuchs (Hg.): Die Stimme im pädagogischen Alltag. Berlin. S. 37 - 47

Watzlawick, Paul/ Beavin, Janet H./Jackson, Don D. 1969: Menschliche Kommunikation: Formen, Störungen, Paradoxien. Bern

Weinert, Franz E. 2001: Vergleichende Leistungsmessung in Schulen - eine umstrittene Selbstverständlichkeit. In: Franz E. Weinert (Hg.): Leistungsmessungen in Schulen. Weinheim. S. 17 - 31

Im Buch genannte Quellen für Übungen und Aufgaben

Adamczyk, Gregor/Tiziana, Bruno 2019: Körpersprache. 4. Auflage, 2018 Planegg

Behrens, Ulrike 2015: Zur Sache. Vom Hören zum Verstehen. Zuhörfähigkeit fördern in der Grundschule. In: Deutsch differenziert, Heft 1/2015. S. 8–10.

Behrens, Ulrike/Esser, Lili Helene 2014: Deutlich (ist) besser als laut. Verständlich sprechen zu und vor anderen. In: Deutsch 5–10, Heft 39. S. 8–11

Fleming, Grace 2018: Nonverbal communication activities. Online verfügbar unter https://www.thoughtco.com/nonverbal-communication-activities-1857230

Hasbro: Tabu. Online verfügbar unter: https://products.hasbro.com/de-de/product/taboo-game:304C0329-5056-9047-F5D1-8C8A886E0D35

Höll, Stephanie 2017: Grundlagen Schauspieltechnik - Improvisation. Augsburg

Hoppe, Almut (Hg.) 2006: Wissen und Können: Standard Deutsch 5/6, Sprechen. Sprechen und Zuhören. Berlin

Merz-Grötsch, Jasmin 2017: „Bloß (k)ein Diagramm!“ Schaubilder beschreiben, analysieren und präsentieren. In: BIFIE (Bundesinstitut für Bildungsforschung, Innovation & Entwicklung des österreichischen Schulwesens (Hg.): Praxishandbuch für den Kompetenzbereich „Sprechen“ Deutsch Sekundarstufe I. Salzburg. S. 70–75

Moses-Verlag: Black stories. Online verfügbar unter: https://www.moses-verlag.de/Spiele/black-stories/

Schäfer, Stefan 2016: 55 Methoden Deutsch. Einfach, kreativ, motivierend. Augsburg

Weinrebe, Helge 2014: Texte, Spiele, Szenen. In: Praxis Deutsch. Zeitschrift für den Deutschunterricht. Durch die Schuljahre 5–6. Ideen und Materialien für alle Kompetenzbereiche. Seelze: Friedrich, 2014. Print. Sonderheft. S. 104–111

Register

N

O

P

R

S

T

U

V

W

Z

Bildquellenverzeichnis

S. 37: Querschnitt Außen- und Mittelohr © miha de/shutterstock.com
S. 38: Haarzellen Ohr © mauritius images / Hamza Khan / Alamy / Alamy Stock Photos
S. 42: Megafon © anastasiia agafonova/shutterstock.com; Gehirn © maglyvi/shutterstock.com
S. 47: Kehlkopf von der Seite © Soleil Nordic/shutterstock.com
S. 49: Artikulationsorte © Yoko Design/shutterstock.com
S. 140: Pierre Auguste Renoir: Das Frühstück der Ruderer © mauritius images / World Book Inc.
S. 140: Vincent van Gogh: Die Kartoffelesser © mauritius images / Art Library / Alamy / Alamy Stock Photos
S. 158, 159, 161, 162, 163: Strichfiguren „Reflektieren“, „Hände reichen“, „Lupe“ © strichfiguren.de/stock.adobe.com

Verzeichnis der Download-Materialien

Unter **www.friedrich-verlag.de** finden Sie Materialien zum Buch als Download.
Bitte geben Sie den achtstelligen Download-Code in das Suchfeld ein.

DOWNLOAD-CODE: d31636mk

Hinweis:

Das Download-Material enthält Arbeitsblätter und Materialien, die Sie bei der Vorbereitung Ihres Unterrichts unterstützen.

Durch den Kauf dieses Buches (ISBN 978-3-7727-1636-2) haben Sie das Recht erworben, das ergänzende Download-Material in Ihren derzeitigen und zukünftigen Lerngruppen und Klassen einzusetzen und zu vervielfältigen. So können Sie etwa einzelne Seiten ausdrucken und verteilen oder mit Beamer oder Whiteboard verwenden.

Was Sie **nicht** dürfen:

- Das Download-Material oder Teile davon an Kolleginnen und Kollegen weitergeben.
- Das Download-Material oder Teile davon in Netzwerke einstellen, wie etwa Schulserver oder Cloud-Systeme, sodass Kolleginnen und Kollegen darauf Zugriff erhalten.
- Die Lizenzinformation und Quellenhinweise auf dem Downloadmaterial entfernen.
- Bei einer Bibliotheksausleihe des Buches das Download-Material herunterladen.

Bitte tragen Sie im Sinne dieser Lizenz dazu bei, dass wir weiterhin digitales Ergänzungsmaterial für Lehrerinnen und Lehrer bereitstellen können. Der Verlag behält sich dabei vor, auch gegen urheberrechtliche Verstöße vorzugehen.

Unsere Autorinnen und Autoren sowie der Verlag wünschen Ihnen viel Erfolg bei der Nutzung der Materialien!

Haben Sie Fragen zum Download? Dann wenden Sie sich bitte an den Leserservice der Friedrich Verlags GmbH. Schreiben Sie uns oder rufen Sie uns an!

Sie erreichen unseren Leserservice
Montag bis Donnerstag von 8 – 18 Uhr
Freitag von 8 – 14 Uhr
Tel.: 0511/40004-150
Fax: 0511/40004-170
E-Mail: *leserservice@friedrich-verlag.de*

Wir freuen uns über Ihre Rückmeldung und helfen Ihnen gerne weiter!